冲击与应对

——互联网金融冲击下中小商业银行的应对策略研究

许创强　著

中国金融出版社

责任编辑：肖丽敏
责任校对：刘　明
责任印制：陈晓川

图书在版编目（CIP）数据

冲击与应对：互联网金融冲击下中小商业银行的应对策略研究（Chongji yu Yingdui：Hulianwang Jinrong Chongjixia Zhongxiao Shangye Yinhang de Yingdui Celüe Yanjiu）/许创强著．—北京：中国金融出版社，2014.6
ISBN 978 - 7 - 5049 - 7553 - 9

Ⅰ.①冲…　Ⅱ.①许…　Ⅲ.①商业银行—发展战略—研究—中国
Ⅳ.①F832.33

中国版本图书馆 CIP 数据核字（2014）第 118416 号

出版
发行　中国金融出版社

社址　北京市丰台区益泽路 2 号
市场开发部　（010）63266347，63805472，63439533（传真）
网 上 书 店　http：//www.chinafph.com
　　　　　　　（010）63286832，63365686（传真）
读者服务部　（010）66070833，62568380
邮编　100071
经销　新华书店
印刷　北京松源印刷有限公司
尺寸　169 毫米×239 毫米
印张　17.25
插页　4
字数　308 千
版次　2014 年 6 月第 1 版
印次　2014 年 6 月第 1 次印刷
定价　48.00 元
ISBN 978 - 7 - 5049 - 7553 - 9/F.7113
如出现印装错误本社负责调换　联系电话（010）63263947

序　一

互联网金融是一个具有中国特色的词汇。关于互联网金融对整个金融行业的影响，学术界和实业界谈论比较热烈，对其定义、性质等的看法也是莫衷一是。怎样理解互联网金融，我认为大致可以沿两个线索分析：一个是互联网，这是互联网金融发展的载体，在技术层面上互联网金融则依托于大数据、云计算等最先进的信息技术；另一个是究其金融本质，主要是货币市场基金和小额贷款，均是在现有的金融模式基础上开展起来的，从目前来看尚未创造新的金融模式。

互联网公司很难说是互联网金融的创造者。但不可否认，互联网金融业态对于扩展金融业务办理渠道、丰富交易方式、降低交易成本、优化客户体验等方面具有十分积极的作用，也是实现普惠金融的一种有效途径。特别是，互联网金融的快速发展，对我国银行业的创新发展形成了推动和促进作用，使得商业银行在竞争中主动调整，思考如何真正"以客户为中心"来提升金融服务质量和效率。

另外，金融业务向互联网渠道的转移迅速拓宽了金融脱媒的广度，从资产脱媒到负债脱媒再到中间业务脱媒，加剧了银行与互联网企业之间的竞争。我国尚未完成利率市场化改革，而呼啸而来的互联网金融竞争压力，已成为推进利率市场化的一个因素，同时也是金融脱媒的举措，是推动整个金融机构向直接金融为主发展的过程。

我国金融业经过多年的发展，商业银行在传统的体制下依靠大企业生存的局面正在改变，随着资本市场的发展、国际金融市场的开拓，大企业对银行信贷的依赖逐渐减弱，商业银行贷款主体也逐步向小微企业和中型企业转移，这是商业银行特别是中小商业银行必须面临的严峻的挑战和机遇。尤其对于中小商业银行而言，在利率市场化、金融脱媒的宏观背景下，在应对互联网金融挑战的过程中，应该说是危中有机，是向专业型、特色型银行发展的一个契机。

那么中小商业银行应该如何认识互联网金融，又如何应对这种不可避免的冲击呢？这本《冲击与应对——互联网金融冲击下中小商业银行的应对策略研究》系统归纳了国内外主要的互联网金融模式，充分分析了新形势下中小商业银行的市场地位，并提出我国中小商业银行在互联网金融冲击下的几种应对策略，对金融实务人员具有较强的引导作用，对理论研究者也有很好的借鉴意义。希望有更多的银行工作者和理论研究者投身到解决我国商业银行发展中面临的问题中来，促进我国商业银行业健康有序发展！

中国社会科学院　李扬

2014 年 3 月 28 日

用互联网思维办银行

曾记得，二〇〇九年我说银行要念好"五车经"，即发展为车、创新为本、科技为车、风险为本、文化为本。二〇一〇年我给朋友说，未来银行要做到视角国际化、策略本土化、服务差异化、经经营特色化、手段电子化、文化多元化。

我们看法，未来银行发展两方向就是网络化、电子化、虚拟化。如今、互联网金融类之所以比来了，这并不是例外。互联网金融是互联网技术、互金融业务经营中的运用，是金融行为的一种网络化。

随着互联网技术在金融领域的广泛

应用、传统的金融服务方式和经营模
式将催生出新的金融业态和经营模
式，银行业必将须以互联网思维创新
服务技术和手段，迎接互联网时代
的到来。随着互联网多种的不断发展
和传递、银行业的金融互联网也会更

勃发展起来，最终形成互联网与移动

互联互联网的并存格局。我认为，互联

网与移动互联网是互联网技术蓬

互联网产品两结合，二者是不可替代的。

互联网的产生是融资服务、互联网技术

使用的结果是适应信息化社会之需求

以提升服务品质、效率及价值。如何

运用互联网技术提高银行支付结算的

效率，丰富互联网金融产品、全方位提

升客户服务之价值，是摆在我们银行

从业者面前的一项急迫任务。

践行也有能力实现华丽转身。（序）

网上银行诞生伊始，我们就已经把互
联网作为金融服务工具了。许创晓光
出版新著"互联网金融冲击下中小商
业银行应对策略研究"，对金融的互联
网、互联网金融研究及其影响，抑或冲击小商业
银行应对策略所发生的变化，进而深入的研

究，该书信息量大，对互联网信业者
以及互联网信业者都有参考价值，
希望该书的出版对读者了解互联网
金融知识有所帮助。让我们张开
双臂拥抱互联网吧，用互联网思维
打造互联网新生活，用互联网振改

……开创人生新时代。

是为序。

……书于二〇一四年有

二月北京。

渤海银行北京分行党委书记、行长　吴思麒

目　　录

第一章　互联网金融的界定和特征

从 1987 年中国第一封电子邮件出现，互联网已在中国蓬勃发展了二十多年，对中国各行各业的发展产生了巨大的影响。金融是整个社会经济运行的关键部门，随着互联网的普及，大数据和云计算时代的到来，互联网金融在中国取得了快速的发展，从 P2P 网络信贷的风起云涌，再到"余额宝"掀起的阵阵热浪，模式层出不穷。这些互联网的金融服务模式应运而生，对传统金融业产生了深刻的影响和巨大的冲击，且已成为社会各界的关注点。如何理解和界定互联网金融，也在实务界、监管层以及学术界中引起了热议。

一、互联网金融的内涵

（一）互联网金融的定义

关于互联网金融，理论界还没有形成一种能够被广泛接受的权威概念。"互联网金融"与"金融互联网"之争言犹在耳。多数看法局限于"金融互联网"或"互联网金融"方面。认为是传统金融公司通过互联网提供产品和服务，即"金融互联网"，也被称为"金融上网"；或是基于互联网技术的发展，传统互联网公司开始办理金融业务，即"互联网金融"，有人也称为"网络贴金"。但普遍认为，以互联网为代表的现代信息科技，特别是移动支付、社交网络、搜索引擎以及云计算等，将会对人类金融模式产生根本影响。[①] 而恰恰是这些争论，推动了我国实务界、监管层以及理论界对这一新模式的研究和创新步伐。

广义上，互联网金融是传统金融行业与互联网精神相结合的新兴领域。互联网"开放、平等、协作、分享"的精神往传统金融业态渗透，具备互联网精神的金融业态统称为互联网金融，[②] 即互联网金融是基于"互联网思想的金融"而并非简单的"运用互联网技术的金融"。它的核心是金融脱媒和民主化。互联

---

① 谢平，邹传伟. 互联网金融模式研究 [J]. 金融研究，2012（12）：11 – 22.
② 互联网金融中国峰会 [EB/OL]. 2013 – 08 – 13. http：//bank. hexun. com/2013/hlwjrzg/.

网金融作为新的金融模式，每个人作为参与者，都有充分的权利和手段参与金融活动之中，在信息相对对称中平等自由地获取金融服务。狭义上，资金融通和其他金融服务依托互联网来实现的方式、方法均可以称为互联网金融。互联网金融包括三种基本的企业组织形式：互联网小贷公司、第三方支付公司以及金融中介公司。当前商业银行普遍推广的电子银行、网上银行、手机银行等也属于此类范畴，是互联网开放、平等、协作、分享的精神在先期向传统金融业态渗透的结果。

本书认为，互联网金融是一种金融业务的互联网应用，是借助于互联网技术、移动通信技术实现资金融通、支付和信息中介等业务的新兴金融模式，是对传统金融业态的有益补充和完善。从狭义上理解，互联网金融是指以金融服务提供者的主机为基础，以因特网或者通信互联网为媒介，通过内嵌金融数据和业务流程的软件平台，以用户终端为操作界面的新型金融运作模式；从广义上理解，互联网金融的概念还包括与其运作模式相配套的互联网金融机构、互联网金融市场以及相关的监管等外部环境。

互联网金融得以迅速地产生并发展，得益于互联网的数据产生、数据挖掘、数据安全和搜索引擎技术，这些是互联网金融的有力支撑。社交互联网、电子商务、第三方支付、搜索引擎等形成了庞大的数据量，云计算和行为分析理论使大数据挖掘成为可能，数据安全技术使隐私保护和交易支付顺利进行，而搜索引擎使个体更加容易获取信息。这些技术的发展极大地降低了金融交易的成本和风险，扩大了金融服务的边界。其中技术实现所需的数据，几乎成为互联网金融的代名词。互联网金融门户的核心本质就是"搜索 + 比价"的模式，即采用金融产品垂直搜索方式，将各家金融机构的产品放在平台上，用户通过将各种金融产品的价格、特点等进行对比，自行挑选合适的金融服务产品。①

互联网金融是把互联网作为资源，以大数据、云计算为基础的新金融模式。大数据是互联网金融的核心资源，云计算是互联网金融的核心技术。互联网金融第一次把互联网作为金融活动赖以开展的资源平台而不是技术平台，依托云计算等大数据处理技术，通过搜索引擎捕捉互联网中的数据足迹，有效筛选、处理大数据所蕴含的海量信息，逐步形成基于互联网大数据的金融信用体系和数据驱动型的金融服务模式，降低信息不对称，提升金融资源配置效率和风险管理水平。

从目前已形成的模式来看，我国互联网金融已有第三方支付、P2P 网络贷

---

① 卓尚进. 互联网金融门户快速崛起 ［N］. 金融时报，2013 - 09 - 04.

款、基于大数据的金融服务平台、众筹模式、网络化金融机构和互联网金融门户等多元化模式，这些模式相互依存、相互促进，初步形成了我国互联网金融生态体系。①

我国的互联网金融发展可以划分为两个阶段。第一阶段是20世纪90年代中期至21世纪初，以互联网银行、互联网证券和互联网保险的出现为标志，我国互联网金融经历了第一轮高速发展。第二阶段是21世纪头10年以来，以电子商务、社交互联网、移动支付、大数据、云计算、搜索引擎等为代表的新一代互联网技术，以互联网金融业态的形式渗透到金融领域。第三方支付、快捷支付、阿里贷、P2P、线上融资、互联网保险、移动支付等新名词、新金融模式层出不穷，它们都给传统金融格局带来了新的变化。

（二）互联网金融涵盖的领域

由于互联网金融首先将触角延伸到传统金融并不擅长的短板领域，它是创造一个新市场而不是争夺存量市场，因此在互联网金融的演进过程中，将衍生出大量新的市场需求，意味着金融新蓝海市场的诞生。就互联网金融的具体发展趋势而言，随着技术层面、政策层面与可行商业模式层面的逐步成熟，在融资与风险管控方面，互联网金融凭借信息处理能力以及组织模式方面的优势，极大地降低了金融交易的成本，由此大大拓展了金融服务的生产可能性边界，使以前不能获得传统金融支持的群体，也可以得到金融支持。

所以，在短期内，互联网金融在游离于传统金融服务之外的市场上，如小微企业、个人客户等，会有较强的竞争力。而从长期看，互联网金融在融资、风险管理等方面的竞争优势并不仅局限于被传统金融所忽视的市场，在传统金融的核心业务领域，或许也会形成越来越多的挑战。由于商业银行具备了融资、支付结算等基本功能，而随着互联网金融的发展，都会对这些商业银行的传统业务带来冲击。

我国互联网金融发展的两个阶段的主要区别在于，所涵盖的金融创新和服务模式不同。

1. 互联网金融第一阶段

（1）互联网银行。互联网银行有两种模式。第一种是虚拟银行模式，即在互联网上创建电子银行，采用高科技服务手段与客户建立密切的联系，提供全方位的金融服务。第二种是网上银行模式，即银行通过互联网公共服务来完成

---

① 卓尚进. 互联网金融风生水起　将深度改变中国金融体系 ［N］. 金融时报，2013－09－03.

传统业务处理，包括开户、查询、转账、汇款、理财等。我国互联网银行发展基本属于第二种模式。

（2）互联网证券。互联网证券是指利用互联网资源，获取国内外各种证券的实时行情信息，检索证券投资资讯，通过互联网进行委托、完成交易等一系列活动的总称，具体包括互联网证券发行、互联网证券交易、互联网证券信息服务等。我国互联网证券发展主要有两种模式：一是由传统证券经营机构在互联网上设立网站，提供网上服务；二是由IT公司创建证券类网站，通过丰富的数据信息和高效的行情分析软件，提供证券咨询和数据分析等服务。

（3）互联网保险。互联网保险是指以互联网为工具开展保险经营管理活动的经济行为，主要有三种模式：一是保险公司自建网站推销自家险种；二是由IT公司创建保险网站，开展保险业务；三是建立保险行业第三方门户网站，向公众介绍保险信息，为保险同业提供交流平台。

2. 互联网金融第二阶段

（1）互联网支付。我国电子商务的发展曾由于支付问题而停滞不前，卖方不愿意先发货，买方不放心先付款，在买卖双方博弈过程中，第三方支付应运而生。第三方支付平台一方面在收付款人之间设立中间过渡账户，充当资金托管中介，有效降低了互联网交易的风险；另一方面将多种银行卡支付方式整合在一个界面上，负责交易结算中与银行的对接，使得互联网交易更加方便快捷，同时降低了银行开发网关接口的成本。截至2013年10月，人民银行累计发放了250张第三方支付牌照。

（2）互联网借贷。互联网借贷是指民间出资人通过互联网平台在收取一定利息的前提下，向他人提供小额借贷的金融模式。我国互联网借贷主要包括以下四种模式：一是以拍拍贷、人人贷为代表的个人对个人（P2P）借贷模式；二是以宜信为代表的债权转让模式，即先出借资金，然后将债权按照金额、期限进行拆分并转售，从中获取利差；三是以阿里巴巴金融为代表的互联网小贷模式，通过构建交易平台，获取客户交易信息，在数据筛选的基础上评估客户还款能力，并通过互联网进行贷款审批和放款；四是以陆金所、开鑫贷为代表的第三方担保模式，通过引入担保公司或小贷公司为互联网借贷行为提供担保。

（3）金融搜索。金融搜索是将互联网的大数据、搜索引擎技术与金融咨询、贷款初审等金融专业技术进行结合的新型模式。2011年10月，融资贷款搜索平台融360成立，通过智能后台系统为融资者提供各家银行和出借机构贷款产品的搜索、比较服务。这种服务模式能够有效地解决融资、贷款中信息不对称的难题，极大地提高资金供求双方的合作效率，降低金融服务特别是信贷服务的时间成本与人力成本。

（4）金融电商平台。随着金融产品需求的多元化发展和互联网技术的开创性革新，互联网金融业务与形式也不断推陈出新。金融机构不仅在自家网站上推出储蓄、融资、证券、保险、基金、外汇、结算、托管、理财等一站式金融服务，创建网上商城为广大企业和个人提供专业化的电子商务和金融支持服务，而且还在不断加强与电子商务平台之间的合作。如，交通银行和阿里巴巴合作推出交通银行淘宝旗舰店；国华人寿通过淘宝聚划算互联网平台出售万能险团购产品；平安集团、腾讯、阿里巴巴集团合作组建互联网财险销售平台等。

二、互联网金融的特征

（一）虚拟性

互联网金融的虚拟性是其最突出的一个特征。虚拟性主要表现在金融业务的虚拟化、服务机构的虚拟化和交易媒介货币的虚拟化。金融业务的虚拟化是指互联网金融的一切交易、服务办公活动均为互联网化无纸化，所有的文件均为电子化文件；服务机构的虚拟化表现为建立电子银行等互联网金融机构，进行虚拟化服务活动，金融机构物理结构和建筑的重要性大大降低；交易媒介货币的虚拟化是没有价值的纸币代替实物货币的又一次升华，作为电子数据，互联网现金、互联网钱包等互联网交易媒介货币通过信息互联网传播，反映服务活动和金融活动中的信用关系，以电子支付方式代替传统货币使用，成本小，流通费用低，成为货币发展进程中一个新阶段来临的标志。

（二）开放性

互联网金融的开放性主要是指经营环境的开放性，意味着金融活动可突破时空局限，打破传统的金融分支机构与业务网点的地域限制，吸纳更广泛的客户。只要经营者开通互联网金融业务，世界各地的居民都可能成为其客户，并且能在任何时间、任何地点以多种方式为客户提供服务。同时，作为交易媒介的货币，也可以摆脱各国货币形式的束缚，为市场主体行为的国际化提供便利，促进金融业务全面走向国际。

（三）透明性

互联网金融的透明性是指市场运行的透明性，主要表现在信息传递、交易指令执行、清算程序及市场价格形成的透明性。互联网金融交易的快捷、方便使交易成本大幅下降，市场信息的充分性与公开性极大地提高了金融市场运行的透明性。市场的透明性在市场主体选择有利价格、提高对市场的监督能力上具有重要的作用。

（四）金融资源的可获得性强

Sherman Chan（2004）将金融排斥定义为，人们在金融体系中缺少分享金融服务的一种状态，包括社会中弱势群体缺少途径或方式接近金融机构，以及在利用金融产品或金融服务方面存在困难和障碍。以往，传统商业银行无法高效应对小微企业和部分个人客户的业务要求，导致对某些客户的金融排斥。互联网金融模式下，客户能够突破地域限制，在互联网上寻找需要的金融资源，缓解金融排斥，提升社会福利水平。

传统金融业务由于网点、人工成本等原因，准入门槛较高。互联网金融由于接近零的交易成本，能够提供普惠金融服务或"草根金融"服务。改革开放以来，我国已建立了庞大的金融体系，形成了银行、证券、保险及信托等完备的金融机构和多层次金融服务体系，但金融资源供需在结构和总量上存在较大失衡。"草根金融需求"被大型金融机构忽视，金融市场缺乏竞争性金融供给。而互联网精神崇尚平等、分享，这种特质先天拥有普惠金融的优势。通过互联网灵活、便捷及可得等特征，为传统的金融行业所忽视的中小客户和小微资金需求找到了获得途径，使金融服务的广度和深度得以扩展。

（五）交易信息相对对称

在传统融资模式下，金融机构获得小微企业的信息成本较高，收益与成本不匹配。在互联网金融模式下，交易双方之间信息沟通充分，交易透明，定价完全市场化，风险管理和信任评级完全数据化。利用交易数据库，能够较全面地了解一个企业或个人的财力和信用情况，降低信息不对称。当贷款对象违约时，互联网金融企业可以通过公开违约和降低评级信息等方式，增加其违约成本。

信息的充分程度和关联性是决定互联网金融交易质量的决定因素。由于互联网通过云计算，挖掘、辨识、整理和加工大数据，加上互联网金融具有迅速快捷的信息传递能力和复制能力，因此决定了标准化程度高、复杂度相对低的金融产品及服务未来将非常适合从网下走到网上。而对于互联网参与者的信息的获取，由于大数据的运用，也可以使这些参与者的信用状况清晰展现，因此风险识别、定价、营销甚至个性化定制都能通过这些数据得到有力的支持。

（六）资源配置去中介化

传统融资模式下，资金供求双方信息经常不匹配。资金需求方无法及时得到资金支持的同时，资金供给方也不能找到好的投资项目。互联网金融模式下，资金供求双方不再需要银行或交易所等中介机构撮合，可以通过互联网平台自行完成信息甄别、匹配、定价和交易，去中介化作用明显，进一步加剧了金融脱媒。

在互联网金融领域，金融碎片化凭借信息处理和组织模式方面的优势，互联网金融在多数金融功能的发挥上较传统金融更加有效率，交易成本和风险成本可能都会更低，由此也可以大大拓展金融服务的覆盖范围，这对推动金融体系的竞争与发展有着相当积极的作用。而现实中，低净值人群理财需求是一个亟待开发的市场，而互联网以其扁平、长尾、边际成本低等特性，在面向低净值客户群体时有着非常明显的优势。所以，互联网金融将现实生活中很多人的零碎、富余的资源汇聚在一起，进行有目的的投资，形成更多的价值，为这些"碎片"的利用创造了便利条件，也形成了发展趋势。尤其是 2013 年以来，很多在互联网上售卖的各类金融业务能够提供更多较短的期限选择，像"余额宝"等推出的货币基金提供了 T+0 服务，大大满足了购买客户对资金的流动性和货币增值的要求，打造了全民理财盛宴。

三、互联网金融与传统金融的关系

互联网行业和金融领域内在的发展需要，尤其是金融变革的深层次需要，驱动着互联网金融的快速发展。金融业可以拓展互联网服务功能的广度和深度；互联网也有助于金融业创新产品和服务及低成本扩张，对传统金融体系形成有益补充，满足不断增长的异质金融需求。互联网金融与传统金融的区别不仅仅在于金融业务所采用的媒介不同，更重要的在于金融参与者深谙互联网"开放、平等、协作、分享"的精髓，通过互联网、移动互联网等工具，使得传统金融业务具备透明度更强、参与度更高、协作性更好、中间成本更低、操作上更便捷等一系列特征。人类社会生活离不开信息流、资金流和物流。历次工业革命都是从根本上提升上述"三流"之一的运行效率。对金融业而言，不存在物流，只有信息流和资金流，而资金流归根结底也是信息流。而互联网最大的优势是，实现众多零散信息的低成本对接，基本解决了信息不对称的问题。而通过对大数据的挖掘、整理和加工，也提升了对信息运用的效率。可以说，互联网与金融有着很好的弥合性。

在实践中，互联网金融与传统金融也并不就是一种纯粹的竞争关系，二者之间也有很大的融合空间。一方面，传统金融机构可以吸收、应用互联网金融的技术和组织模式，以实现自身的转型与调整；另一方面，互联网金融公司与传统金融机构的合作，也可以进一步提升自身的服务能力和服务效率。

（一）传统金融是互联网金融生存和发展的基础

金融的核心要素是信用、定价和风险控制，三者协调处理，才能形成良性循环。从商业银行的信贷和支付这两大基本功能来看，这是保障社会经济有序运行的基础，互联网金融的发展也是在商业银行发挥着两大基本功能的基础上运行的。比如，第三方支付业务，在很大程度上依赖于银行搭建的支付平台。同时，银行发挥信贷和支付功能时，确保客户资金和信息安全是其首要明确的风险控制环节，而在这方面，是互联网需要向商业银行借鉴的。

互联网金融是在传统金融的基础上建立和发展起来的，虽然具有特有的优势和不可替代的作用，但它只是取代传统金融业的部分职能，并非要否定或完全取代传统金融。事实上，互联网金融依附于传统金融，其业务活动的背后仍有赖于实际金融，而不可能是一种纯粹的虚拟金融。例如，网上银行有两种形式：一种是纯粹的互联网银行，另一种是真实银行在网上提供金融服务。目前以后者居多，即使是前一种纯粹的互联网银行，其互联网背后仍有一个实体机构作为支撑。

互联网金融是互联网技术条件下以互联网连接、平台整合、数据运用为主要特征的金融服务技术，其金融的基本功能和服务没有大的变化。互联网金融在传统金融的基础之上发展逐渐完善，弥补传统金融的不足，扩大金融业务范围，方便客户办理各项业务。互联网金融具有广阔的发展前景，推动了金融业的创新，是传统金融业的深化。

传统金融资产总量和客户资源庞大、风险控制体系比较完善、行业准入门槛较高。从互联网金融和传统金融业的发展领域来看，互联网金融填补了传统金融业的业务空白，可以融合物流、信息流，甚至现金流，让整个金融业态更有效率，达到传统金融与互联网金融的一种融合。从这个角度而言，传统金融是互联网金融生存和发展的基础。

（二）传统金融面临互联网金融的改进与挑战

互联网金融以其独特的优势使传统金融面临着前所未有的改造和挑战。阿里巴巴集团创始人马云豪言，将用互联网的思想和技术改变贷款模式，重建整个社会未来的金融体系。互联网金融改变了人们的支付习惯、借贷融资方式、投资理财渠道，也改变了互联网的功能和用途。新型互联网金融模式正在挑战着传统金融业，传统金融业也应以互联网为媒介，积极进行金融创新，同时发挥在发展过程中业已日趋完备的风险管理能力，迎接互联网金融的挑战。比如，传统金融机构纷纷设立电商部门，建设电商网站销售金融产品；银行广泛通过互联网开展品牌宣传、产品推广、客户服务。同时，传统金融机构也积极运用互联网开展营销，这已经成为金融机构必不可少的营销方式，从早期的初级应用发展到全面利用互联网技术，通过优化整合内部业务流程及互联网销售渠道，建立基于互联网技术的核心竞争优势。也就是说，传统金融应该根据自身发展情况，加速与互联网金融的融合，通过加强信息化建设和采取可行途径加快与互联网企业的合作，合理布局，持续改进，抓住历史机遇，实现传统金融业的转型发展。应该说，只有传统金融机构和互联网金融形成相互博弈、相互促进、共同发展的态势，才能建立良性的金融生态环境，完善我国金融体系。

1. 互联网金融的发展对商业银行的影响

新技术的发展使传统银行面临"脱媒"危机，导致银行的"中介地位"受到严峻挑战；互联网经济和电子商务的发展，使信息已不再是可以垄断的"稀缺资源"，致使传统银行的"信息优势"受到严峻挑战。比尔·盖茨十几年前就曾断言，在互联网的冲击下，传统商业银行将是21世纪行将灭绝的恐龙。招商银行前行长马蔚华指出，以Facebook为代表的社交互联网，将威胁到银行生存的根基——存贷中介功能，并且它虽然看似遥远，但很快就会发生。互联网金融将促使银行业着力改变传统盈利模式、调整业务结构、改变客户基础、改善服务水平、建立和引入新的信息管理系统等。

2. 互联网金融对金融市场的影响

第一，信息经营商出现。在互联网经济中信息的数量急剧膨胀，信息的可获得程度和透明度大大增强，信息收集的费用大幅下降。然而，信息的筛选费用开始上升。这一切催生了互联网信息经营商，他们从不同的信息源广泛地收集信息，然后加以分类整理，出售给信息需求者。第二，交易决策智能化。交易者通过互联网交易平台确定交易的实施条件后，指令软件会根据交易条件自动选择最有利的市场和最合适的工具，完成交易指令执行。第三，支付清算实时化。在传统金融市场中，一般采用轧差的方式延期支付。轧差方式虽然降低了交易费用，但同时也降低了资金的使用效率。在互联网金融市场中，互联网金融交易的数字化使支付清算简化为一组组特定编码数据的传输，且传输与接收成本十分低廉，使实时总额支付清算成为可能。第四，交易场所虚拟化。在互联网金融市场中，交易主体对传统金融媒介组织分支机构的依赖性快速下降，交易场所、交易机构都表现出日益明显的虚拟化特征。

第二章　互联网金融的发展与冲击

一、互联网金融的未来发展趋势

互联网技术在普世性、移动性、感知性、数据累积性方面的快速发展，使得互联网公司迅速崛起，以重建者的姿态，不断向传统金融业渗透与冲击。这不仅推动了金融市场环境、客户需求和服务模式的深刻变化，并且催生了互联网时代的金融新业态。金融服务的互联网化已成为行业共识，以银行为代表的金融企业和以电商为代表的互联网企业掀起了一股金融互联网化和互联网金融化的潮流。

（一）大金融相互融合的趋势

信息技术的进步，使得互联网金融实现了金融的全方位与"一站式"便利服务。在传统金融行业中，银行、证券公司、保险公司各司其职，分工明确，在各自的领域中谋求利益。然而互联网的爆发使得各金融机构无法再安于现状。在信息技术高度发达的当今社会，不同金融领域之间的界限愈发模糊，建立集不同领域金融服务于一身的服务网站已是互联网金融发展的大势所趋。随着1999 年《金融服务现代化法案》宣布美国所有商业银行、证券公司和保险公司都可以混业经营，互联网银行迎来了一站化的浪潮。网上银行已经突破了狭义上银行的界限，正在向更为完善的"一站式"平台迈进。近10 年来，全球范围内金融产业重组、兼并的趋势不断加大，其目标即是实现业务集成化和综合化发展。互联网金融则使金融企业为客户提供全方位的综合金融服务成为可能。如花旗银行和旅行者公司合并，借助信息技术，使花旗银行成为一个集银行、投资和保险为一体的全能金融集团，极大地增强了其竞争力和市场优势。[①] 使用互联网银行，客户不仅可以完成银行各类账户信息的查询、财务状况的反馈，还可以实现多种形式的交易服务，包括转账、信贷、股票买卖、外汇交易及个

---

① 和毅. 互联网金融模式下的供应链融资发展思考［J］. 金融理论与实践，2013（12）：75 – 77.

人理财，等等。2000年2月，花旗集团与商务第一公司宣布联盟，共建B－B式的因特网金融超市①。

分析认为，过去用户只能被动地接受金融机构提供的一切服务，没有选择权，而现在互联网蕴含的大量信息缓解了过去用户与金融机构之间的信息不对称问题，不但让用户有了更多选择，更加了解市场，而且深刻地改变了以往的用户习惯。在互联网背景下，用户在产生金融服务需求后，会先选择自行在网上收集信息，而后才会去找相应的金融机构咨询，主动权的变化使得未来金融机构必须改变思路，将现有的金融产品拆分成多个元素，让用户自行选择需要的元素，以满足其需求，并且价格必须更加公开透明。

目前，无论是欧美还是亚洲，都兴起了"一站式"金融服务平台的建设。在进入门槛低、竞争高度激烈的互联网金融领域，健全完善自己的服务内容、满足客户金融服务的所有需求，成为未来国际互联网金融的发展方向。而在内容多样化的同时，互联网金融同样在向更加个性化的方向发展。通过互联网，任何企业的任何产品信息都能被所有顾客一览无余，因此顾客可以十分轻松地货比千万家，然后挑选性价比最高、自己最满意的产品。这也意味着，已经吸引到的顾客并不是进了保险箱，一旦自己的产品与服务被其他企业超越，客户很可能转而选择另一家的产品。在这种竞争环境下，只有那些站在消费者角度思考问题、能够满足消费者个性化需求的企业，才能占据一席之地。

（二）竞争更加激烈

在互联网技术爆发前，由于进入门槛较高，传统金融行业的竞争基本处于寡头垄断的格局。一些大的银行及金融机构依靠庞大的客户基础与客户黏性持续性地获取利润。然而，信息技术的引入却迅速打破了这一格局。互联网金融的兴起，使得金融领域的进入门槛大大降低。如开设一家纯网上银行的成本比建立传统银行的成本要低得多，且无须再雇用众多客户经理为客户办理业务。在既有的互联网系统基础上，新增加一笔交易的边际成本几乎可以忽略不计。同时，客户黏性正在逐步减弱，通过便利的互联网信息比较，客户可以随时轻易地选择另一家机构提供的金融服务。

---

① 商务第一公司是全球最大的B－B电子商务公司之一，它拥有全球最大的B－B式的因特网交易系统，能够为客户提供在任何时间、任何地点购买任何商品的商务服务。花旗集团旗下的花旗电子商务部（e－Citi）是全球最大的电子金融商务服务系统之一。这两大系统的联盟，在全球范围内形成了采用尖端技术、最具国际竞争力的因特网金融超市。

金融机构在面临着骤然增加的同业竞争者的同时，一个更为残酷的事实摆在了它们面前：一些非金融机构的企业正在大跨步地向它们的领地进军。随着金融体系自由化与互联网普及程度的进一步提高，行业界限愈加模糊，很多非传统金融机构都将进入互联网金融市场。传统银行的优势在于多年积累的固定资产和商誉，以及金融监管当局颁发的"经营许可证书"，但从互联网角度看，传统银行与知名的高科技、工商企业相比，优势并不明显。例如，Yahoo Finance凭借其全球化服务的背景、信息、技术、互联网、资金等多方面的巨大优势，已经成为最重要的金融网站。AOL目前已对其过4万的用户提供网上付款服务，而由Intuit、Microsoft和Yahoo经营的金融门户，已经允许客户在几十个不同的服务提供商之间选择不同的金融服务，包括抵押、保险和信用卡。微软将用自己的应用软件系统取代银行的清算系统承担起全球的资金清算业务，并推出". Net My Service"的服务①。比尔·盖茨曾经大胆地预言，银行业会继续存在，但银行不必然存在。而这一论断从目前看来，并非危言耸听。

在低门槛、高竞争的互联网金融领域，每年都会有很多新兴的企业闪亮登场，参与到全球市场的瓜分中来，同样每年也会有一批企业因为吸引不到足够数量的顾客而被淘汰。信息技术的持续发展，正深刻影响着人类社会的组织形态、商业模式和生活方式。分析认为，目前我国信用数据分布在不同的机构手上，并没有统一的机构将其进行整合，导致企业所承担的风险和其所能获得收益并不匹配，优势资源分布极不均衡。未来随着互联网金融对用户数据的进一步整合，全社会的数据壁垒有望打破，形成统一信用环境，使用户可以得到更好的服务。这也使得用户的信用数据成为未来互联网金融企业的核心竞争力。未来，各类未知的互联网新模式和金融生态必将不断涌现，互联网金融领域的竞争格局将会更加激烈。

（三）产品与服务的多样化和个性化

互联网时代金融业务的发展不同于以往任何领域的发展规律。由于信息技术的应用，很多传统金融业中并不存在的业务显露出了冰山一角，而通过技术应用探索和挖掘这些潜在的业务可以说是目前业务创新的一大趋势。互联网系的金融产品对目标客户实现了更加广泛的覆盖和更为精准的传播。传统金融服

① 该服务整合了包括电子钱包、电子邮件、日程簿和其他基于网络的服务内容，企图借此进入金融市场。这样微软的客户在家里就可以联机到网上办理购物、付账、转账和理财业务，这些交易完全可以通过微软的网络进行清算。

13

务的线上化是最基本的互联网金融服务方式。互联网金融服务企业获得用户最直接的方式是对线下用户进行线上转移，或直接开拓线上用户，以迅速打开线上金融服务市场。最初的互联网金融业务只是应用了互联网信息技术在虚拟的互联网空间模拟传统金融业务的流程，如网上银行、网上证券、网上保险等。互联网金融不仅将传统金融业务迁移到网上进行，而且通过对不同渠道、产品和服务之间的组合匹配，产生了许多新的金融产品和服务形态。如对互联网中存在的大量金融信息进行整合和筛选，产生了互联网金融信息服务平台。以国外杰出的金融网站 BeatThatQuote.com 为例，该网站由约翰·帕里奥梅莱斯在2005 年 2 月推出上线，总部设在伦敦，主要提供的服务是价格比较。其最大的特点就是将各类产品按照价格、利率等重要项目的大小、高低等方法排列，性价比的排名可以很直观地看到，方便用户进行比较。在数据量庞大的互联网时代，这种平台的出现具有重要意义。

互联网金融服务垂直提供商利用专业特性与用户规模优势，开辟网上理财产品销售的专业化渠道，成为金融产品的在线第三方销售机构。网络金融服务最初以财经媒体的形式出现并发展，以提供金融信息服务为主；随着政策的放开，第三方基金支付和销售牌照相继发放，基金销售和交易的在线化得以实现。第三方基金服务在互联网的支撑下信息提供更加海量丰富、操作更加便捷迅速，同时具备强互动性和社交性，能够极大地推动公募基金低净值个人投资新用户的拓展。

分析认为，互联网行业发展至今已经形成了一套以用户规模为基础的独特商业文化，能够在最短的时间内，积累用户规模的企业，就能够掌握市场主动权。在这种商业文化中，用户的价值得到了空前的提高，这就造成了用户规模与商业模式创新之间的相互促进。在企业创立之初，一种能够有效满足用户需求的创新商业模式必然能够吸引最大规模的用户。在此之后，由于竞争对手的进入和用户需求的进一步挖掘，迫使企业必须继续专注于商业模式的创新，进而形成了双向促进，螺旋式上升。

西方发达国家经历了从混业经营到分业经营再到综合性更强的混业经营体制的转变，目前已形成比较完善的金融体制，出现了很多创新金融产品及金融衍生品。在信息技术高度发达的今天，人们对于金融服务的需求愈发多样。未来金融业的电子数据交换量将呈几何级数增长，智能决策支持系统将渗透至客户的理财服务当中，如何在理财服务中获取财富增值，已成为金融业和消费者考虑的问题。可以预见，未来互联网金融业务的产品与服务将会更加丰富多样。

（四）国际第三方支付呈现社交化与移动化趋势

第三方支付平台在快速扩张业务规模的同时，也在积极寻求业务模式的创新。总体来看，国际上第三方支付呈现出社交化与移动化的趋势。国外的社交类支付产品发展非常快，各种创新产品层出不穷。如定位于"社交微支付"的创新产品 Flattr，该产品诞生的初衷来源于互联网上的大批自愿内容提供者。这些自愿者也是优秀的内容提供者，因此受众极广，往往拥有大批粉丝。但除了被人追捧的满足感之外，这种自愿的内容提供行为缺乏经济上的激励，而 Flattr 为优秀的内容提供者和其粉丝之间架起一座桥梁，使得粉丝可通过简单点击一个按钮来为他们喜欢的内容给予回报。因此，只需在网页上添加 Flattr 按钮，当有人点击它时，你就会获得一定的收入。Flattr 用户每个月需存入自己想捐赠的总额（下限是 2 欧元），最后这笔钱会平均分给所有获得该用户 Flattr 点击的文章或网站的作者。每笔支付 Flattr 会提成 10% 作为收入。

国外支付产品在移动化方面早已领先中国。以一款颇受欢迎的移动社交支付产品 Venmo 为例，使用者可以将账户和信用卡绑定，通过 iPhone、Android、Blackberry 或短信轻松完成朋友间的电子转账。而一些第三方支付的领军者，早已开始了自己移动化的进程。自 2010 年 4 月 27 日和 5 月 19 日，第三方支付巨头 PayPal 分别开始向苹果 APP Store 及 Google 的 Android Market 开发者开放 Mobile Payments Library（移动支付库）支付模块，使开发者可开发具有 PayPal 内部支付功能的应用。作为 PayPal 独立运营的第三方支付模块，"移动支付库"可以为应用开发者在各自应用程序内部整合 PayPal 支付功能，包括应用程序中的资金捐赠、私人交易支付、实物或服务的交易支付等。这一举措必将使得 PayPal 的业务、用户规模和品牌影响力通过手机软件开发者的行为，直接渗透到使用相关移动业务的每一个用户中。互联网与移动互联网融合化的用户支付体验更能增强品牌影响力，实现在该领域的垄断地位。

此外，依托高度的互联网普及与发达的金融体系基础，越来越多模式更具创意的互联网平台被开发出来。以在国外著名的微支付平台 Trialpay 为例，该平台的目标群体直指不愿意为游戏道具付费的用户。如某用户正在 Facebook 上玩游戏，遇到需要付费的某些游戏道具，但该用户却不想为此付费，便可点击游戏里内置的 Trialpay 按钮，观看一段广告视频或填写一份市场调查问卷，随后 Trialpay 将为用户支付游戏道具费用。通过巧妙的设计将用户、线上卖家及广告商融合在一起，并以免费支付为噱头，Trialpay 创造了三赢效果：用户完成广告任务就能免费获得心仪的商品；卖家获得了销售收入；而广告商则获取了实实在在的用户。

发达国家的互联网金融始终走在世界前列，且业务模式不断创新。预计未来，随着互联网技术的进一步发展，互联网金融模式创新的趋势还将不断持续下去。

（五）我国跨境支付与移动支付具有广泛发展潜力

随着互联网/移动互联网的快速发展，互联网支付市场竞争日趋激烈，市场监管更趋成熟与规范。第三方机构则致力于提供差异化的产品与服务。一方面，深化新兴细分市场的开拓力度，积极拓展跨境支付、线下收单以及保险、基金、医疗、教育等新兴细分市场；另一方面，创新支付方式，开发增值服务，发力移动支付，构建竞争壁垒。

在跨境支付方面，伴随着跨境电子商务的快速发展，普通消费者和外贸企业对于跨境支付的需求越来越旺盛，跨境支付业务有望成为行业竞争的新蓝海。目前，支付宝、财付通、快钱、易宝支付、易支付等机构已经涉足跨境支付领域。近期中央银行已批准两家外资机构进入中国第三方支付市场，虽然目前业务范围仅限于预付卡业务，但可以预计，随着中国金融市场的进一步开放，外资机构在中国开展互联网支付业务是必然趋势，跨境支付将得到极大发展。

在移动支付方面，2012 年移动支付标准逐渐走向统一，移动支付通过不断创新，主动引导、迅速融入主流消费趋势，为超常规发展打下了雄厚的技术基础。如图 2-1 所示，据易观智库预测，2015 年中国移动支付市场交易规模将达

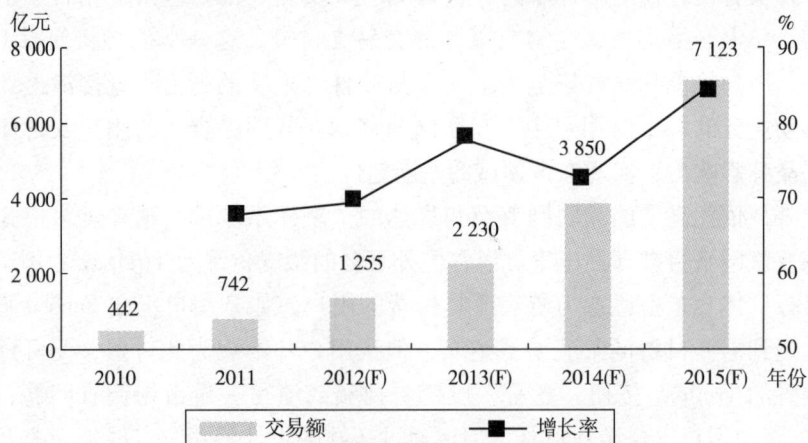

资料来源：易观智库：《2012—2015 年中国移动支付产业趋势与展望》。

图 2-1　中国移动支付市场交易规模预测

到 7 123 亿元人民币。而随着银行业金融机构的加入，以及与电信运营商的战略合作开启，手机近场支付有望实现快速发展。

（六）我国互联网融资将迎来新的发展

目前，中国 P2P、众筹融资等平台良莠不齐，风险事件时有发生。整体来看，互联网融资还处于一个灰色地带，没有明确的监管机构，没有明确的行业规则，业内公司主要依靠自律方式主动披露信息，以尽量与非法集资的行为划清界限。但互联网融资作为中国建设多层次资本市场的有益组成部分，在实体经济发展需求的推动下，随着监管的不断完善，必将迎来新的发展。2013 年以来，政府关于鼓励和引导民间融资规范发展的各项政策规定，为互联网融资规范化、阳光化发展创造了良好的政策环境。预计在不久的将来，互联网融资将会被监管当局纳入正式的监管框架内，而有关准入、运营、税收和退出方面的规定也将陆续出台，这也为未来行业大洗牌埋下了伏笔。

效率的提高、影响力的扩大，使相对保守的金融行业意识到，互联网已经成了促进企业发展的重要助力，未来传统金融与互联网的联系会更加紧密。艾瑞咨询分析认为，互联网金融正在构建一个更加和谐、更加美好的金融环境，能够在新环境里得到良好发展的企业，必须要做到以下五点：一是利用数字技术实现自动投融资需求对接，降低人工成本；二是注重个性化、定制化的金融服务，注重长尾效应；三是提供金融服务的方案更清晰、更透明；四是最大限度地简化用户操作；五是降低用户参与的资金门槛。

政府对互联网融资的规范化和"正名"，以及互联网融资的巨大市场发展潜力必将吸引更多的主体参与其中，市场竞争将日趋激烈。一方面，对于诸如阿里巴巴、腾讯、中国移动等拥有金融生态模式和庞大客户基础、具备进行内部信用风险评级和风险控制能力互联网运营商的机构而言，一旦真正发力互联网信贷，其在大幅降低信息不对称程度和交易成本方面的优势必将彻底颠覆行业现有发展态势。另一方面，对商业银行而言，面对互联网融资的冲击，必然会对现有发展模式、业务流程进行革新，积极运用在资金来源、客户资源、风险管理、数据处理及运用、市场信誉等方面的优势，正面迎接互联网融资的挑战。

（七）互联网理财及投资或成为互联网金融重要发展方向

随着理财和存款的关系进一步高度关联，传统金融领域的"脱媒"速度骤然加快，互联网理财及投资成为未来互联网金融的重要发展方向。

一是产品种类将更加多样化。目前国内借助互联网平台开发的互联网理财工具绝大部分都是基于固定收益类产品的货币市场基金，适合于低风险投资偏好的客户群。随着互联网平台创新范围的不断扩展，以及风险管理能力的提高，未来的互联网理财工具可能涉及股票、权证等高投资风险产品，或者由风险高低不同的债券、基金、股票、黄金、贵金属等组合后形成新的复合产品，以满足不同风险偏好客户的需求。

二是产品设计将更加丰富。目前余额宝等互联网理财工具的功能还比较单一，未来产品功能服务将会更加全面、便捷，不仅可以方便地实现转账支付、网上购物、投资理财等，而且还可能深入涉及人们生活服务的方方面面。通过提高互联网理财的服务功能，"一站式"客户体验将成为发展趋势。同时，未来互联网理财产品可能会朝满足客户个性化金融需求的方向发展，互联网理财方案的设计将会考虑融入更多的个性化元素，凸显不同客户的个性化需求。

三是参与主体将更加多元化。从目前市场趋势看，一方面，支付宝在"余额宝"上的成功将引领更多的第三方机构涉足互联网理财领域，另一方面，拥有平台优势的电子商务公司则积极通过获得第三方支付牌照，加速进军互联网理财和投资市场。券商、基金公司等金融机构也正考虑通过互联网销售渠道创新，扩大市场份额，而互联网理财工具正是一个绝佳的途径。另外，一些互联网游戏公司也开始计划对账户沉淀资金开发相应的理财产品，提高客户黏性。可以预见，未来越来越多的行业和企业将涉足互联网理财领域。

四是理财操作朝移动平台方向发展。互联网理财工具目前仍主要基于互联网技术平台，客户体验提升空间相对有限。随着移动互联网技术的深入发展，以及移动支付技术的日益普及，未来的互联网理财和投资将会日益重视基于移动互联网平台进行产品开发，使互联网理财更加便捷。

二、互联网金融对传统金融业的冲击

互联网对中国银行业的影响，不仅仅体现在互联网金融业务的发展上，更将深刻改变银行整体的经营管理"面貌"。目前，互联网金融与传统的商业银行相比，具有以下四大突出特点：

（1）基于互联网平台的全面管理。与传统的商业银行网点式服务相比，基于互联网的金融方式突破了地域限制，使得信息来源更加充分，信息范围和业务范围更加全面。

（2）基于过往交易数据挖掘形成新的信用评价体系。我国现行的信用体系并不完善，传统银行信贷大多基于抵押物或担保的方式，然而基于大数据的互联网金融则创新性地以历史交易数据等多个指标建立不同的信用体系。

（3）基于客户体验的灵活产品设计。得益于云储存和大数据处理等互联网技术创造，随着电子商务和电子支付的日益发展和普及，传统商务方式下很难获得的交易和消费记录得到较为系统的保存，从而为细分顾客市场、打造个性化金融产品和提供多样性的金融服务提供可能。

（4）碎片化时间和碎片化资金管理。随着我国3G、4G互联网的全面铺开，移动支付方式越来越受到人们欢迎，便于人们利用碎片化时间浏览经济资讯和办理银行业务，而类"余额宝"形式的理财产品发售也使碎片化资金管理成为可能。

互联网金融的迅猛发展对商业银行的影响是全方位的。如，当商业银行将目光更多地投向中小企业和小微企业时，却发现许多互联网公司、电子商务企业已开始借助其广阔的交易平台和庞大的交易数据进入小企业贷款领域，像以P2P为代表的拍拍贷和阿里小贷等。第三方支付、互联网小贷公司、电子商务企业不断向商业银行传统业务领域渗透，必然对银行业的发展模式、经营理念、服务方式和产品创新等产生重大而深远的影响。互联网金融将推动我国金融体制的变革，对现有的运作模式和管理方式产生巨大的影响。因此，商业银行必须调整思路和战略，主动适应和驾驭互联网金融带来的机遇和挑战，才能在新的市场上掌握主动权，占得市场先机。

（一）第三方支付业务的挤占效应

互联网金融的发展迫使传统银行面对金融加速脱媒的局面。以第三方支付为代表的非银行机构凭借其掌握的大规模客户入口、高效的资金处理方式、强大的信息整合能力，削弱了银行作为主要支付结算渠道和产品代销渠道的地位，造成渠道脱媒；交易结算资金大量在第三方支付平台沉淀，越来越多的投资借贷行为以互联网理财、互联网融资的方式实现，资金供求双方直接匹配，资金在银行体系外流动，形成资金脱媒；智能搜索引擎和海量数据挖掘技术有效降低了成本并解决了信息不对称问题，互联网平台企业获取了大量本应由银行掌握的客户身份、账户和交易信息，削弱了银行对客户信息的垄断，造成信息脱媒；互联网金融为客户提供了多元化的金融服务选择，更多金融交易是通过第三方平台实现的，客户不直接与银行发生接触，银行客户关系的排他性和客户忠诚度下降，形成客户关系脱媒。

互联网金融目前对商业银行的冲击主要体现在第三方支付业务对电商用户

支付结算和代理收付业务的挤占效应;受限于客户定位、资金来源和商业模式,互联网小额贷款业务对银行的影响还非常有限。根据在支付流程中银行的涉及程度以及议价能力的不同,不同类型的第三方支付业务对银行的冲击程度不尽相同。

1. 电子商务企业和第三方支付对客户信息形成垄断

客户是商业银行等金融机构各项业务的基础。互联网金融模式有利于商业银行拓展客户基础。据 CNNIC 数据统计,2012 年我国互联网与移动互联网用户规模分别达到 5.6 亿人和 4.2 亿人。根据艾瑞咨询统计,2012 年 12 月我国金融服务月度覆盖人数达到 3.65 亿人。电子商务企业和第三方支付依托本身的行业优势和产业链优势,较好地整合了信息流、物流和资金流,掌控了客户交易信息。同时,中央财经大学金融品牌研究所调查结果显示,我国金融核心群体对财经网站的访问量明显高于总体水平,且在各类社会化媒体上也极为活跃。而互联网企业会利用专业财经信息渠道进行垂直营销,并辅以社交化交叉营销,从深度和广度两方面打开用户流量入口。

然而,电商客户在第三方支付平台内部的转账支付完全独立于银行,只有当客户资金在其平台账户和银行账户之间转移的时候才涉及银行。因此在平台内部的交易支付流程当中,商业银行被完全架空。平台账户成为银行账户之下的另一层账户体系,商业银行账户从直接进行支付结算转向为类似于代理清算的角色。例如支付宝依托阿里巴巴的电子商务平台,腾讯财付通依托于 QQ 用户群。这些互联网平台上的客户信息实际上垄断在电子商务企业手中。这使银行在客户争夺上处于非常不利的地位。

在电子商务的生态系统中,电商平台的交易数据为商业银行提供了宝贵的客户信息。这些交易数据体现了客户的真实需求和行为模式,是商业银行未来开发相关金融产品的基础和实现差异化经营的保证,决定着互联网时代银行的核心竞争力。商业银行作为资金中介,本应是交易环节的核心,但目前商业银行实际上处于整个价值链的末端。电子商务企业和第三方支付公司普遍不向银行提供客户交易明细数据,银行仅能够作为资金提供者,对于用户的资金去向、消费习惯却一无所知。客户是商业银行生存的根基,客户信息是商业银行经营的基础,商业银行必须认真对待。

在传统的网关支付模式下,第三方支付依附于商业银行网关,只提供付款通道,导致其虽然依托电子商务平台、网络社区等渠道拥有较大的客户数量及较强的客户黏性,但不能掌握客户的资金流。快捷支付的兴起改变了这种状况,第三方支付平台转而使用自己的虚拟网关,可直接获得客户相关信息,同时掌握了客户的信息流和资金流，从而瓜分了商业银行的客户资源，而且使主要掌握资金流优势的商业银行在客户争夺上处于相对被动地位。庞大的客户基础不仅为第三方支付平台提供了巨大的业务潜力和盈利空间，还使平台在与商业银行的竞争中占据越来越强的话语权和博弈筹码。特别是大量中小型商业银行，由于自身渠道和客户数量的限制，在与第三方支付平台的合作中，很有可能乐于充当资金清算后台的职能，形成"第三方支付平台（大前台）＋中小银行（小后台）"联盟。在这种联盟下，中小商业银行可克服网点少的劣势，在全国范围内提供金融服务，从而与全国性商业银行开展较激烈的市场竞争，势必一定程度上冲击现有的以四大国有商业银行为主导的金融寡头垄断市场格局。①

综上，以第三方支付为代表的非银行机构凭借其掌握的大规模客户入口、高效的资金处理方式、强大的信息整合能力，削弱了银行作为主要支付结算渠道和产品代销渠道的地位，造成渠道脱媒；智能搜索引擎和海量数据挖掘技术有效降低了成本并解决了信息不对称问题，互联网平台企业获取了大量本应由银行掌握的客户身份、账户和交易信息，削弱了银行对客户信息的垄断，造成信息脱媒；② 互联网金融为客户提供了多元化的金融服务选择，更多金融交易是通过第三方平台实现的，客户不直接与银行发生接触，银行客户关系的排他性和客户忠诚度下降，形成客户关系脱媒。③ 因此，在互联网金融模式下，商业银行应与自身战略结合，一方面挖掘、吸引新客户，另一方面增加客户黏合度，拉近与客户间的业务关系。互联网金融模式下，银行传统目标客户群可能发生改变，传统物理网点优势弱化，追求多样化、个性化服务的中小企业及个人客户更倾向于通过互联网参与各种金融交易。商业银行传统价值创造和实现方式将发生改变，能够提供快捷、低成本服务的金融机构才会得到市场青睐。

2. 第三方支付机构对商业银行中间业务的挤占

商业银行中间业务主要包括支付结算、担保、承诺、交易、咨询等。而第三方支付平台有着相对独立、与银行功能类似的结算账户体系。第三方支付平台的迅速发展，使商业银行中间业务遭受了前所未有的挑战。

一是直接挤压银行卡结算、代理收付等业务。在开拓行业应用方面，第三

---

① 四川银监局课题组. 互联网金融对商业银行传统业务的影响研究［J］. 西南金融，2013（12）：3－5.

② 巴曙松，谌鹏. 互动与融合：互联网金融时代的竞争新格局［J］. 中国农村金融，2012（24）：15－17.

③ 袁博，李永刚，张逸龙. 互联网金融发展对中国商业银行的影响及对策分析［J］. 金融理论与实践，2013（12）：66－70.

方支付平台需要和商业银行建立接口。第三方支付平台的介入相当于在原有的支付流程中增加了一个环节，从而将银行的利润分走一杯羹，对银行代理收付业务有一定的影响。与商业银行网上支付相比，第三方支付价格更低（部分甚至免费），操作更加便捷且提供特有的延迟支付功能，更易为消费者接受，从而直接挤压商业银行网上银行业务。例如，支付宝、财付通、易宝支付和快钱等能为企业客户提供大额收付款、多层级交易自动分账和一对多批量付款等各种资金结算产品，为个人客户提供信用卡免费跨行异地还款、转账汇款、机票订购、火车票代购、保险续费、生活缴费等支付服务。同时，第三方支付平台已开始将资源优势延伸至线下，通过铺设 POS 网络和代收付费系统开展线下收单、现金充值等业务，与银行在线下形成新的竞争。以支付业务收入规模看，第三方支付 2012 年交易额为 3.66 万亿元，如果按照 0.5% 的支付服务费率来测算，其业务收入将达 150 亿元以上。

二是逐步向代理基金、保险等金融领域渗透。目前，已有 7 家第三方支付平台公司取得代理基金销售资格，以较低的价格与银行开展直接竞争。如第一批取得代理基金销售资格的汇付天下，基金申购手续费率仅为银行等传统渠道的 40%。虽然短期内由于消费者对其了解不多，第三方支付平台代理销售的规模还较小，但银行作为金融产品销售主渠道的垄断局面正在被逐渐打破。交易结算资金大量在第三方支付平台沉淀，越来越多的投资借贷行为以网络理财、网络融资的方式实现，资金供求双方直接匹配，资金在银行体系外流动，形成资金脱媒。

三是改变金融消费者的消费习惯。淘宝网、京东商城、苏宁易购等网上商城的快速发展，越来越多的消费者选择通过网上交易购买商品，逐步形成了网上购物、网上支付的习惯，减少对现金、商业银行柜面服务等的依赖。

3. 第三方支付造成商业银行存款分流

虽然第三方支付平台资金最终会以各种形式回流到商业银行，商业银行存款来源总量不会受到影响，但必将对商业银行储蓄存款形成分流，影响商业银行存款结构，部分竞争力较弱的中小银行揽存压力更大。

一方面，由于第三方支付平台特有的延迟支付功能，用户通过其结算的资金会部分沉淀在第三方支付平台，从而对商业银行储蓄存款形成分流，这部分资金主要是用于网上交易的活期存款。以支付宝沉淀存款为例，目前支付宝日均沉淀资金约 100 亿元。随着第三方支付逐步向线下延伸和大额支付领域扩展，资金沉淀规模将显著扩大。①

代销基金业务一直是商业银行重要的中间业务收入来源。大部分第三方支付平台的股票型基金申购手续费率为0.6%，相当于银行等传统渠道1.5%手续费费率的4折。通过第三方支付工具购买基金将对商业银行基金代销业务形成较大威胁。2010年证监会发布《证券投资基金销售管理办法（修订稿）》，降低了基金销售机构的准入门槛。基金销售和支付门槛的降低给第三方支付进入该领域铺平了道路。

阿里金融和天弘基金面向互联网用户推出的"余额宝"是互联网金融发展的又一新现象。这类业务的本质是"技术脱媒"与"融资脱媒"的复合产物，将加速金融脱媒进程。第三方支付与金融交易结合后，其沉淀的资金规模将可能呈现快速提升的趋势，直接造成商业银行核心存款的分流。

4. 商业银行贷款业务受到互联网小贷公司的潜在威胁

贷款业务是商业银行最主要的收入来源，也是商业银行最为核心的业务之一。凭借电子商务客户群以及大数据的信息处理优势，互联网小贷公司可针对小微企业融资需求"短、小、频、急"的特点设计流程及产品，更好地为其提供融资支持，抢占商业银行在小微企业信贷领域的市场份额。

以阿里金融为例，阿里小贷是阿里金融针对阿里巴巴电子商务平台小微企业开发的纯信用贷款产品。阿里金融通过旗下两家小额贷款公司，在阿里巴巴B2B业务、天猫、淘宝上提供订单贷款和信用贷款两款服务，贷款额度一般不超过100万元。有稳定而庞大的电商客户群是阿里巴巴做小贷最大的优势。阿里金融通过客户的信用和资金流转记录确定其信用水平，并通过支付宝等渠道监控其现金流，保障了贷款的安全性。截至2012年6月末，阿里金融累计为13万小微企业客户提供金融服务，累计贷款金额超过260亿元，不良贷款率仅为0.72%。②

但由于在我国尚未实现信用信息联网公开共享的情况下，借款人存在较强的编造虚假信息的冲动，互联网信息与数据的真实性无法得到有效保障，因此互联网融资在短期内还不会对商业银行贷款业务形成较大威胁，覆盖范围主要是现有银行体系无法提供有效服务的小额借贷人群。同时，对于互联网小贷公

---

① 四川银监局课题组. 互联网金融对商业银行传统业务的影响研究［J］. 西南金融，2013（12）：3-5.

② 四川银监局课题组. 互联网金融对商业银行传统业务的影响研究［J］. 西南金融，2013（12）：3-5.

司来说，目前最大的限制在于监管部门对小贷公司 1:0.5 的杠杆率限制。根据监管规定，小额贷款公司只贷不存，主要靠资本金发放贷款，融资杠杆率只有0.5，与商业银行平均的 12.5 倍相差很大。因此，按照目前的监管法规，互联网小贷公司对商业银行的贷款业务只是具有潜在的竞争压力。未来如果相关监管规定放宽，则互联网小贷公司的信贷业务则可能迎来飞速发展的契机，届时对商业银行贷款业务就可能形成现实的威胁。

从第三方支付的业务量来看，2010—2012 年中国第三方互联网在线支付交易额分别达到 1.0 万亿元、2.2 万亿元和 3.6 万亿元。而中国整体的非现金支付业务量分别是 905 万亿元、1 104 万亿和 1 286 万亿元。第三方互联网在线支付的占比分别为 0.11%、0.20% 和 0.28%，尽管增长较快，但占比目前几乎可以忽略不计。

互联网小额贷款方面，我们以阿里小贷为例与商业银行进行一个简单的对比。阿里小贷主要定位在阿里巴巴、淘宝和天猫平台上经营的商户，贷款额度最高 100 万元，周期最长 1 年。实际情况中平均每笔贷款额度不到 1 万元，户均累计贷款也不过 6 万元。3 年累计贷款 700 亿元。阿里小贷崇尚资金快进快出，鼓励客户尽早还款，小微企业全年实际占用资金时长为 123 天。商业银行的小微贷款定位于小微企业主和个体工商户等，平均每笔贷款的金额，如果按照渤海银行的数据，户均最低的分行也达到了 90 多万元。当然，客户结构更为下沉的商业银行的小微贷款户均额度肯定是要比渤海银行更低，但从这个数据大致也可以看出商业银行的小微贷款的客户群体实际上比阿里小贷的客户群体要高端很多。再加上互联网小贷公司受制于放贷资金来源和经营地域的限制，总体而言目前对商业银行的影响还非常有限。

但是长期来看，随着信用信息的联网公开共享，贷前审查评估、担保、交易竞价和货后管理等专业性业务的产生及发展，互联网金融可通过整合担保线下金融服务公司等方式，凭借强大的信息搜索和处理能力，更加有效地判断客户的资质。投资人可依靠这些信息直接与借款人进行交易，降低通过商业银行等中介机构交易的成本，从而形成独特的"公众型小额融资市场"。而金融媒介将进一步从"持有资金运作模式"演变为"持有信息运作模式"，其收入结构也从"利差 + 服务费"缩减为单一的服务费。①

---

① 四川银监局课题组. 互联网金融对商业银行传统业务的影响研究 [J]. 西南金融，2013（12）：3 – 5.

（二）业务交叉渗透，经营边界日趋模糊

互联网金融的发展促使传统银行步入多元融合的时代。金融边界变得越来越模糊，传统银行业开始有选择地进入证券、保险、租赁等金融领域，综合化经营、金融跨界融合成为互联网时代银行业最重要的特征。众多第三方支付公司、电信运营商、电商企业加入互联网金融市场的竞合博弈，银行通过与非银行机构建立联盟和伙伴关系，为客户提供超越传统银行产品范畴的金融和非金融服务，形成金融与非金融融合的局面。线上与线下的融合成为一种潮流，电商平台、第三方支付基于客户价值链条，从线上向线下金融增值服务延伸，银行业传统业务由线下向线上迁移和拓展，线上与线下的服务与应用逐步走向贯通融合。金融与商业生态的融合日益加深，商业银行根植于社会网络、经济网络、产业链条，融入各种商业生态提供金融增值服务。①

非银行业互联网金融业务和商业银行业务在不断相互渗透，交叉程度日益加深，经营边界日趋模糊，在一些特定领域可能对商业银行带来较大冲击。商业银行应强化认识，未雨绸缪，及早布局。第三方支付平台的发展大致经历了三个阶段：第一阶段以 2003 年支付宝的推出为代表，主要是为了解决电子商务平台用户的支付结算问题。第二阶段，自建的第三方支付机构已经不再满足于自身业务处理，开始对外提供支付服务，并带动了一批专业第三方支付机构的出现，如快钱、汇付天下等。第三阶段，市场扩大和移动支付兴起带动更多企业进入，如中国移动等三家电信运营商均借助移动支付业务发展契机，几乎同时进入第三方支付业务领域。在这个发展过程当中，第三方支付平台的业务类型和范围在不断扩大。最早只是用于平台内部支付结算，随后发展到对外提供支付服务，包括公共事业缴费、手机充值等，再到信用卡还款、跨行转账，进而由单纯的提供支付结算服务向提供行业解决方案发展，涉及行业包括钢铁、物流等诸多领域。基于第三方支付平台的增值服务如现金管理、小额信贷等都是直接涉及银行的传统业务。业务范围从线上向线下延伸，POS 收单直接抢占商业银行业务。非银行业互联网金融业务在逐步向商业银行业务渗透。

从短中期而言，预计非银行业的互联网金融在以下几个方面可能对银行带来比较大的冲击。第一，保险和基金的代销业务。以基金代销业务为例，据报道，2012 年 5 月支付宝已经与 30 多家基金公司谈成合作意向，其合作模式主要

---

① 袁博，李永刚，张逸龙. 互联网金融发展对中国商业银行的影响及对策分析［J］. 金融理论与实践，2013（12）：66－70.

是支付宝进入基金公司网站的网上直销端口，使用支付宝申购赎回基金的费率是第三方支付通常采用的 4 折即 0.6% 。目前监管层对这种模式还存在一些顾虑，包括风险控制、法律责任认定、支付宝账户余额是否可以直接用于购买基金等都尚未有定论。考虑到支付宝的巨大用户基础，一旦运作模式成熟，第三方支付机构的介入将对银行的保险和基金的主代销地位带来很大的冲击。而代销费用又是商业银行中间业务收入的主要组成部分，银行的盈利可能因此而受到影响。第二，支付宝推出的信用支付业务具备信用卡的功能，互联网信用卡业务可能会改变信用卡行业的格局。该业务先期仅在浙江和湖南试点，如果推广到全国，按照阿里巴巴披露的数据，信用支付业务将覆盖 8 000 万支付宝用户，阿里巴巴将快速成为中国最大的信用卡发卡机构。该业务的一个重要问题是银行和阿里巴巴的合作模式问题。如果银行仅仅是向阿里巴巴提供一个授信额度，而不能获得客户资源或者不能获得客户的逾期罚息收入，则银行的收益十分有限。另外一个重要问题是获得的信用额度的使用范围。目前仅能在淘宝和天猫上消费，不排除将来有些许放宽范围的可能，如果真的放开，将对银行信用卡业务造成严重的冲击。第三，小额贷款方面，重点在于监管层是否能逐步放开资金来源的限制。比如，如果允许利用沉淀资金放贷，那阿里巴巴就相当于是一家银行，放贷能力将得到很大的提升。如果资产证券化运用得宜，以阿里小贷为代表的互联网小额贷款的潜力也是不容忽视的。

（三）平台经济改变传统金融业的管理、营销模式

互联网金融的发展推动传统银行改变经营管理模式。移动通信、智能终端和用户界面技术的发展，推动了商业银行渠道接入的智能化变革，体验式"智慧网点"、交互式网上银行、移动智能终端是银行当前服务渠道创新的重要方向。互联网经济作为一种典型的平台经济，从三个方面改变传统金融业的管理、营销模式。

1. 双边市场模式不断增加平台的价值和黏度

双边市场是平台经济价值的精髓。双边市场的特点在于它的需求是交叉网状的，即双方对平台提供的产品与服务具有相互依赖和互补性，平台对于一类客户的价值在于另一类客户的规模。一类客户增加，会吸引另一类客户增加，循环往复，价值不断膨胀（如图 2 - 2 所示）。

苹果通过 Appstore 建立了一个以程序设计者和消费者为主的双边市场。如图 2 - 3 所示，程序设计者所设计的应用增加吸引更多消费者使用，而消费者的增加又吸引更多优秀的程序设计者。最终提升了苹果的价值，使其产品得到消

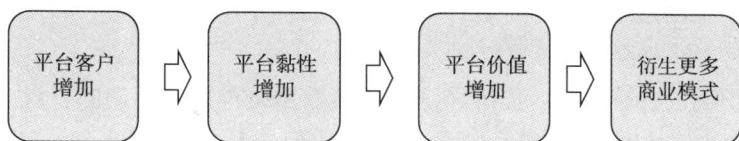

图 2-2　平台经济的价值实现路径

费者追捧。截至 2013 年 6 月，Appstore 累计程序下载次数超过 500 亿次，年收入超过 24 亿美元。

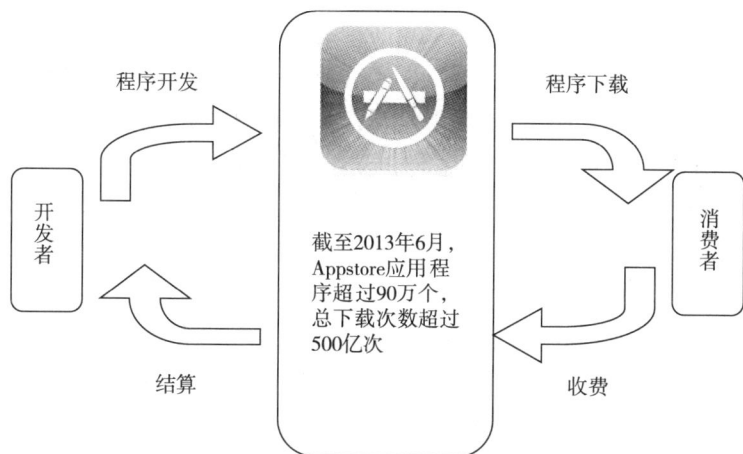

图 2-3　移动支付的发展趋势

数字化变革挑战银行传统的客户关系管理和营销模式，基于对客户信息的挖掘和行为特征的分析，实现客户的分类管理和客户营销的智能化，将成为银行业务拓展和交叉销售的有力武器。以定制化、标准化、集成化为方向，实施产品服务的智能化改造，提高产品服务的技术、智力、信息附加值，成为银行应对互联网时代快速金融创新、满足客户个性化需求的必然选择。①

2. 平台经济的规模效用和长尾效应

许多行业都存在规模经济和长尾效应（规模增加→边际成本减少及边际效用增加→边际价值增加），固定成本随着规模的扩大而摊薄，边际收益提升，企业能获得更大的市场空间和定价上更大话语权。而平台经济的规模效应则更为突出，体现在以下方面。

_____

① 袁博，李永刚，张逸龙. 互联网金融发展对中国商业银行的影响及对策分析 [J]. 金融理论与实践，2013（12）：66-70.

（1）更低的边际成本。平台经济的边际成本往往近乎为零，因此，与传统行业相比其能够获得更大长尾空间。

（2）更高的边际价值。传统经济的规模效用是单因素驱动的：规模增加→边际成本较少→边际价值增加（边际效用—边际成本）；平台经济的规模效用的是双因素驱动的：规模增加→边际成本减少、边际效用增加→边际价值增加。也就是说平台经济随着规模的提升，不但有更低成本，还有更大效用（腾讯QQ使用的人数越多，对潜在用户的吸引力越大）。这就使得强者恒强，而弱者被淘汰出局。

（3）更高的转换成本。对于传统行业，消费者选择一家的产品后再选择另一家的产品并不需要多大的转换成本。但是对于平台经济则不然，以iPhone为例，目前开发iPhone应用程序的公司必须遵循苹果公司提供的语言和标准，但如果它试图为其他平台提供程序时，就会因平台的巨大差异而产生额外的费用。

因此，平台经济往往有更强的强者恒强、赢者通吃的特点。而平台经济行业的最终格局往往是垄断或者寡头。基于开放共享的信息集成平台和挖掘分析工具，银行可以实现管理决策的智能化，促进资源的优化配置、风险的集中管控和价值的深度挖掘。

3. 平台经济以客户为核心进行多点扩张，其成长速度往往是以几何级数增长的

平台经济另一个显著特点是多点式扩张。传统经济是以企业为核心进行单点扩张的，结果是其成长速度只能以线性发展；平台经济以客户为核心进行多点扩张，其成长速度往往是以几何级数增长的（就如细胞分裂）。传统企业中企业自身是拓展的唯一主体，但对于平台类企业，当客户积累到一定程度后客户也会成为其拓展的主体，比如腾讯QQ，现有客户会主动代替企业向其朋友推荐，从而成为业务拓展的主体，而在市场存在空间的情况下，现有客户越多这种成长速度越快。

平台经济拥有大数据、云计算和微贷技术。这三项技术可以使互联网金融企业全面了解小企业和个人客户的经营行为和信用等级，建立数据库和网络信用体系。在信贷审核时，投资者将网络交易和信用记录作为参考和分析指标。贷款对象如违约，互联网金融企业还可利用网络平台搜集和发布信息，提高违约成本，降低投资者风险。平台经济在服务中小企业融资及个人贷款方面具有独特优势。因此，互联网金融模式可以超越传统融资方式的资源配置效率，大幅减少交易成本，有力支持实体经济发展。

为此，商业银行应利用开放技术平台和流程模块调用、执行监测和决策规则引擎，逐步走向流程运行的智能化，支持内外部的多点流程协同，能够对市场变化和客户需求作出快速灵活的响应。

（四）大数据对传统金融的影响：降低成本和信息不对称

大数据集合海量非结构化数据，通过实时分析，为互联网金融机构提供了客户全方位信息，通过分析和挖掘客户的交易和消费信息掌握客户消费习惯，并准确预测客户行为，使银行在营销和风控方面有的放矢。

以阿里小贷的大数据为例。在贷前，阿里小贷可以调取企业的电子商务经营数据并辅以三方认证信息，判断企业经营状况、信用情况和偿债能力；在贷中，通过支付宝、阿里云以及未来的物流系统监控企业资金流、信息流和物流情况，为风险提前作出预警；在贷后，进一步监控企业的经营行为，深化信用评判，并对违约客户处以限制或关停其互联网商铺等措施，向其他互联网客户通报其潜在风险。

（五）未来可能成为业态颠覆性力量

电子商务生态系统是截然不同于传统经济模式的新型生态系统。根据电子商务生态系统理论，整个电子商务生态系统的核心是交易平台，支付服务、信息服务、物流服务等功能处于支撑性的地位，而政府、行业组织、教育、科研等组织处于生态系统的外围。因此掌握电子商务交易平台，意味着掌握客户资源，在整个电子商务生态系统中占主导地位。

电商企业正在加速走向封闭，竞争开始进入新阶段。目前，电商企业已经难以通过单纯的买卖商品实现盈利，其盈利的着眼点进行了转移。以商品买卖为核心建立电商生态系统，通过为生态核心进行辅助的环节实现盈利，如物流、支付、供应链金融、广告等。这意味着电子商务企业以纵向一体化的跨界方式全方位渗透支付、融资等银行业务，在电商平台上的成千上万的企业、商户以及个人的金融服务需求，与商业银行变得无关了。未来电子商务占我国整体经济的比重将会提升，这对商业银行来说是一个严峻的挑战。

电子商务和第三方支付未来可能成为银行业态和竞争格局的颠覆性力量，电子商务企业的优势体现在以下两方面。

一是电商企业依托新兴技术构建新的客户经营平台。互联网和移动互联网商务及社交平台上聚集的海量客户，为电商企业进入金融领域、挤占商业银行的业务空间提供了极为有利的条件。在平台经营的基础上，其相关联的第三方支付公司已经染指银行传统的支付中介角色，互联网小贷公司以大数据为支撑开始扮演信用中介角色，余额宝等"触网"的货币基金也已经展示了强大的金融产品销售能力。

二是借助入口流量优势，电商企业在移动互联网的竞争中占先。由于移动端的入口流量比 PC 端的入口流量更为集中，领先的第三方支付企业在移动端的优势更为明显。以微信为例，尽管推出时间仅 3 年，使用微信的用户数已经超过 4 亿。微信已成为移动互联网的主流应用和用户入口，并有成为支付等金融服务入口的趋势。

互联网金融的发展推动传统银行改变经营管理模式。移动通信、智能终端和用户界面技术的发展，推动了商业银行渠道接入的智能化变革，体验式"智慧网点"、交互式网上银行、移动智能终端是银行当前服务渠道创新的重要方向。利用开放技术平台和流程模块调用、执行监测和决策规则引擎，银行逐步走向流程运行的智能化，支持内外部的多点流程协同，能够对市场变化和客户需求作出快速灵活的响应。数字化变革挑战银行传统的客户关系管理和营销模式，基于对客户信息的挖掘和行为特征的分析，实现客户的分类管理和客户营销的智能化，将成为银行业务拓展和交叉销售的有力武器。以定制化、标准化、集成化为方向，实施产品服务的智能化改造，提高产品服务的技术、智力、信息附加值，成为银行应对互联网时代快速金融创新、满足客户个性化需求的必然选择。基于开放共享的信息集成平台和挖掘分析工具，银行可以实现管理决策的智能化，促进资源的优化配置、风险的集中管控和价值的深度挖掘。

第三章 互联网金融模式分析

互联网技术的快速发展和在金融领域应用的不断深入，推动了金融市场环境、客户需求和服务模式的深刻变化，催生了互联网时代的金融新业态。吴晓灵认为，互联网金融是用互联网和信息技术来处理银行业务。谢平等定义，互联网金融模式为既不同于商业银行间接融资，也不同于资本市场直接融资的第三种金融融资模式。①

传统金融服务的互联网延伸，是一种广义的互联网金融。它是借助互联网本身的便捷和广度实现传统金融机构在互联网上的服务延伸。电子银行、网上银行乃至手机银行都属于这类范畴。在这一模式下，传统金融服务从线下扩展到线上，在时间和空间上外延了银行服务。从狭义的层面讲，互联网金融只包括金融的互联网居间服务和互联网金融服务。前者典型的应用模式有第三方支付平台、P2P信贷、众筹网络等；后者是网络形式的金融平台，包括网络小额贷款公司、互联网基金、保险销售平台等，这一模式多为电商向金融行业的渗透。总体来说，互联网金融包括第三方支付平台模式、网络小额信贷模式、P2P借贷模式、众筹模式、网络理财（投资）模式等。

互联网金融的崛起是人类社会进入互联网时代后，社会、经济、技术、文化等各方面发生的深刻变化综合作用于金融领域的必然结果。互联网与金融服务深度融合，带来了新的市场参与者及金融服务模式的持续创新。本章将对上述互联网金融模式进行深入探讨。

一、第三方支付

支付是金融的基础设施，会影响金融活动的形态。互联网金融模式下的支付方式以移动支付为基础，通过移动通信设备，利用无线通信技术来转移货币价值以清偿债权债务关系。中国人民银行将第三方支付业务定义为非金融机构在收付款人之间作为中介机构提供的货币资金转移服务，包括网络支付、预付

---

① 谢平，邹传伟. 互联网金融模式研究［J］. 金融研究，2012（12）：11－22.

31

卡的发行与受理、银行卡收单、中国人民银行确定的其他支付服务。传统的第三方支付，是指收付双方在第三方支付平台中设立账户，由付款方向账户内充入一定资金，在付款方需要向收款方支付时，付款方向第三方支付平台发出支付指令，第三方支付平台根据指令将付款方账户内资金划拨到收款方账户，并提醒收款方发货，由此完成交易。

传统支付模式下，中央银行为商业银行提供的是星状的中央对手方清算模式，但为商户提供的则是金字塔形的清算模式，由于他们不能在中央银行开设账户，因此商户与商业银行之间是网状的清算模式。买卖双方通过各自开户的商业银行，在中央银行的大小额支付系统进行支付清算。与传统支付模式相比，第三方支付模式则是由第三方支付系统在商户与商业银行之间搭建了一个平台，前端以商户界面直接面对网上客户，后端则连接各家商业银行。通过向上多点连接商业银行系统，向下单点连接商户的方式，满足了电子商务带来的小额、高频支付清算需求（如图3-1所示）。第三方支付平台简化了商户的在线收付款方式，并且这种第三方支付平台可以同时为其他商户服务，容易形成规模效应，从而降低了单笔业务支付清算的成本。

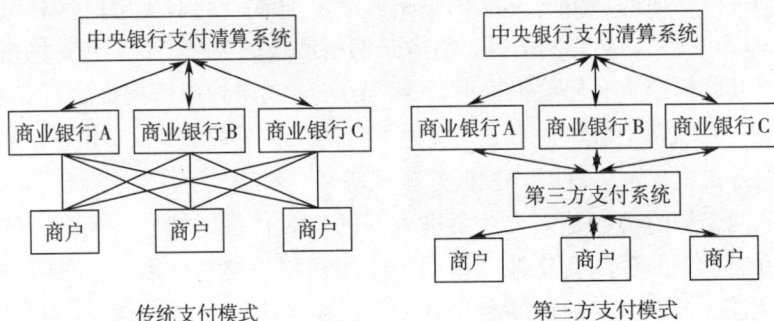

图3-1 传统支付模式与第三方支付模式对比

凭借跨行支付平台、良好支付体验和突出创新能力，第三方支付企业将对商业银行支付结算主渠道地位发起有力挑战。随着支付渠道的逐步拓宽，支付方式的不断革新，行业应用的深入挖掘，以及跨界创新的不断突破，在巩固小额支付领域的先发优势后，第三方支付今后对商业银行传统支付业务的渗透将更加深入。而商业银行在加强线上线下支付渠道融合的同时，与第三方支付机构的合作也将得到加强，实现优势互补，共赢发展。

而新兴的第三方支付服务逐渐深入如移动支付、预付卡的发行与受理、POS收单等线下支付领域。因此第三方支付的实质是一种信用中介服务，通过在买卖双方之间设立一个中间过渡账户，实现汇款资金可控性停顿，如 PayPal、支付宝、快钱等，这是对互联网金融的新布局。

（一）以 PayPal 为代表的国外第三方支付

美国是发展电子商务最早的国家。第三方支付也起源于 20 世纪 80 年代的美国 ISO 制度。20 余年中，美国的第三方支付业务也得到了突飞猛进的发展。欧洲地区近年来电子商务增长强劲，但欧洲各国电子商务的发展是不平衡的，丹麦、瑞典、芬兰和挪威等北欧国家处于领先地位，德国、英国、法国和其他中欧国家居中，意大利、希腊等南欧国家相对落后。在亚洲地区，日本第三方支付发展领先，韩国、新加坡、中国、印度则紧随其后。

1996 年，全球第一家第三方支付公司在美国诞生，随后涌现了诸如 Amazon Payments、Yahoo PayDirect、PayPal 等一大批第三方支付公司。其中 PayPal 的表现最为突出，目前在全球拥有 2.2 亿个账户，是全球最著名的第三方网上支付服务商之一。PayPal 公司于 1998 年成立，是一个总部在美国加利福尼亚州圣荷西市的因特网服务商，允许在使用电子邮件来标识身份的用户之间转移资金，避免了传统的邮寄支票或者汇款的方法。其成立初衷非常明确，就是为了弥补在电子商务领域商业银行不能覆盖个人收单业务领域的不足。PayPal 账户是 PayPal 公司推出的最安全的网络电子账户，使用它可有效降低网络欺诈的发生。PayPal 账户所集成的高级管理功能，使客户能轻松掌控每一笔交易详情。PayPal 公司 1999 年 10 月开始运营，2002 年被全球最大的 C2C 网上交易平台 eBay 全资收购，从此 PayPal 进入快速发展期。集聚各种二手商品的 eBay 当时是全球最大的个人电子商务交易平台，但由于商品的买家和卖家都是个人，而商业银行又不向个人客户提供银行卡收单服务，因此 eBay 平台的买方大都只能使用银行或邮局汇款等传统方式支付货款，致使 eBay 平台运行效率低下。eBay 将 PayPal 购入旗下，也正是为了解决这一发展瓶颈。PayPal 凭借 eBay 平台强大的市场优势，仅用了 5 年的时间，就占据了美国消费类电子商务额的 9%，相当于全球的 5%。而现在，PayPal 已不仅仅满足于 eBay 提供的支付服务，而是努力将业务扩展到更加广阔的电子商务领域。截至 2012 年，PayPal 在北美市场已经和 535 家独立的 B2C 电子商务在线商城签订合作协议，并且在跨国交易中超过 90% 的卖家和超过 85% 的买家认可并正在使用 PayPal 电子支付业务。2012 年年末 PayPal 营收规模达到 55.7 亿美元。2013 年，PayPal 与 Discover 合作，致力于开拓线下市场。《2013 年海外第三方支付企业研究报告——PayPal》显示：PayPal 的业务核心是支付服务，包括互联网支付、移动支付等；其延伸服务是商业服务，涉及代收代购、跨境电商以及O2O服务等；其发起趋势是数据服务，即营销服务、信贷金融服务等。PayPal主席Jeff Jordan直言，PayPal的目标是要成为在线支付行业的标准。

PayPal的运营模式有两大特点：一是PayPal在线上将美国商户接收信用卡的门槛大幅度降低；二是PayPal的风险管理能力很强，把美国信用卡的欺诈率控制在2‰以下。当然，除PayPal之外，其他第三方支付企业也在快速成长。2008年全球网上支付市场交易规模达4 380亿美元，欧洲占比最大，达48%，美国和澳大利亚分别占据30%、3%的份额，第三方支付市场平均增长率在20%左右。国外第三方支付业务在市场中的占有率虽然不高，但渗透力很强，其中主要的非现金支付工具是签名借记卡和卡组织的信用卡。国外的卡组织模式由于其整体信用环境较好并且采取无磁无密的交易方式，因此能够顺利迁移银行卡支付到互联网交易渠道中。第三方支付企业与卡组织的合作，不断开拓新的业务领域，金融危机之后，人们信用消费习惯有所改变，借记卡成为重要支付工具，率先实施全球化战略的第三方支付企业凭借其优势占据整个市场的主导地位。另外在业务类型方面，第三方支付也已经延伸到了学费、公共事业费、房租等各类账单支付，且在整个业务量的比例不断提升。总的来说，第三方支付市场在国外的发展科分为两个阶段：一是随着个人电商市场（C2C）起源、壮大、成熟的阶段；二是不断向垂直化、外部专业化电商网站深入拓展的阶段。

相较国内而言，海外第三方支付平台具备自身的优势：一是海外诚信体系建设较为完善，PayPal在运作中无须担保；二是以美国为代表的海外国家金融系统较为多元化，发展平衡。我国金融系统则呈现银行独大的局面。

（二）以支付宝、快钱为代表的国内第三方支付

近年来，我国第三方支付市场发展迅猛，已经成为网络购物、缴费还款、线上收单等小额支付结算领域的主要渠道。如，2012年第三方互联网支付市场交易规模达到3.8万亿元，较2011年增长了78.4%，市场参与主体增长至400余家。2012年中国第三方互联网在线支付市场交易额继续保持快速增长，全年交易额规模达38 039亿元，相比2004年的72亿元有着超过500倍的飞跃，如此高的增长速度说明了互联网金融的巨大潜力。而监管层也没有漠视这一趋势，从2011年5月6日到2014年1月末，中国人民银行累计发放了250张第三方支付牌照，正式将众多第三方支付公司纳入监管。

1999年国内产生了第一家第三方支付公司——首信易支付平台，其属于早期的互联网支付网关企业，首信易二级结算模式开创了中国的在线支付。网上

银行是第三方支付发展的基础，2002 年以前，各大商业银行就在不断发展网络银行业务。2002 年 3 月，中国银联的成立使多银行接口继承问题得到解决，能够满足商家多银行卡在线支付接口需要，有效解决了异地跨行的网上支付，消费者可以通过 Web 页面输入银行卡账号与 ATM 密码实现网上支付。2005 年我国第三方支付飞速增长，支付规模达到 196 亿元。《电子签名法》的实施有效保障了行业正常发展。计算机和宽带的普及以及电子商务基础设施的完善促进了第三方支付行业快速发展。

总体来说，近年来我国第三方支付的发展呈现出以下四个方面的趋势。

一是互联网支付业务规模稳定增长。2012 年以来，随着市场监管的规范以及市场细分的深入，互联网支付规模由爆发式增长逐步趋于稳定。根据易观智库《中国第三方支付市场季度监测》数据，2012 年中国第三方互联网支付市场交易额为 3.8 万亿元，同比增长 76%，为 2006 年以来的最低值（见图 3－2）；而 2013 年前两个季度实现交易额 2.59 万亿元，同比增长 52%。从季度数据来看，2013 年第二季度第三方互联网支付交易额 13 409 亿元，同比增速放缓至41.8%，下滑趋势比较明显。

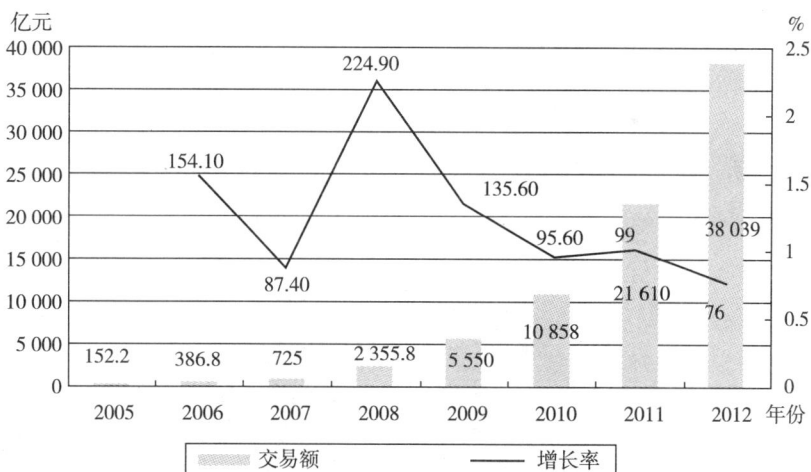

资料来源：易观智库：《中国第三方支付市场季度监测》。

图 3－2　2012 年中国第三方互联网支付市场交易规模[①]

中国第三方互联网支付行业之所以增长速度放缓，主要基于以下原因：①

---

① 指通过互联网线上支付渠道，完成的从用户到商户的在线货币支付、资金清算等行为。

随着第三方支付企业在网上零售、游戏、电信充值、航空客票等细分市场业务的深入，这些传统细分市场对互联支付交易规模增长的带动作用与前几年相比有所减弱；②第三方支付企业虽然在积极探索一些新的细分市场，例如保险、基金、高校、非税等，但是有些新兴细分市场受市场环境或产业周期等问题的影响，尚未实现大规模增长，所以对互联网支付的贡献有限；③随着第三方支付牌照的发放，一些领先的第三方支付企业也开始从单纯的追求市场规模向追求市场规模和利润两个方面转变。

二是互联网支付市场集中度较高，竞争格局初显。中国互联网支付市场具有明显的高集中度特征。中国人民银行统计数据显示，2012 年 10 家第三方支付机构的互联网支付交易规模突破 1 000 亿元，其总业务量占市场交易总额的93.98%。根据易观智库数据，支付宝长期稳坐第三方互联网支付市场的头把交椅。2013 年第二季度，支付宝以 46.4% 的市场份额遥遥领先，占据市场近半壁江山，财付通、银联网上支付分别以 20.0% 和 13.1% 分列其后，前三家支付企业占据整个市场 79.5% 的份额（如图 3－3 所示）。① 各家机构的技术水平和风险管理水平良莠不齐，相互之间实力差距较大。

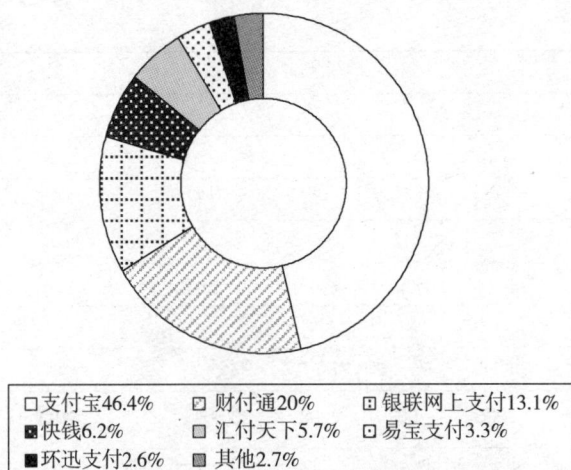

□支付宝46.4%　□财付通20%　□银联网上支付13.1%
■快钱6.2%　　□汇付天下5.7%　□易宝支付3.3%
■环迅支付2.6%　□其他2.7%

资料来源：易观智库：《2013 年第二季度中国第三方互联网支付市场格局稳定》。

图 3－3　2013 年第二季度中国第三方互联网支付市场份额

三是市场参与主体日趋多元，业务竞合关系深化。自 2010 年 9 月 1 日正式

① 易观智库. 2013 年第二季度中国第三方互联网支付市场格局稳定 ［R］. 2013－08－09. http：// data. eguan. cn/.

施行《非金融机构支付服务管理办法》以来，中国人民银行已累计发放 250 张支付业务许可证，其中 83 家获准从事互联网支付业务。第三方支付的运营主体包括互联网支付企业、移动支付企业、预付卡企业、银行卡收单企业、数字电视支付企业等，市场参与主体日趋多元。根据艾瑞咨询的《2012 年第四季度及年度第三方支付核心数据发布》，2012 年，中国第三方支付业务交易规模达 12.9 万亿元，同比增长 54.2%。其中银行卡收单市场交易规模达 8.9 万亿元，同比增速 49.3%；互联网支付市场交易规模达 3.7 万亿元；移动支付市场交易规模达 1 511.4 亿元。

四是互联网支付多元领域发展，开展差异化创新竞争。第三方互联网支付业务早期集中于网上购物、航空票务、公共事业缴费等传统应用领域。为了应对传统领域日趋饱和以及同质化竞争日趋激烈的局面，第三方支付机构纷纷加快业务创新步伐，以差异化创造竞争优势。

在支付领域方面，教育、医疗卫生、保险、基金、跨境交易等成为第三方支付机构新的细分市场。以基金销售支付结算为例，截至 2013 年 7 月，已有 10 家支付机构能够为基金销售机构提供支付结算服务，基金理财类特约商户突破 1 000 户。由于第三方支付机构的基金销售服务费率相比银行较低，虽然目前整体业务规模相对较小，但价格优势使其未来发展潜力不容忽视。又如，近年来，随着我国跨境物流配送日趋成熟，跨境网购市场逐年增长，跨境支付业务呈现良好的发展势头。据统计数据显示，2012 年国内第三方支付机构处理跨境互联网支付交易笔数达到 3 480 万笔，交易金额 153.6 亿元。①

在支付方式方面，主要创新方向是 O2O 模式整合、全业务支付解决方案、移动网络支付等。易观智库数据显示，2012 年多家支付机构开始在移动支付领域进行产品布局，手机刷卡器成为新的市场热点。例如拉卡拉、快钱、乐刷等相继推出手机刷卡器支付产品。其中，拉卡拉作为线上线下支付机构的典型代表，凭借多年的行业积累和在硬件研发方面的雄厚实力拔得头筹，2012 年客户端下载量超过 500 万次，占个人刷卡器市场的 83.5%。2013 年第一季度，第三方移动支付市场的交易规模达到 639 亿元，其中移动互联网支付交易增长迅速，达到 470 亿元，占整个交易规模的 73.6%。② 2012 年还出现了许多重要的第三方支付业务创新，例如，2012 年 12 月，支付宝推出二维码收款业务，实现 P2P

---

① 数据来源：中国支付清算协会. 中国支付清算行业运行报告 2013 ［R］.
② 数据来源：易观智库. 2013 年第一季度中国移动支付市场交易规模达 639 亿 ［R］. 2013 － 05 － 31. http：//data. eguan. cn/.

付款，利用支付宝手机客户端的扫码功能，扫描代表对方身份与账户信息的二维码，即可利用通过支付功能包装的手机转账功能完成付款。腾讯公司利用财付通和微信相融合，实现摇一摇转账、二维码支付和微生活会员卡等服务。模仿美国 Square 模式的盒子支付、拉卡拉等音频接口刷卡器，实现了商户端收款和用户端付款功能。

从第三方支付企业的功能定位来看，目前国内的第三方支付平台分为两大类型。一是以支付宝、财付通为代表的用户黏性平台，即捆绑于大型电子商务网站，为自有平台上的客户提供支付服务，发展成熟后再逐渐将业务拓展至其他领域。其中支付宝依托于阿里巴巴、淘宝网和天猫，财付通依托于腾讯。二是以银联在线、快钱为代表的开放式平台，在成立之初就定位于侧重开发其他行业需求和应用。

1. 支付宝

支付宝（Alipay）是国内领先的独立第三方支付平台，是由前阿里巴巴集团 CEO 马云在 2004 年 12 月创立的第三方支付平台，是全球最大电子商务公司阿里巴巴集团的关联公司，定位于电子商务支付领域。支付宝致力于为中国电子商务提供"简单、安全、快速"的在线支付解决方案。支付宝用户数首次达到 1 亿是在 2008 年 8 月末，从其 2003 年 10 月首次在淘宝出现到积累 1 亿用户，期间用了近 5 年时间。但从 1 亿用户增长到 2 亿用户，支付宝仅仅用了 10 个月，而从 2 亿人增长到 3 亿人，只用了 9 个月。

支付宝最初只是淘宝网公司为了解决网络交易安全所设的一个信用担保型平台，该平台首先使用了"第三方担保交易模式"，其功能简单地说就是为网上交易的双方提供"代收代付的中介服务"和"第三方担保"，实质是以支付宝为信用中介，在买家确认收到合格货物前，由支付宝替买卖双方保存支付款。这种支付模式是针对我国信用体系不完善的情况下应运而生的，它有效地解决了现在电子商务发展的支付瓶颈和信用瓶颈，有力地推动了我国电子商务的发展。

（1）支付宝的盈利模式

首先是货款的沉淀。消费者使用支付宝实现网上购物是实时付款，而支付宝支付给网店的货款则是按照周甚至月度结算。假如平均结算周期为半个月，沉淀资金将高达 60 亿元以上，支付宝的账户上随时都会有超过 60 亿元的资金供支付宝使用，每年的利息收入将超过 2 亿元人民币。

其次是服务佣金。目前第三方支付企业首先和银行签协议，确定给银行缴纳的手续费率；然后，第三方支付平台根据这个费率，加上自己的毛利润即服务佣金，向客户收取费用。

再次是广告收入。支付宝主页上发布的广告针对性强，包括横幅广告、按钮广告、插页广告等。总体上看，广告布局所占空间较少，布局设计较为合理，体现出了内容简捷、可视性强的特点。而且主页上也还有若干公益广告，可以让用户了解更多的技术行业信息。

最后是其他金融增值性服务。如代售飞机票、代送礼品等生活服务。

（2）支付宝的运营模式

电商平台是支付宝发展的基础，阿里巴巴通过电商平台积累了庞大的客户群体（淘宝拥有 5 亿注册用户，年交易额达到 1 万亿元）和支付应用的场景。但传统支付方式又无法满足电子商务的要求。这就为支付宝的诞生和发展创造了良机。从目前来看，线上支付最大应用仍在网购，占总规模的 42%（见图 3-4）。

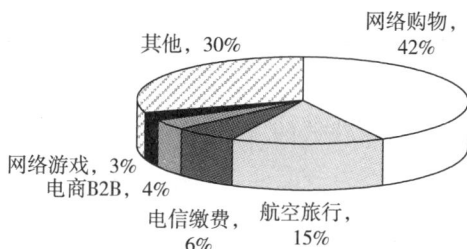

资料来源：iResearch，海通证券研究所。

图 3-4　线上支付的应用方向

虚拟账户解决了线上支付的最大障碍。线上支付和线下支付最大的区别在于空间的不对称。线下支付可以当面做到钱货两清，但线上支付由于空间的距离，难以做到一手交钱一手交货，在传统支付体系中必然有一方要承担额外风险。而虚拟账户即支付宝的出现就解决了这个问题，通过虚拟账户交易，由第三方支付承担信用中介的责任，从而促成交易的完成。

目前支付宝的年交易额已经接近 2 万亿元，注册用户达到 8 亿人，占据了第三方支付的半壁江山。目前除淘宝和阿里巴巴外，支持使用支付宝交易服务的商家已经超过 50 万家，涵盖 B2C、网游、航空旅游酒店、教育缴费、公共事业缴费、传统行业（物流、保险等）、海外商户等领域。

2. 快钱

2005 年，快钱公司推出以"99Bill 快钱"为品牌的产品和服务，为电子商务服务提供商、互联网内容提供商以及个人用户提供安全和方便的交易支持，以及为互联网用户提供安全、便捷和保密的在线收付费平台。用户通过 E-mail

电邮地址或手机号码就可以轻松、安全、快捷地向任何人或商户收费或缴费。也正是从这一年开始，快钱跟随中国的电子商务经历了一轮"爆发式"的发展。2007年下半年，快钱推出了线下收单业务，将单纯的网上支付服务扩展到线下市场，在全国支付行业中，第一家集成了线上和线下的解决方案，形成了国内外同类支付企业中领先的综合支付模式。2011年5月，人民银行颁发第一批第三方支付牌照时，快钱获得包括互联网支付、固定电话支付、移动电话支付、预付卡受理、银行卡收单在内的六项许可，和支付宝一起，成为仅有的两家全牌照支付公司。截至目前，快钱已拥有1.85亿个注册用户和192万多个商业合作伙伴，实现20多个行业的业务覆盖。快钱的流动资金解决方案不仅广泛应用于商旅、保险、电子商务、物流等现代化服务产业之中，也渗透到医药、服装等传统制造业领域。

(1) 快钱的运营模式

专注于做独立的第三方支付平台——这是快钱成立初期对自己的定位诠释。作为互联网发展的先锋，众多中国的互联网企业成立之初都是在模仿硅谷的成功经验，快钱也不例外。而在快钱的服务推出之前，一方面是有着"国家队"背景的首信易支付运行多年，另一方面，淘宝和腾讯都分别利用自己的电子商务平台推出了"支付宝"和"财付通"支付服务。除此之外，大量以"–pay"为后缀名的企业也正以灵活多样的支付手段在这一领域掘金。面对这些竞争，快钱却并不担心。"支付宝主要用于淘宝的交易，而像京东、当当这样的购物网站未来肯定不会欢迎支付宝。因此，中立性非常重要，而且会越来越重要。"快钱公司相关负责人表示。电子商务在未来的发展空间仍旧很大，不可能只靠少数几家支付公司满足整个市场的需求。在第三方支付公司出现之前，中国全社会的支付结算几乎由银行一家承担，但传统商业银行的标准化支付清算服务在资金处理效率、信息流整合等方面却存在先天不足。与之相对应，支付公司多由互联网公司起步，从诞生之初，便具备互联网行业普遍存在的创新基因。其能够将先进信息技术与支付清算服务相结合的特点，也能够有效弥补上述不足。以资金处理效率为例。随着电子商务在全球范围内持续普及和深化，其应用范围已经由最初的B2C零售扩展到更为广阔的B2B领域，越来越多的传统企业依托电子商务来改善产、供、销整体效率，以提高竞争力。这种经营策略的改变，在资金层面，要求企业在产、供、销链条上的现金流能够迅速归集。但在传统银行业主导的金融生态下，不同企业在不同银行开立账户，银行之间由于竞争关系，客户群、支付渠道难以共享。对企业而言，这种分割将使其现金流承受巨大压力。快钱瞄准这一"矛盾"，把自己的业务核心定位于"帮企业搬钱"，即通过一套跨银行、跨地域、跨网络的信息化支付清算平台，帮助企业快速获取和优化现金流，实现整体效率的提升。

值得一提的是，与人们惯常了解的第三方支付企业支付宝不同，快钱主要的服务对象并非普通的网络购物者，而是众多企业。快钱的第一个客户——"好耶"是一家网络数字营销方案提供商。当时，作为广告的利润分成，"好耶"几乎每周都需要将零散的广告的利润分成向很多投放网站的银行账户发放，而快钱在网络上建立起了企业和银行之间的资金通道，能够把这些交易一次性完成，还能让"好耶"实时掌握资金到账的情况。这让快钱的经营模式逐渐清晰，它把各家银行的网关接到快钱，再通过快钱接到企业，在银行和企业之间架起了一条金融"高速公路"。

（2）快钱的优势

坚持第三方独立性，避免了与商户的竞争，消除了商户对于信息和数据安全的担忧。之后的多年实践证明，保持独立性使快钱迅速扩大了合作的商户群体，也是商户得以信赖快钱的基础。如今，快钱的商业合作伙伴名单中，包括东方航空、南方航空、平安集团、京东商城等各行业内的领军企业。

采用信息技术，高效率地为中小企业获得银行的应收账款融资。快钱的用户大多是中小企业，在为它们做支付服务的同时，快钱发现，由于在商业交易中处于弱势的地位，中小企业积累了规模巨大的应收账款。根据快钱的统计，所有中小企业和小微企业的融资需求中的70%是因为应收账款没收到或者还没有收回，才进行补充流动资金的，如果这种融资需求全部满足，将比现有的银行信贷规模大4倍。

快钱为此设计了一套商业模式——先和大型企业集团进行沟通，获得它开出给所有中小供应商的应付账款，利用信息系统对供应商的应收账款进行评估，将筛选出的应收账款打包，交给银行进行放贷。在这个交易模型当中，银行获得了打包的高质量的应收账款，中小企业获得了流动资金，而快钱通过提供服务而获取佣金。快钱的创新之处在于采用信息技术将影响应收账款质量的因素如开票企业、账期、发货时间、收货时间、过往历史信用等通过系统量化考核，将原来银行的人工处理转变成计算机处理。这样显著地降低了成本。通过快钱的信息处理系统，1人1天能处理4万笔应收账款融资业务，而银行的操作模式是1人4天才能够处理1笔应收账款融资业务，即快钱的效率比银行提高了16万倍，因此人工成本也就是银行的1/160 000。

快钱目前作为第三方支付企业最天然的优势，即通过电子化交易平台获取信息并降低融资交易成本，同时通过跟商业银行的合作，使真正需要资金的企业能够从正常的渠道获取成本相对更加合理的流动资金，以满足业务增长需求。目前，与快钱合作的既有全国性的商业银行，也有地方性的商业银行，甚至是全国的 7 万 ~ 8 万家农村信用社，服务覆盖面达到全国的 6.4 亿张银行卡。更重要的是，快钱公司即将迎来"收获期"。因为支付行业是规模性业务有了市场规模之后，增量越大，越能获取更高的收益。快钱仍须考虑的是，产业发展的巨大机会面前，如何更有效率地规模化覆盖客户。

二、网络小额贷款

（一）以乐天为代表的国外网络小额贷款

乐天是日本第一大网络购物公司，创立于 1997 年 5 月，提供搜索、邮件、购物、地图、新闻、辞典、金融等服务，以商店招商平台事业起家，目前参与店家已达 59 500 家，贩卖商品达 18 934 765 件，年营业额预估超过 2 500 亿日元。乐天财报中将其业务划分为互联网服务、互联网金融、其他三大部分。

2012 年乐天金融贡献营收 1 564 亿日元，达到总营收三成左右。其中仅银行和卡业务营收合计为 1 028 亿日元，与在线零售平台"乐天市场"1 069 亿日元的营收相当，网络金融对电商而言是一块巨大的蛋糕。乐天先发制人，大力拓展网络金融业务，一方面是由于网络金融和电商具有天然的联系，电商平台以及平台上积累的大量真实的交易数据为其打造网络金融业务提供了得天独厚的优势，另一方面与乐天创始人出身日本兴业银行，做过软银投资等大型投融资机构金融顾问有关。

日本 2011 年的互联网普及率已经高达 79.1%，网民人数为 9 610 万人。而截至 2012 年 12 月末，我国网民规模达 5.64 亿人，互联网普及率为 42.1%，存在极大的上升空间。中国是一个比日本更为巨大的市场，参考乐天的业绩，中国的互联网金融市场有巨大的想象空间。

目前乐天金融涉及证券、信用卡、银行、保险、预付卡等领域。鉴于保险涉及更深层次的金融战略，本节仅对乐天金融里的拳头业务乐天证券、乐天信用卡、乐天银行进行解读。

1. 乐天金融的第一步棋：证券

乐天向金融领域拓展的第一步是于 2003 年 11 月收购证券公司"DLJディレクトSFG 证券"，此次收购乐天花费 300 亿日元，取得该证券公司 96.67% 的股份，并于 2004 年 7 月 4 日变更公司名称为"乐天证券"。收购当年 9 月开户数为日本第三，达 14.7 万个左右，目前乐天证券开户数超过 130 万个。

乐天希望收购的证券业务可以与乐天集团电商等业务形成相互促进，让证券业务为乐天带来更多的会员，让乐天在线零售平台"乐天市场"积累的大量会员转化为证券业务的消费者，通过互联网的方式，让证券投资变得更为方便，从小众变得逐渐普及，并通过提供金融服务扩大集团的业务范围，夯实乐天集团发展基石，增加收益机会。

乐天通过积分打通了证券和电商等各种业务，通过乐天证券投资可以获得乐天积分，而积分可以在"乐天市场"购物。2005 年，乐天证券新增消费者中乐天会员占比达到六成，电商向网络证券的导流效果明显。

乐天对证券的定位是日本第一网络证券公司，而当前乐天证券排在 SBI 证券之后，是日本第二位的网络证券公司。乐天证券主营的业务有日本国内、国外股票，以及投资信托、债券、国内外期货、外汇、基金、贵金属等。

当然网络证券本质还是证券，网络只不过是创新的销售途径，所以网络证券受整个投资市场情况的影响会比较明显。而且随着雅虎日本入局证券业务领域，未来市场竞争将更为激烈。

2. 乐天金融的核心：信用卡

在日本，由于信用体系较为完善等原因，日本在线零售市场前三位的支付手段是信用卡、货到付款、银行转账。在日本，第三方支付工具目前几乎没有什么市场（日本经济产业省的统计结果）。对七成交易都是通过信用卡来支付的"乐天市场"而言，信用卡是把控消费资金来源的重要支付手段，与电商业务关系紧密，信用卡对乐天而言就好比支付宝在阿里的位置一样重要而不可或缺。同时，消费者在"乐天市场"的消费记录可以成为发行信用卡的授信依据。信用卡业务将为乐天带来手续费收入等营收增长点。另外，信用卡不仅可以在线上消费，也可以在线下消费，线上线下消费获得的积分可以共通使用，一张卡片打通了线上和线下的消费场景，势必成为乐天 O2O 部署的利器之一。因此，乐天将"乐天信用卡"作为其金融发展的绝对核心，投入了大量的资源。

2004 年 9 月，乐天以 74 亿日元收购信用卡贷款公司"AOZORA 卡"，2005 年 6 月又以 120 亿日元收购信用卡发卡公司"国内信贩"，开始发行信用卡"乐天卡"。近年来使用乐天信用卡购物的交易金额增幅明显，其中 2012 年为 18 020 亿日元，比 2011 年增加了 36%，增长主要得益于信用卡发行量的增加。2012 年乐天信用卡营收 697.37 亿日元（面向外部消费者部分），在金融业务里占比超四成。

3. 日本第一网络银行：乐天银行

2009 年 2 月乐天收购了日本第二个诞生的网络银行 eBANK Corporation，2010 年 5 月将其更名为乐天银行。目前乐天银行是日本最大的网络银行，截至 2013 年 2 月末开户数达到 422 万个，吸收存款 8 194 亿日元。银行吸储功能为乐天带来了大量资金，存款资金池里面的钱可以源源不断地为乐天的业务拓展补充能量。使用乐天银行提供的服务获取的积分可以用于在线购物等其他服务，通过其他服务获取的积分也可以支付银行手续费。

eBANK Corporation 于 2000 年 1 月成立，2001 年 7 月取得银行牌照，核心业务是互联网结算，当时没有融资业务。2005 年 11 月开始涉足投资信托业务，2006 年 12 月开展外币普通存款业务，汇兑等手续费业界最低，网络银行的低成本为其带来了竞争力。2006 年 eBANK 开始发行借记卡。2009 年 eBANK 被乐天收购。乐天收购 eBANK 首先是看中其业界领先的支付结算能力，可为乐天数千万会员带来更为便利的支付结算体验；其次是可以充分利用乐天庞大的消费者群体，开发个人贷款、住宅贷款、电子货币等金融产品。依靠乐天庞大的用户优势，eBANK 纳入乐天旗下 1 年便成功扭亏为盈。

目前乐天银行业务账户分为个人、个体业者、企业三类，业务涉及借记卡发行、境内外转账、支付、日元存款、外币存款、发卡、存取款、汇兑业务、个人贷款、住宅贷款等众多领域。乐天银行自己并没有设置 ATM，但其发行的借记卡可以在日本全国大约 6 万台 ATM 上取款，且无须手续费。对在乐天开店的店铺来讲，在乐天银行开户最大的好处就是可以每天收到乐天的结算款项，资金周转迅速。

乐天银行的"超级贷款"是面向个人的融资信贷产品，2009 年 4 月推出，申请人可以是消费者，也可以是个体户。乐天银行不提供面向法人的融资贷款，但是法人代表可以以个人的身份向乐天银行申请贷款。"超级贷款"不限制用途，最高可以获取 500 万日元的贷款，对除了个体户和法人代表以外的一般消费者，200 万日元以下的贷款不需要提供收入证明，无论是否有正式工作都可以从乐天获取贷款。乐天集团曾于 2006 年与"东京都民银行"达成合作协议，面向中小企业和个人提供贷款，开设"东京都民银行乐天支店"，但该业务于 2008 年年末关闭。

（二）以阿里金融为代表的国内网络小额贷款

阿里巴巴，中国最大的网络公司和世界第二大网络公司，是由马云在 1999 年一手创立的企业对企业的网上贸易市场平台。2003 年 5 月，投资 1 亿元人民币建立个人网上贸易市场平台——淘宝网。2004 年 10 月，阿里巴巴投资成立支付宝公司，面向中国电子商务市场推出基于中介的安全交易服务。阿里巴巴在香港成立公司总部,在中国杭州成立中国总部,并在海外设立美国硅谷、伦敦等分支机构、合资企业 3 家,且在中国超过 40 个城市设有销售中心。阿里巴巴通过旗下三个交易市场协助世界各地数以百万计的买家和供应商从事网上生意。三个网上交易市场包括集中服务全球进出口商的国际交易市场,集中国内贸易的中国交易市场,以及透过一家联营公司经营、促进日本外销及内销的日本交易市场。此外,阿里巴巴也在国际交易市场上设有一个全球批发交易平台,为规模较小、需要小批量货物快速付运的买家提供服务。

所有交易市场形成一个拥有来自 240 多个国家和地区超过 6 100 万名注册用户的网上社区。为了转型成为可让小企业更易建立和管理网上业务的综合平台,阿里巴巴直接或通过其收购的公司包括中国万网及一达通,向国内贸易商提供多元化的商务管理软件、互联网基础设施服务及出口相关服务,并设有企业管理专才及电子商务专才培训服务。阿里巴巴拥有 Vendio 及 Auctiva,这两家公司为领先的第三方电子商务解决方案供应商,主要服务网上商家。阿里巴巴在大中华地区、印度、日本、韩国、欧洲和美国共设有 70 多个办事处。

阿里巴巴从事金融服务要追溯到 2007 年 6 月。阿里巴巴与建设银行合作为中小企业提供贷款。贷款采取网络联保模式,这是一种纯信用的贷款方式,由 3 家或更多企业组成一个联合小组,企业之间共担风险,以小组为主体向银行申请贷款。这种方式贷款利率低,风险小,在两年的运营期间取得了不错的效益。这种模式实质上是,阿里提供小微企业资信和担保,建设银行提供信贷服务。2008 年年初,阿里巴巴还与建设银行合作过基于支付宝的个人小额贷款服务。不过由于种种原因阿里巴巴和建设银行的合作没能继续下去。2009 年阿里巴巴与著名的孟加拉国格莱珉银行基金会开展了中国区项目,向中国的穷人提供信贷。在 2010 年 3 月阿里巴巴拿到小贷牌照后,2010 年和 2011 年,阿里金融分别于浙江和重庆成立了两家小额贷款公司,再次进入小贷行业。阿里金融为阿里巴巴旗下独立的事业群体,主要面向小微企业、个人创业者提供"小额、短期、灵活借还"的小额信贷业务(见图 3 - 5)。

1. 阿里金融的信贷产品

(1)信用支付。阿里旗下支付宝推出的"信用支付",是阿里金融联合银行提供的首款网络消费金融服务。用户只要签约了信用支付,就会获得一个授信额度循环使用。信用卡主要有两大功能,一是消费支付,二是信用卡贷款。如果支付宝"信用支付"未来面向线上线下所有商家开放,那么在消费支付方面已经大致等同于信用卡,只不过可能支付宝"信用支付"没有卡片载体,而是将手机作为载体,甚至是完全没有载体的。

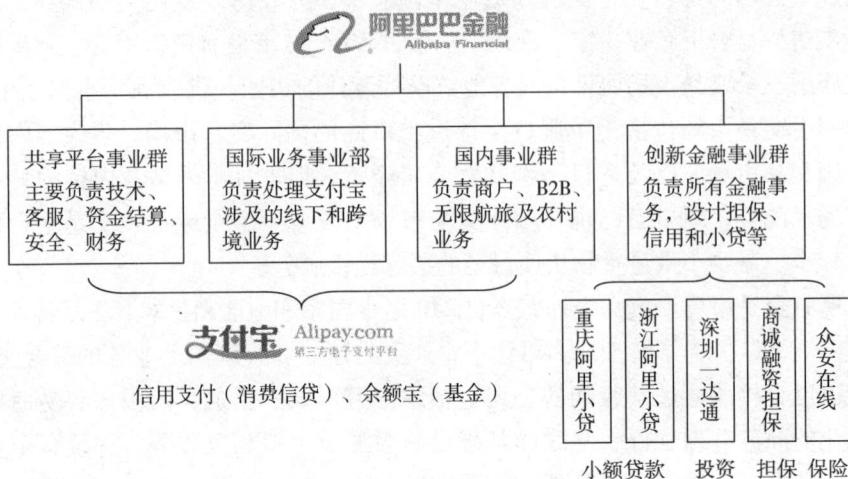

图 3-5　阿里金融的多线布局

（2）阿里小贷。阿里巴巴于 2010 年 6 月成立阿里巴巴小额贷款有限公司，标志着互联网金融正式步入信贷领域。如表 3-1 所示，其主要产品有两类，针对 B2B 的阿里小贷和针对 B2C 的淘宝小贷。贷款额度在 100 万元以内，期限不超过 1 年；担保方式包括订单贷和信用；年息在 18% ~ 21%；授信额度可循环使用。阿里小贷还采取了多种措施鼓励客户尽早还款，包括按日计息等。阿里金融的贷款利率在 5/10 000 ~ 6/10 000，即年化利率约为 18%。截至 2012 年年末，阿里金融成立两年半，已经累计为约 20 万家小微企业提供了融资服务，户均贷款 6.7 万元，成为小贷领域的一匹黑马。而阿里金融在 2012 年 7 月，日利息收入已经过百万元。这意味着阿里金融年利息收入超过 3 亿元。在注册资金一般为 2 亿元级别，年盈利数千万元的小贷行业，阿里金融绝对算得上庞然大物。

表 3-1　　　　　　　　　　　　阿里金融信贷产品一览

产品	淘宝小贷	阿里小贷
平台类型	B2C 平台	B2B 平台
客户定位	为淘宝和天猫客户提供订单和信用贷款	为阿里巴巴的企业客户提供信用贷款
贷款额度	订单贷款：额度 100 万元以内，期限 30 天 信用贷款：额度 100 万元以内，期限 6 个月	信用贷款：额度 5 万 ~ 100 万元，期限 1 年
贷款方式	解决"急、频、小"，审核后即时汇入客户支付宝账户	循环贷：授予客户一定额度，随借随还 固定贷：获贷额度一次性发放
盈利方式	订单贷款：日利率 0.05% 信用贷款：日利率 0.06%	循环贷：日利率 0.06% 固定贷：日利率 0.05%

资料来源：阿里巴巴年报（2012），海通证券研究所。

2. 阿里金融的风控手段

阿里小贷的信贷风险控制模式完全不同于商业银行。它主要是利用阿里巴巴 B2B、淘宝、支付宝等电子商务平台上客户积累的信用数据及行为数据，引入网络数据模型和在线视频资信调查模式，通过交叉检验技术辅以第三方验证确认客户信息的真实性，将客户在电子商务网络平台上的行为数据映射为企业和个人的信用评价，向这些通常无法在传统金融渠道获得贷款的弱势群体批量发放金额小、期限短、随借随还的小额贷款。贷款期间，阿里将系统监控企业贷款使用是否有发生偏离的情况，如果评估结果变差，将提前预警并收回贷款。贷后阶段，通过平台监控企业经营动态和行为，可能影响正常履约的行为都将会被预警。阿里采取网络店铺关停机制，提高客户违约成本，有效控制贷款风险。若客户逾期还款，将被收取罚息，通常是日息的 1.5 倍。截至目前，阿里小贷的不良贷款率为 1.02%（见表 3 - 2），而中国整个银行业的小微企业贷款的不良率在 5.5% ~6%。

表 3 - 2　　　　　　　　　　　　阿里小贷情况一览

产品	累放金额（万元）	累放客户数（户）	累放笔数（笔）	余额金额（万元）	余额户数（户）	余额笔数（笔）	不良率（%）
天猫信用	167 064	6 147	23 087	67 149	4 327	9 825	0.35
天猫订单	656 508	10 590	312 385	18 585	3 485	8 888	0.21
淘宝信用	449 515	43 448	260 381	92 347	23 068	53 353	0.49
淘宝订单	2 174 199	139 726	4 429 206	35 553	29 741	69 960	0.25
阿里信用	240 748	6 126	33 259	61 567	4 613	11 107	1.14
其他	253 726	1 589	29 202	18 860	1 530	11 233	0.13
合计	3 941 760	207 626	5 087 520	294 061	66 764	164 366	0.52

资料来源：《东证资管——阿里巴巴 1 号专项计划说明书》，海通证券研究所。

3. 阿里金融的优势

（1）大数据应用与创新的微贷技术。阿里金融最大的优势在于整合了电子商务过程中所形成的数据和信用，解决了传统金融行业对个人和小企业贷款存在的信息不对称和流程复杂的问题，由此实现了良好的风险控制和资本回报。依托阿里巴巴庞大的交易数据库和云计算能力，阿里金融将淘宝网、支付宝、阿里巴巴 B2B 的数据资源完全打通，小企业的交易记录、好评程度、产品质量、投诉纠纷率等上百项指标都可以输入信贷评估系统，作为向企业贷款的依据。贷款人可以通过登录阿里金融的网页进行贷款申请，提交贷款申请表和企业的相关证明文件，然后工作人员会通过视频对话的形式与贷款人进行面对面的审核调查，通过之后即可放贷。全部流程均在网上进行，整个流程只需 2～3 天，成本极低，对于单笔利润微薄的小微贷款来说非常适合。

（2）精准的营销方式。传统商业银行的贷款成本很高，业务开展比较被动，一般都是由企业发起贷款请求，银行再去做进一步工作。而阿里通过自己的标准化动态数据库和搜索技术，可以随时洞察企业的资金需求情况，自动筛选出最需要资金的小风险客户，主动向其定向营销。这种方式也减少了信息不对称导致的企业逆向选择发生的可能性。另外，这种营销模式节约了大量的广告费用和市场开拓费用，在对客户评估时，还可以加强客户的资信准确度。

（3）相对丰富的风险控制手段。小微贷款离不开贷后的跟踪管理工作，阿里金融同样制定了一套完备的风险应对措施。首先，阿里金融可以做到对客户的全天候全视角监控，这是传统金融机构无法做到的。客户的任何一点经营状况变化如销量变化、差评提高，甚至是在线时间减少等都可以被系统获悉，甚至是客户的上下游、消费者和竞争对手的变化等可能影响贷款偿还的信息都能被及时捕捉，从而方便采取相应的风控手段。即使出现恶意拖欠贷款，阿里小贷也可以采取冻结保证金、封锁店铺等具有威慑力的手段进行处理。

4. 阿里金融的劣势

小额贷款公司是近年来随着小微企业发展涌现出来的新兴金融业态，它的发展必定要经历不断壮大、不断完善的路径。作为我国小额网络贷款行业的开创者，阿里小贷在发展过程中呈现出如下问题。

（1）阿里小贷身份地位较为特殊。目前我国小额信贷组织的发展还处于探索试点的阶段，国家没有明确的条文对其身份进行明确，更没有一套完整的法律框架来界定其法律地位。小额信贷公司在我国的地位经历了如下发展阶段：2005 年中央 1 号文件中明确表示，条件允许的地方可以探索着建立起更加贴近人民生活需要、由自然人或企业发起的小额信贷组织。2008 年由中国人民银行和中国银行业监督管理委员会联合下发《关于小额贷款公司试点的指导意见》，由此，我国的小额贷款公司拥有了合法的身份地位。2009 年中国银行业监督管理委员会又下发了《小额贷款公司改制设立村镇银行暂行规定》，对小额贷款公司未来的发展方向给予了肯定。但是这些规定都没有使小额贷款公司的地位上升到法律层面，对小额信贷组织的法律地位并没有一个充分明确的肯定。目前我国小额贷款公司的经营现状是，小额贷款公司经营着和银行相似的金融业务，然而却并没有获得相应的金融许可证，只能以企业法人身份在工商局进行注册登记，因此并不受到《商业银行法》等相关法律体系的覆盖。因为阿里小贷公司毕竟不同于银行，并没有明确的金融机构的地位，于是就不能按照银行同业间拆借利率从银行那里获取资金支持，同样也不能依照银行那样在税前提取风险准备金，更无法纳入人民银行的结算系统，以致无法取得人民银行征信系统中的信息。由于其特殊的身份地位，阿里小贷公司处在这样一个尴尬的境地。

（2）阿里小贷资本规模有限，后续资金来源不足。维持小额贷款公司健康持续发展的最基本、最重要的因素是资金问题，充足持续的资金来源是小额贷款公司的生命之源。然而根据相关规定，小额贷款公司的资金来源只能是股东所缴纳的资本金、不超过两家银行的融通资金以及接受的外部捐赠资金，不得变相吸收公众存款或通过内外部筹集资金。目前浙江和重庆的两家阿里小贷公司的注册资本金共计 16 亿元。按照重庆和浙江的优惠规定，按 100% 的融资额度，最多可用于放贷的资金为 32 亿元。2012 年 6 月，重庆阿里小贷通过山东信托发行了阿里金融小额信贷资产收益权投资项目集合信托计划，向社会募集资金 2 亿元。9 月，重庆阿里小贷再次通过发行阿里星 2 号集合信托计划，向社会募集资金 1 亿元。这等于为阿里小贷新增了 3 亿元可供贷款资金。但由于信托计划的私募性质，融资规模受到限制，另外，信托的融资成本也比较高，显然难以满足阿里金融更大发展的需求。中国证监会正式颁布的《证券公司资产证券化业务管理规定》，允许以基础资产产生的现金流循环购买新的基础资产方式组成基础资产池，为阿里巴巴资产证券化提供了可能。目前，阿里巴巴的资产证券化已经报中国证监会审批，如果获批，可以回笼 40 亿元资金用于发放新的贷款。但整体而言，在没有银行牌照的情况下，阿里小贷的规模还是比较难以扩大。另一方面是跨区经营的限制。阿里金融只能对注册地在江苏、浙江、上海以及重庆的用户放贷。

（3）阿里小贷转型较为困难。根据《小额贷款公司改制设立村镇银行暂行规定》，小额贷款公司可以在自愿的前提条件下，转变为村镇银行或者贷款公司，但是要求其最大股东必须是银行业金融机构，限制条件较为严格，使得小额贷款公司转型困难重重。而另一项《贷款公司管理暂行规定》要求，投资人必须为境内商业银行或者农村信用合作社，对股东的要求则更为严格。小额贷款公司要想转型成功，其基本要求都是银行必须控股或者全资经营。因此，阿里小贷作为小额贷款公司的代表，在转型的道路上充满了诸多挑战与困难。

三、P2P 借贷

P2P（peer to peer）信贷是一种个人对个人，不以传统金融机构作为媒介的借贷模式。它通过 P2P 信贷公司（通常不需要银行准入证）搭建网络平台，借款人（Borrower）和出借人（Lender）可在平台进行注册，需要钱的人发布信息（简称发标），有闲钱的人参与竞标，一旦双方在额度、期限和利率方面达成一致，交易即告达成。其中，P2P 信贷公司负责对借款人资信状况进行考察，并收取账户管理费和服务费等，其本质是一种民间借贷方式，起源于众包概念（Crowdsourcing）。① P2P 信贷公司更多扮演众包模式中的中介机构，该信贷模式就其特点而言可以概括为：第一，在线进行；第二，借贷门槛低；第三，P2P 信贷公司只起中介作用，借贷双方自主；第四，出借人单笔投资金额小，风险分散。

对于不同的 P2P 在线借贷平台网站来说，由于采用的经营思想和理念不同，其经营模式也不同，其信用管理和风险控制方式也不同，但其工作原理和借贷流程则基本上类似。即通过 P2P 在线借贷平台，借款者可以通过网站发布借款信息，包括借款金额、借款用途、借款的利率水平、借款的期限、还款的方式等；而借出者则可以根据通过检索、查询、比较借款者发布的借款信息，通过网站提供的借款人信用状况资料，决定是否愿意借出、借出金额的多少、预期的利率水平等；而 P2P 在线借贷平台则类似于传统的金融借贷机构，通过帮助借贷双方建立借贷关系并完成借贷合同、借贷资金支付通道等中介性服务，在网站上完成整个借贷交易业务。通过 P2P 在线借贷平台，传统的依赖于金融机构才能完成的借贷业务，在互联网技术的帮助下，通过一个网站平台就可以快速便捷地完成。

P2P 是互联网 Web2.0 时代的代表性技术。相比较 Web1.0 时代的从服务器单向获取数据，P2P 使用户可以从对方获取数据，使网络从一对多变成了多对多的真正网络，数据资源开始呈爆发性增长。在互联网金融模式下，金融媒介相当于服务器，而借贷双方如同向服务器提供和下载数据的用户。P2P 技术能使借贷双方绕开服务器（银行或资本市场）直接交易，实现真正的金融脱媒。P2P 借贷正是这一模式的具体体现，这一模式由英国 Zopa 开创，在国内也有了不少实践者，包括拍拍贷、宜信、红岭创投等。目前成交量最大的红岭创投在 2012 年第四季度借款规模已经达到 4.7 亿元。

---

① 这一概念是由美国《连线》杂志的记者杰夫·豪（Jeff Howe）于 2006 年 6 月提出的。杰夫·豪对"众包"的定义是："一个公司或机构把过去由员工执行的工作任务，以自由自愿的形式外包给非特定的（而且通常是大型的）大众网络的做法。众包的任务通常由个人来承担，但如果涉及需要多人协作完成的任务，也有可能以依靠开源的个体生产的形式出现。"

与传统借贷相比，P2P 在线借贷平台的整个借贷方式已经发生了许多改变，整个借贷业务的成本、手续、周期等都借助于网络技术得到快速的改善。P2P 在线借贷的特点包括四个：一是借贷信息发布更加快捷灵活。借款者通过网站可以及时发布借贷信息，自行制定贷款的利率水平和还款方式等，操作流程更加简化方便，更加直接和灵活，有助于借款者便捷地完成其借款信息的快速发布。二是借贷手续更加简化，成本更低。通过网站完成整个交易，简化了整个流程，集中在一个统一的操作平台，减少了繁杂的手续和流程审批等，缩短了借贷周期，极大地降低了借款人的借贷成本。三是借款者的借贷信息及信用情况可以公开查询和比较。借款者的信息及其信用情况皆可以通过网站直接查询和比较，对借出者而言，可以更好地比较每笔借款列表信息和借款者的情况，对借出的资金可以选择不同的资金利率、贷款周期、贷款金额等，分散投入，有助于降低借出者的风险。四是电子借贷合同方式不同于传统的借贷方式。整个交易的合同以电子方式保留在网站平台，使借贷双方不受地域和时间等因素的限制，促进了陌生人与陌生人之间建立借贷关系的可能性。

进一步分析，我们发现，P2P 在线借贷作为一种传统借贷业务与互联网技术结合而产生的金融创新，不仅是形式上变化，而且是一种发生在特定借贷业务领域的更加纯粹的信用交易方式。在这种信用交易方式中，P2P 在线借贷比传统的基于信用交易的借贷业务更进一步，它以非传统的金融机构——P2P 在线借贷网站作为信用中介机构，取代了传统的借贷业务的中介——金融机构。这种变革，使得用户对象不受时空的限制，使网络用户都可以成为潜在的借贷对象，参与交易业务。另一方面，其信用建立和管理也从传统的金融机构转移到网站平台上来，并且以更加公开的、免费的方式提供，这就使得借助于网络技术手段，陌生人与陌生人之间仅仅基于网站提供的用户信用资料就可完成借贷业务。从这个意义上讲，其对传统借贷业务的影响更加地深远，P2P 在线借贷平台自身也面临一个巨大的市场机会。

（一）以 Lending Club、Prosper 为代表的国外 P2P 借贷

世界第一家 P2P 信贷公司 Zopa 于 2005 年在英国伦敦成立。美国的第一家 P2P 信贷公司 Prosper 于 2006 年在加州三藩市成立，随后还有德国的 Auxmoney、日本的 Aqush、韩国的 Popfunding、西班牙的 Comunitae、冰岛的 Uppspretta、巴西的 Fairplace 等。从公布的数据来看，截至 2012 年 10 月，美国最大的 P2P 信贷公司是 Lending Club，其次是 Prosper。Lending Club 完成了 8.3 万次交易，涉及金额近 10 亿美元。Prosper 完成 6.4 万次交易，涉及金额 4.2 亿美元，并且每

年的增长超过 100%，利息的浮动空间为 5.6% ~35.8%，违约率为 1.5% ~10%。

1. Lending Club

目前美国的 P2P 市场主要由 Lending Club 和 Propser 垄断，占据80%的市场规模，其中 Lending Club 的累计交易额近 18 亿美元。2013 年 12 月初，Lending Club 的贷款达到 30 亿美元，并不断推出如"Lending Robot"的新服务，表现出稳健的发展趋势，因此也成为目前我国互联网金融业人士较为关注的海外 P2P 企业之一。

成立于 2007 年的美国 Lending Club 平台，更多利用了社交网络的大众传播特点和社会网络服务的传播效应，通过对世界上最大的社交社区网站 Facebook 将出借人和借款人聚合。到 2012 年年中 Lnding Club 已经促成会员间贷款 6.9 亿美元，利息收入约 0.6 亿美元。

对借款人来说，必须先接受 Lending Club 要求的严格的信用认证。Lending Club 公司对符合要求的贷款申请，根据借款者的 FICO 信用评分、贷款金额、过去 6 个月借款次数、信用记录长度、账户数量、循环信用证使用率和贷款期限等进行内部信用评级，分成 A 到 G 共 7 个等级，每个等级又细分成 5 档。不同信用评级对应着不同贷款利率，从 6% 到 25% 不等，而且信用评级越低，贷款利率越高。Lending Club 公司把每份贷款称为一个票据，提供贷款金额、待认购金额、期限、评级、利率、用途以及借款者就业、收入、信用历史等信息，放在网站上供投资者选择。对单个票据，投资者的最小认购金额是 25 美元，这样一个有 2 万美元的投资者最多可投资 800 个票据，能实现风险的充分分散。通过审核的借款人，可以通过 Lending Club 在 Facebook 的应用直接发出借款请求，出借人通过浏览比较借款人的借款申请和借款人在 Facebook 中的社交网络信息，根据借款人的信用评级，或者看是否是自己的朋友等来决定是否进行借款交易。Lending Club 公司为投资者提供了构建贷款组合的工具，比如投资者说明自己的收益目标、投资金额和拟认购贷款数目，Lending Club 公司会推荐一个贷款组合。Lending Club 公司还提供了投资者之间交易贷款的平台。在贷款存续过程中，Lending Club 公司负责从借款者处收取贷款本息，转交给投资者，并处理可能的延付或违约情况。

Lending Club 的借款是通过一家固定银行完成，随后将借款，即海外所称的债券，进行一个类似资产证券化的操作。Lending Club 同时成立了一家名为 Lending Funding 的公司，对债券进行打包、组合与拆分，然后将整合完成的债券资产放在 Lending Club 的网站进行出售。这种模式被称为"类似华尔街的做法"。Lending Club 这种方式更加着重于 P2P 在线借贷的社会化借贷（social lending）的特点，充分利用社会网络关系来建立用户的在线信誉，代表着未来的一种与社会网络更加整合的发展趋势。据了解，目前与 Lending Club 运作模式最为接近的国内 P2P 平台是拍拍贷。

2. Propser

Prosper 成立于 2006 年 2 月，在美国许多州拥有发放贷款的注册许可证。Prosper 的资金供给者尽管名义上是贷款人，但并不是直接与借款人形成借贷关系，而是通过购买 Prosper 发行的票据，Prosper 再将获得的资金贷放给不同的借款人，因此这些票据的收益与借款人支付的现金流密切相关。个人贷款者的最大出资额为 500 万美元，机构贷款者的最大出资额为 5 000 万美元。目前 Prosper 组合计划预计回报率为 7% ~ 13%，客户可以从 Prosper 的平衡、温和与进取三大类投资计划中选择。每类投资计划都对借款数量、借款人信用等级、历史和当前的违约率、循环信用额度、银行卡利用情况、雇佣状况等进行了详细的规定，并在此基础上，计算出预计收益率。

除了爱荷华州，缅因州和北达科他州以外的所有美国合法公民，只要拥有银行账户、社会保障号码，以及至少 640 分的信用评分，均可以成为 Prosper 的借款人。借款人必须通过 Prosper 的反诈骗和身份核查系统审查后，才可以申请贷款。批准的借款人可以向 Prosper 申请贷款，贷款的金额为 1 000 ~ 25 000 美元，期限最长为 3 年，采用等额本息还款方式。例如，贷款金额为 1 000 美元，期限为 3 年，则每月的还款额均为 30.97 美元。

为防范信用风险和更针对化地确定贷款利率，Prosper 对所有借款人进行信用评级，信誉最高的为 AA 级，之后分别为 A、B、C、D、E 和 HR（high risk 级），不同的信用等级对应不同的年均损失率（见表 3 - 3）。

表 3 - 3 Prosper 信用等级

信用等级	AA	A	B	C	D	E	HR
年均损失率	≤1.99%	2.00% ~ 3.99%	4.00% ~ 5.99%	6.00% ~ 8.99%	9.0% ~ 11.99%	12.00% ~ 14.99%	≥15.00%

资料来源：www. Prosper.com。

损失率是根据相似借款人的历史数据计算出来的。由两部分组成，一是从信用评级机构中得到的借款人信用分数，二是 Prosper 内部评分。在内部评分中，Prosper 使用 Logistic 回归模型预测一笔贷款变成不良贷款的概率。其中不良贷款指逾期 61 天以上的贷款。该模型的输出结果从 1 ~ 10 不等，10 是最好的，1 是最糟糕的，或风险最高分。这个模型的关键变量有拖欠账户数目、最近 6 个月内公开交易的金额、银行卡的可用信用额度等。Prosper 内部评分分为 1～10 等 10 个级别，信用评级机构的分数从 600 分到 800 分为 8 个级别，Prosper 运用两类评分组成的矩阵来估计预计损失率。根据预期损失率最终决定借款人的 Prosper 信用等级。信用等级将直接关系到贷款利率。对信用评级为 AA 级的客户，Prosper 实行 7.5% 的固定利率，但 HR 级客户的最高利率可达 36%。

Prosper 向借款人收取手续费，如果借款人的信用等级为 AA 级，费率为贷款金额的 0.50%，如果信用评级为 A 至 HR 级，则费率为 50 美元和贷款金额的 3% 两者中的较大值。例如一位评级为 HR 的借款人提出 5 000 美元的贷款申请，他需要支付 150 美元的手续费，最终只有 4 850 美元打到他的银行账户。借款人可以选择电子资金转账和银行汇票两种方式来还款，其中电子资金转账是免费的，银行汇票需要支付 1% 的手续费。

从 Prosper 和 Lending Club 的发展比较，我们也可以看到这种更加基于社会网络基础上的发展趋势的变化，如表 3－4 所示。未来，P2P 贷款进入成熟期的重要标志是企业实现盈利。

表 3－4   美国 P2P 贷款的发展历程

发展阶段	初创期	探索期	发展期
时间	2006—2008 年	2008—2010 年	2010 年至今
时代特征	以 C2C 的理念运作 P2P 贷款	与社交网络结合；监管介入；机构投资者进入	监管加强；出现寡头企业；行业向专业化细分
运作方式	将贷款需求进行荷兰式拍卖	将拥有相同属性的用户组成群，赋予群主放贷及审核的权限	寡头企业受到资本市场青睐，各新生平台按教育、农业、科技等不同行业细化

（二）以人人贷、宜信为代表的国内 P2P 借贷

我国 P2P 信贷公司的诞生和发展几乎与世界同步，2007 年 8 月中国第一家 P2P 信贷公司——拍拍贷成立。截至 2012 年 12 月末，全国 P2P 信贷公司总共超过 300 家，P2P 贷款公司放贷规模达到 228.6 亿元，同比增长 271.4%，预计贷款规模未来两年内仍将保持 200% 左右的增速。其中，排名靠前的 15 家 P2P 类网站交易额占整个行业的 45% 左右，接近 70 亿元交易额（见图 3－6）。地域分布以广东省、浙江省、上海市和北京市较为聚集。

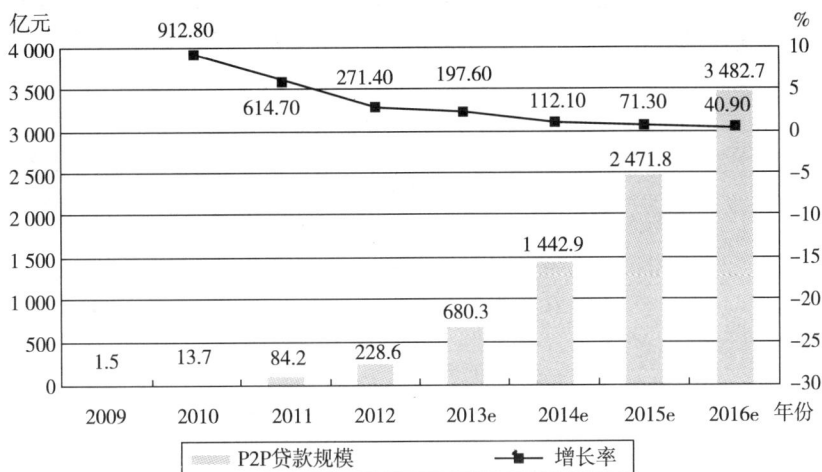

资料来源：iResearch，海通证券研究所。

图 3 - 6　2009—2016 年我国 P2P 贷款交易规模

哈佛商学院《中国人人信贷概览及其在中国金融体系中的潜力》报告估计，2012 年中国或已有 100 多家 P2P 网贷平台，很多平台的增长率普遍高达 50% 以上。另据研究机构"网贷之家"数据，2012 年以来几乎每个星期都有两三家 P2P 网贷平台出现，总体数量也由几十家大幅增长到 300 家以上，其中不少网络贷款平台一年的融资额可以达上亿元。据"网贷之家"监测数据分析，10 家较大的线上 P2P 网贷平台每月交易额合计已经达到 10 亿元人民币。市场估计，全国范围内线上 P2P 网贷平台的月总交易额或已达 20 亿元。2012 年，温州贷总交易额突破 20 亿元，盛融在线、红岭创投、中宝投资三家公司已超 10 亿元（见表 3 - 5）。

表 3 - 5　　　　　　　　**2012 年度中国互联网金融 P2P 信贷发展情况**

序号	平台	成交金额（万元）	综合利率水平（%）	营收金额（万元）	投资人数	借款人数
1	温州贷	208 348	10. 0	477	3 439	1 468
2	盛融在线	177 002	17. 3	1 061	2 226	527
3	红岭创投	150 428	8. 7	2 266	5 841	1 898
4	中宝投资	134 532	31. 1	2 885	539	42
5	365 易贷	65 094	23. 4	1 380	3 019	948
6	808 信贷	64 060	24. 8	2 069	2 976	406

序号	平台	成交金额（万元）	综合利率水平（%）	营收金额（万元）	投资人数	借款人数
7	E 速贷	57 697	17.4	—	1 580	524
8	人人贷	35 735	13.7	—	8 548	3 956
9	晋商贷	29 196	19.4	—	1 205	27
10	煜隆创投	26 668	29.8	463	1 261	172
11	微贷网	24 608	20.6	593	1 283	1 213
12	紫枫信贷	21 826	26.7	648	910	229
13	开心贷	17 758	11.4	—	1 145	346
14	陆金所	15 172	8.6	—	577	1
15	通融易贷	10 299	19.7	—	527	242
16	汇通易贷	10 024	21.8	—	544	196
17	人人聚财	8 499	22.2	282	1 186	332
18	热贷网	8 001	16.9	—	904	232
19	易网贷	7 391	16.6	—	460	122
20	工商贷	6 657	22.8	—	825	105
21	三信贷	5 931	21.2	29	506	145
22	一起好	3 858	21.0	19	511	65
23	拍拍贷	2 902	18.4	73	6 753	3 238
24	广融贷	1 878	13.0	9	693	63
25	草根新贷	1 705	21.7	27	269	102
26	宏信创投	1 233	14.3	—	537	18
27	四达投资	907	23.0	11	745	1
28	正大 e 贷	811	13.7	78	311	0
29	合力贷	806	19.0	—	229	67
30	万惠投融	520	18.0	—	60	4

资料来源：根据 P2P 网贷研究网、网贷之家及各家 P2P 公司网站整理。

　　对于 P2P 信贷的分类和经营模式，国外的 P2P 信贷公司依据趋利性，分为营利性（For - Profit）P2P 信贷公司和非营利性（Non - Profit）P2P 信贷公司两类。由于我国 P2P 信贷概念的模糊和异化，纯中介性质的 P2P 信贷公司逐渐减少，国内的 P2P 信贷公司不能按照这一方式分类。按照平台的贷款模式将国内 P2P 信贷企业分为线上和非典型 P2P 信贷两种模式。线上模式又可分为纯中介模式和线下认证模式。前者以上海"人人贷"公司为代表，借款人和出借人完全在公司平台完成交易。其中 P2P 信贷公司在线负责对借款方资信状况进行考察，并收取账户管理费和服务费等收入。后者线下认证模式以"合力贷"为代表，当借款人的借款需求超过 3 万元需要到合力贷公司面审（该项业务只针对北京地区）。线下认证产生的前提是目前我国征信制度尚不完善，平台本身需要通过面审来鉴别借款人认证资料的真伪，可以杜绝一定的欺诈可能。非典型 P2P 信贷模式是我国 P2P 信贷的特有方式，主要依赖线下行为，以"宜信"为代表，通常采用债权转移的方式。非典型 P2P 信贷模式区别于线上模式，大多以线下行为为主，行业内部认为该模式并非严格意义上的 P2P 信贷。

表 3－6　　　　　　　　　　我国 P2P 贷款的四种模式

P2P 贷款模式	传统模式	债权转让	担保模式	平台模式
模式架构	搭建网站 线上撮合	线下购买债权将债权转售	引入保险公司为交易担保	引入小贷公司的融资需求
优点	有利于积累数据，品牌独立，借贷双方用户无地域限制，不触红线	平台交易量迅速提升，适合线下	保障资金安全，符合中国用户的投资理念	成本低，见效快
缺点	如果没有用户基础，则很难实现盈利	有政策风险，程序烦琐，由于需要地勤人员，所以地域限制不利于展业	涉及关联方过多，如果 P2P 平台不够强势，则会失去定价权	核心业务已经脱离金融范畴
典型案例	拍拍贷	宜信	人人贷	有利网

我国 P2P 贷款有以下五个特点：

一是收费模式多样。目前国内大部分 P2P 平台为非公益公司，但是主要收费方式都在充值、取现、投标管理以及 VIP 费用这四个方面。

二是本金保障制度。本金保障指当理财人投资的借款出现严重逾期时，P2P 平台将向理财人垫付此笔借款未归还的剩余出借本金或本息。

三是资金收付由第三方支付平台提供。国内的 P2P 支付平台资金收付由第三方支付平台管理，包括支付宝、快钱、财付通等。

四是无法对接征信系统，惩罚措施乏力。由于我国没有像西方一样的个人信用体系，又难以纳入人民银行征信系统，所以个人违约成本较低，同时国内

P2P 的违约惩罚措施也缺乏约束力，坏账率不仅影响平台盈利，更影响平台信誉，致使个人小额借贷平台一直存在隐患。

五是缺乏监管，面临政策风险。这种新型的借贷模式意味着 P2P 业务网站已经类同于银行、信托等金融机构的功能，但目前这类网站只受工商局监管，未来必定出现政策指导，面临政策风险。如 2008 年美国证券交易委员会（SEC）决定将一些 P2P 融资工具当做证券来管理，使得当时很多 P2P 贷款公司关闭，Prosper 也关闭了 6 个月之久。后来，加州向 Prosper 开了绿灯，允许该公司重新开业。

在国内中小企业融资难的大背景下，P2P 网络借贷在一定程度上弥补了现有金融体制的不完善，降低了中小企业的融资成本，有利于促进实体经济的发展。未来这种模式必将成为我国金融体系的一部分。

1. 人人贷

人人贷（renrendai. com）成立于 2010 年，为有资需求和理财需求的个人搭建了一个公平、透明、稳定、高效的网络互动平台。用户可以在人人贷上获得信用评级，发布接口请求满足个人的资金需要，也可以把自己的闲余资金通过人人贷出借给信用良好有资金需求的个人。2013 年第三季度，人人贷共审核 1 614 笔贷款，获贷审批金额为 1.09 亿元人民币，为理财人赚取 410.2 万元人民币，且该季度坏账率仅为 0.52%，风险保障金储备状况良好。

人人贷的信用等级制度参考 Prosper 分为 7 个等级，AA 为最高级，HR 为最低级（见表 3 - 7）。每个等级的费率不同，所收取的费用主要用于风险保障金。

表 3 - 7　　　　　人人贷信用等级及费率

信用等级	AA	A	B	C	D	E	HR
费率	0%	1%	1.5%	2%	2.5%	3%	5%

人人贷为客户提供本金保障与机构担保。本金保障是指风险保障金，即当借出者的借款出现严重逾期（30 天）时，人人贷向借出者垫付此笔借款未归还的剩余借出本金。机构担保是指人人贷与中安信业创业投资有限公司合作，推出机构担保。该机构对推荐的借款项目具有连带保证责任，无论债务人是否能够偿清债务，债权人均可向推荐机构要求其履行保证义务。

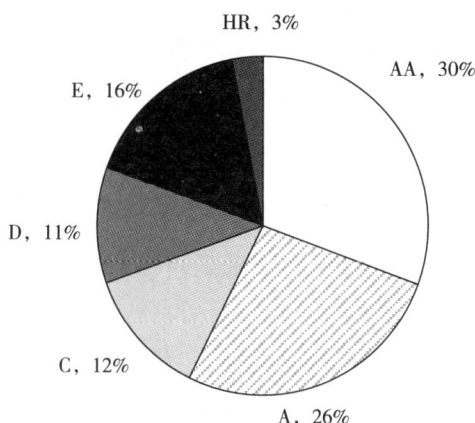

HR，3%
AA，30%
E，16%
D，11%
C，12%
A，26%

资料来源：人人贷网站，http：//www.renrendai.com/。

图 3 − 7　人人贷借贷金额分布（按信用等级划分）

值得注意的是，人人贷用户的初始信用评级为 HR（见表 3 − 8），用户需要通过不断完善自身信息获得加分。

表 3 − 8　　　　　　　　　　人人贷信用等级及信用分数

信用等级	AA	A	B	C	D	E	HR
信用分数	160 +	145 ~ 159	130 ~ 144	120 ~ 129	110 ~ 119	100 ~ 109	0 ~ 99

人人贷采用账户的方式管理用户，信用评级主要针对借入者，借款额度为 3 000 元至 100 万元，还款期限最高为 24 个月，利率取决于借贷双方以及借款人的信用等级，在 6% ~ 24%。

人人贷的信用评级体系已初步搭建起来，但目前人人贷用户数有限，该信用评级需要较多的人力物力去核实，在用户规模达到一定量级之后，该信用体系需要进行优化。

2. 宜信

宜信 P2P 公司成立于 2006 年，宜信采取的不是竞标方式，而是宜信全程掌控。当出借人决定借款，宜信就为他在借款申请人中挑选借款人，借款人的利率由宜信根据其信用审核决定。企业利润来自服务费。操作流程是，宜信将出借人的款项打散，做一份多人借款的合同给出借人，等到款项到第三方账户，合同正式生效。宜信虽然没有出借人和借款人双方共立的合同，但是宜信第三方账户人担任了出借和借款的债务转移人，即首先第三方账户户主成为宜信的出借人，等到宜信挑选好借款人后，第三方账户户主就把债权转到真正的出借人手中。对于 P2P 信贷服务平台推荐的每个借款人，出借人有权利决定是否借给宜信组合的借款人；借款人每月还款，出借人每月可以动态地了解每一笔债权的偿还、收益等信息，出借人可以在第二个月得到所还本金和利息。当然出借人也可以选择不收款而继续放在宜信找下一个借款人。3 年来，宜信快速崛起，目前已经在北京以及 15 个城市设立了网点，吸纳了几千名投资人的上亿元资金，成为全国性 P2P 借贷连锁中介机构。

宜信提供小额信用贷款服务，无抵押和担保即可获得现金贷款，额度最高可达 30 万元。还款期限最长可达 48 个月。宜信贷款对象主要面向工薪族、大学生、私营业主和农户。特别值得一提的是，宜信创新的"P2P 信贷助农平台"，通过个人对个人的民间借贷方式实现信贷助农扶贫，助农平台上的出借人和宜信公司均不以盈利为目的，仅象征性收取不超过 2% 的利息和不超过 1% 的管理费，使受益方承担起创造价值的责任，实现公益性和商业化的完美结合。2009 年年初平台正式推出，目前已与陕西西乡、甘肃定西、河北涞水等地优秀的小额信贷助农机构开展合作，在 5 个月的运行过程中，已有 35 名社会公益爱心人士将总共 48.2 万元人民币出借给 150 位贫困农户，平均每笔贷款在 3 000 元左右，违约率为零。

宜信模式主要有两个特点：一是宜信的保障金制度。从宜信的运作模式看，宜信对借款人的掌控力度更强，出借人一般不参与审核，并且与借款人没有合同，而只有与宜信第三方的债权转让合同。这样，出借人就会有极大的风险。所以，为保护出借人的借款安全，宜信在与出借人的合同中承诺，一旦出现借款不还的情况，宜信从公司提取的保险金里出钱，包赔出借人全部本金和利息。这是对出借人的最大化担保。二是风险控制。作为还款的有力保障，宜信采取的分散贷款和每月还款制度，较大限度地保障了有效还款。另外，贷款人的某笔投资出借 6 个月后，就可以随时向宜信提出将该笔投资所对应的债权转让给他人，宜信将帮助寻找合适的债权受让人，并协助债权转让，以便贷款人收回投资资金。除此之外，值得一提的是，宜信对借款人审核时都要求面见。所以，宜信在 15 个城市设点，其目的之一就是方便面见。面见由本人亲自出示各种证原件并当面询问使用用途等情况，较好地保证了借款人的真实性。宜信根据借款人的真实身份、动产、不动产、银行存款等信息对借款人进行信用评级，并引入人民银行的个人信用报告作为评级的依据。据称宜信的坏账一直控制在 2% 以下。

从对借贷流程的强大操控力上看，宜信主要借鉴的是 Zopa 模式，而由 P2P 企业根据信用等级确定借款人利率的方式，则与 Lending Club 相同，所以宜信属于复合中介型 P2P。宜信模式的风险控制力度较大，投资风险比较小，而收益相比拍拍贷低。

作为一种金融创新，P2P 在线借贷借助互联网技术和社会网络的优势，给传统的以金融机构为代表的中介机构带来了冲击，但其自身仍存在许多的问题，主要表现在：一是用户信用（信誉）建立和管理问题。P2P 在线借贷作为一种基于用户信用基础上以网站平台为信用中介的信用交易活动，信用是其核心基础。但不同于传统的金融机构，作为信用中介的网站平台，对于用户的信用建立和管理，特别是针对网络用户的信用评估和管理问题，仍存在大量需要解决的问题和需要时间的积累，不是短期内可以完成的事情。二是法律法规问题。P2P 在线借贷其实质上是一种金融活动，平台也是提供一种金融服务来完成交易，但存在法律法规滞后的问题，相关的法律法规还没有建立或者不完善，对于该行为还缺乏法律制度的保障。三是风险防范和监管问题。P2P 在线借贷平台还没有纳入金融机构管理，其运行数据也没有主管部门的监管，存在着经营业务上的风险防范和监管机制上的乏力和空白。四是平台欺诈性问题。P2P 在线借贷平台整体良莠不齐，仍存在许多平台利用法律和监管的不足进行欺诈性经营行为等。尽管 P2P 在线借贷目前仍存在着许多的问题和发展的不确定性，但也应该看到，在创新发展和风险防范的过程中，P2P 在线借贷平台也在变得更加成熟，行业也更加有序，市场规模和平台数量不断扩大，显示出其蓬勃的发展势头。

随着越来越多的用户参与 P2P 在线借贷行为中，越来越多的资金投入 P2P 在线借贷行业中，我们可以更加清楚地看到，P2P 在线借贷平台已经具备一定的行业规模趋势，随着相应制度和法规的进一步制定，整个经营环境的改善，与社会网络服务更加紧密的融合，其将更加有力地冲击传统的借贷业务，成为未来金融发展的一种趋势和潮流。同时，我们也看到，特别是对于国内的 P2P 在线借贷发展来说，还没有一个网站进入全球的前 10 名。由于第三方信用评估机构的缺失，基于网络的用户信誉机制建立困难，缺乏法律法规的约束和监管的空白，特别是信用机制的建立需要长期的一个过程，这也意味着 P2P 在线借贷的发展还需要一个长期的过程，需要建立一个更加成熟、更加规范的信用体系，才能使其得到健康有序的发展。

四、众筹平台

众筹融资（Crowd Funding）是指利用网络良好的传播性，向网络投资人募集资金的金融模式。在募集资金的同时可以达到宣传推广的效果。世界第一家众筹网站 Kickstarter 2009 年在美国诞生。截至 2012 年，其融资规模高达 3.2 亿美元，创造了互联网金融的又一神话。2011 年国内首家众筹网站"点名时间"成立，先后完成了《十万个冷笑话》、《大鱼海棠》等国内原创动漫作品的众筹项目，引起社会广泛关注。

业内人士已经对众筹平台耳熟能详，而很多非专业人士不仅对互联网金融的众筹模式感到陌生，往往还容易将其与 P2P 网贷模式混淆，甚至有些从业者也说不清楚两者的区别。其实两者相比较而言，众筹的互联网属性更多一些。从商业和资金流动的角度来看，众筹其实是一种团购，其并不以股权或资金作为回报，项目发起人也不许诺任何资金上的收益，而是通过实物、服务或者媒体内容等回馈支持者。一般而言，每个众筹项目都会设定筹资目标和筹资天数，在设定天数内，达到或者超过目标金额，项目即成功，发起人可获得资金。如果项目筹资失败，已经获得的资金将全部返还给支持者。发起人诸如设计图、成品、策划之类的创意只有达到可展示的程度，才能通过平台的审核，而不单是一个点子或者一个概念。

成功的众筹项目一般具有良好的包装展示和合理目标金额，筹资天数在 30 天左右，拥有 3~5 项符合支持者需求的回报方式。定期信息更新也是必要的，以便让支持者进一步参与项目。

根据 Massolution 数据显示，全球众筹融资产业规模从 2009 年的 36.1 亿元飙升至 2012 年的 173 亿元，3 年增长 380%，但是 2012 年亚洲地区仅占 1.2%。影响亚洲众筹发展的因素主要有两个方面：一方面，亚洲还没有出现重要影响力的众筹平台，因此无法形成规模效应；另一方面，亚洲地区用户投资理念趋于保守，创新金融方式的接受能力较弱。

根据 Massolution 数据显示，2012 年全球众筹融资交易规模达到 168 亿元，增长率为 83%（见图 3-8）。未来推动众筹融资交易规模增长的原因有以下两个方面：一是投资理念的成熟。经过 5 年的发展，用户对众筹融资理念接受度更强，促使更多用户进行众筹融资。二是机构投资者的介入。随着众筹逐步正规化，以及平台内项目质量的提升，一些传统金融机构也会进入寻找投资机会，这将为未来众筹融资交易规模的提升提供重要助力。

目前来看，众筹融资的优势在于：首先，融资速度快。项目细节完善、可落地性强，且创意俱佳的项目一旦发布，很容易得到项目支持者认可，融资效率远高于传统金融渠道。其次，增强参与感。相对于传统金融方式来说，众筹模式更加透明，项目支持者能够亲身经历项目完成前的所有流程，增加对项目

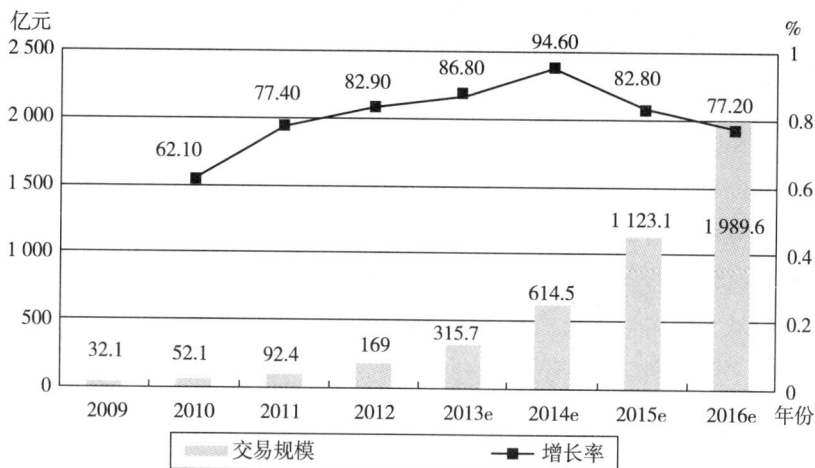

资料来源：Massolution 网站，http：//www. massolution. com/。

图 3 - 8　2009—2016 年全球众筹融资交易规模及增长率

的认同感。最后，利于宣传推广。由于项目支持者直接使用资金支持，因此缓解了"劣质粉丝"的不利情况。创意好的项目能够迅速借助支持者进行社交网络传播。

相应地，众筹融资的缺陷在于：首先，类似团购。由于项目众筹不涉及资金回报问题，这样的模式闭环已经脱离了金融的范畴，更像是一种团购。其次，法律风险。股权众筹、债权众筹面临巨大的法律风险，有非法集资的嫌疑，所以在中国法律体系完善之前，众筹融资的金融属性很难有所体现。最后，服务缺失。一个项目从诞生到落地需要各个不同领域的支持和补足，尽管众筹可以帮助企业融资，但是融资之后企业仍然需要财务管理、企业运营、技术顾问等其他服务，这是众筹无法全部满足的。

（一）以 Kickstarter 为代表的国外众筹平台

Kickstarter 在 2009 年上线，由一位热爱艺术期货的美籍华人创办，是海外最具代表性的众筹平台之一。据了解，目前 Kickstarter 已拿到资金的项目超过40％，项目的内容涉及舞蹈、设计、时装、电影、视频、食品、游戏等不同主题。到 2012 年年中已为 2.4 万个项目筹资 2.5 亿美元，共吸引了 200 万名投资者。投资回报以项目产品为主，比如音乐 CD、电影海报、游戏中人物的冠名权、与设计师的见面机会等。对每个项目，第一批投资者多为项目负责人的朋友、粉丝和熟人，投资者可以通过 Facebook 推荐自己认为不错的项目。

Kicksarter 是产品预售式众筹的代表，这一平台上主要存在两类角色：一类是产品、项目的提供者，另一类是对梦想或创意的资助者。该平台的运行模式主要由提供者在平台上将产品或项目进行展示，相关资助者能根据不同的价位获得除现金和股权之外的回报。在募资前，项目提供者设立一个规定的资金目标，如果募资超额即项目完成，如果募资不及目标，所募的资金将自动返还。

Kicksarster 与国内预售式众筹模式对比，两者本质上没有不同，但相比于国内，海外具有更多的公益项目，在多元化上存在差异。另外，两者在体量上也有差异，海外一些项目能在短时间内获得 200 万美元、300 万美元，而国内预售式众筹则很少能达到这么大的规模，一般都在 10 万元人民币以下。另外，2012年 4 月，美国通过 JOBS 法案，允许小企业通过众筹方式获得股权融资，在法律上认同了众筹模式，而我国无论是在法律监管方面，还是市场培育方面都需要发展完善。

Kickstarter 在项目前期筛选、项目审核等项目管理上并不完善，存在虚假的项目信息难以审核、后期项目难以维持等问题，Kickstarter 在这些方面的管理较为混乱，相对而言，我国预售式众筹体量目前不大，涉及的相关问题并不明显，但如何提高项目质量，如何对项目的前后期两头跟进是国内外众筹共同面对的问题。

（二）以点名时间为代表的国内众筹平台

国内众筹融资兴起相对较晚，但近几年来，类 Kickstarter 式的众筹融资网站得到很快发展，点名时间、追梦网、淘梦网、亿觅网等众筹模式网站已经初具规模（见表 3 - 9）。

表 3 - 9　　　　　　　　　　中国部分众筹模式网站概览

网站名称	网址	上线时间	特点
点名时间	www. demohour. com	2011 年 7 月	国内最大的综合性众筹网站
追梦网	www. dreamore. com	2011 年 9 月	综合性众筹网站，对项目发起人免费
觉 JUE. SO	www. jue. so	2012 年 2 月	专注生活创意设计（具有文艺倾向）
淘梦网	www. tmeng. cn	2012 年 3 月	国内最大的微电影众筹平台
亿觅网	www. emielife. com	2012 年 9 月	专注生活创意类
乐童音乐	www. musikid. com	2012 年 9 月	专注音乐行业的相关创意
好梦网	www. haomeng. com	2013 年 1 月	使普通人也能像天使投资人一样获得回报；重视诚信体系建设

资料来源：根据各网站材料整理。

从各大众筹模式网站的数据来看，筹资项目较多集中于文化创意类，涉及电影、音乐、动漫、游戏、设计、出版等领域，占所有筹资项目的50%以上。而部分众筹网站也呈现出比较明显的专业化特点，专注于某一领域的创意或设计。例如，淘梦网专注于微电影领域的创意，乐童音乐网专注于音乐行业的相关创意，亿觅网和觉JUE.SO则主要专注于生活类的创意和设计。

截至2012年7月，上线仅一年的"点名时间"共收到5 500个左右的项目提案，通过审核上线的项目有318个，其中281个项目成功达标，成功融资规模达到636.7万元。其中设计类项目规模最多达76个；影视类项目虽然只有27个，但融资规模高达221.6万元（见图3-9）。

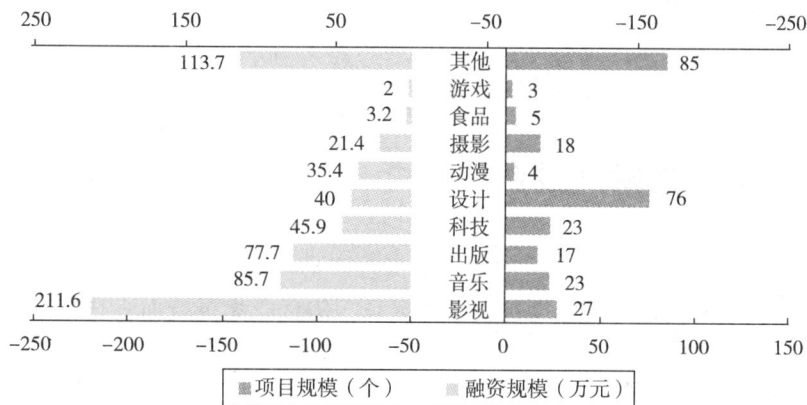

资料来源：点名时间网站，http：//www.demohour.com/。

图3-9 截至2012年7月"点名时间"成功融资项目规模和融资规模

然而众筹在中国似乎一直水土不服、桎梏以及原因主要有：第一，监管界限不明。众筹平台已经涉及资金代管业务，但是由于目前众筹网站的募资金额较小，因而尚未纳入监管。一方面，众筹被视为互联网金融的重要创新而备受业内人士关注；另一方面，从业者和推广者却在极力撇清与金融的关系，以免触碰监管的边界。第二，募资规模有限。社会公众对众筹的认识不足，国内用户多习惯于为实体产品付费，而不愿意为概念中的产品埋单。另外，由于国内互联网的信用监控机制较为脆弱，公众对众筹平台缺乏信任。第三，角色扭曲为营销手段。在监管界限不明的情况下，国内的众筹平台开始另辟生存之道，与其说众筹是资金募集渠道，不如说是创意产品的另类在线营销手段。第四，创意项目匮乏。鉴于国内对知识产权申请与保护的现状，项目发起者难以维护自己的智力成果。多数众筹平台只能吸引处于初级阶段的创业者或是一些低门槛的项目，具有核心优势的项目出于募资规模和知识产权保护等考虑，不会选择通过众筹平台募集资金。第五，目前几乎所有国内众筹网站都仅支持通过项目名义募集资金，而不向创投公司开放。其支持的项目也仅限于设计、科技、影视、音乐、出版、游戏、摄影等范畴，未吸纳公益类等其他类别项目。

那么我国众筹的出路在哪里？国内众筹最大的价值在于它是一个放大镜或聚光灯，它能为项目带来的不只是 VC，还有把产品从小众推向消费级市场所需的资源。往往那些在传统渠道得不到风投或捐助的项目，在众筹平台上却能大放异彩。未来众筹盈利的商业模式大概有两条路可选。一是做资源平台，把网站上的创意产品和硬件公司、VC 结合起来；二是"内部投资"，由于掌握着众多优质项目，想要在商业模式上寻求突破的众筹平台未来完全可以投资平台上的优秀项目甚至直接转型成为孵化器。而实现平台专业化、打造企业众筹、发展慈善化众筹经济以及策划现场众筹等都可以作为未来的发展趋势。

五、网络理财（投资）模式

网络理财是通过互联网平台进行投资理财活动的一种新型方式。其优势表现在可以摆脱时间地点的限制、收益率更高、信息收集更全面、选择范围更广、操作更方便快捷。

（一）以 PayPal 与巴克莱银行为代表的国外网络理财模式

网络理财的杰出代表仍当属美国的 PayPal，只不过这次它与巴克莱银行通力合作。PayPal 成立于 1998 年，在成立的次年，就设立了账户余额的货币市场基金，该基金由 PayPal 自己的资产管理公司通过连接基金的方式交给巴克莱（之后是贝莱德）的母账户管理，用户只需简单地进行设置，存放在 PayPal 支付账户中不计利息的余额就将自动转入货币市场基金，从而获得收益，堪称互联网金融的创举。

PayPal 的客户账户数以亿计，其中不乏大量的小余额账户，这些游离于传统商机之外的客户群，被 PayPal 以货币基金的方式汇总起来，其规模在 2007 年达到巅峰的 10 亿美元，相当于当时一个规模排名中游的货币市场基金的水平。PayPal 将数量庞大的小微客户汇集起来，打造了一个成功的长尾案例。

从 PayPal 的角度看，做货币市场基金并不是为了赚资产管理的钱，也不是为资产管理销售业务探路。PayPal 运作货币基金的主要目的是为客户提供理财便利、吸引更多的沉淀资金、提高客户黏性。这和支付宝开通微博的考虑是一样的，虽然不会为企业带来直接收益，但其潜在的价值却是战略性的。

但随着美国联邦基准利率的不断下行，收益和规模也不断缩水，甚至到了无法覆盖管理费用的程度，于是在 2011 年 6 月，PayPal 宣布终止这项产品。

（二）以余额宝类产品为代表的国内网络理财模式

目前，以淘宝理财频道为代表的第三方支付机构理财平台已汇集了多种保险、基金及理财产品，可为客户提供理财产品的"一站式"交易与管理服务。各家商业银行目前还主要是通过自有网银渠道、自建网络互动理财平台、经由第三方支付平台等方式，出售或代销定期存款、基金、保险、债券、资金池、贵金属、期货等理财产品。随着互联网对人们生活的逐渐渗透，网络理财将日益获得大众的认可，发展前景广阔。由于商业银行在网络理财平台的安全保障机制方面要好于第三方支付平台，预计今后网银依然是投资者选择的主要渠道。但拥有大量客户资源、多方理财产品、良好客户体验、强大数据挖掘能力、成熟运作系统的第三方支付平台也将在网络理财市场占据一席之地。

2013 年，以货币基金为典型代表的，属于非传统金融/银行通道的网络理财和网络投资快速发展。这种本质属于基于传统金融产品的网络渠道创新，显著分流商业银行的代理、代缴、理财等业务。按照投资品种分类，国内市场上网络理财模式大致可分为基于货币基金的创新和基于"资产＋担保"的理财创新两大类。

其一，基于货币基金的渠道创新。

目前国内网络理财产品主要是基于货币基金的创新。这些产品不仅具有支付和储蓄功能，而且还能买卖货币基金，从而达到保值增值目的。在国内市场，基于货币基金创新的网络理财产品首推"余额宝"。2013 年 6 月，支付宝公司与天弘基金合作推出了余额宝产品。余额宝与全球首款 PayPal 货币基金非常相似，其原理是通过将天弘基金网上销售系统嵌入支付宝中，而客户将资金转入余额宝后即自动购买天弘货币基金，从而可以获得远高于银行活期存款收益的回报。另外，客户也可随时使用余额宝里的资金进行支付转账、网上购物等，从而实时实现基金赎回。

市场对于余额宝的认可，从而使得更多的电商、银行、证券公司、基金公司之间加强了合作，推出多款类似"余额宝"的网络理财工具（见表 3 - 10），并针对余额宝的部分理财功能进行了拓展，以满足客户的多样化金融理财需求。

表 3-10   部分国内网络理财工具情况

网络理财	创新机构	合作基金/创新基金	功能特点
余额宝	支付宝	天弘货币基金	①支持网购消费、支付宝转账；②支持货币基金 T+0 交易；③无最低购买额限制
活期宝	东方财富（天天基金网）	多种货币市场基金	①工资卡储蓄归集；②支持多种货币基金 T+0 交易；③资金随用随取，最快 1 秒钟到达银行账户；④余额转卡操作零手续费
盈利宝	金融界	鹏华货币基金	①支持多种货币基金 T+0 交易；②提供设定还款计划，可按月自动存款，还房贷、还车贷、消费贷等；③近百只基金可供选择；④支持同名下多卡转账
现金宝	平安证券	多种货币市场基金	①支持货币基金 T+0 交易；②可用于购买基金和股票
活期通	华夏基金	华夏现金增利货币基金	①支持货币基金 T+0 交易，最快 1 分钟到账；②免费还房贷、车贷；③支持信用卡还款
数米现金宝	数米基金	海富通货币基金	①支持多种货币基金 T+0 交易；②赎回资金实时到达客户的银行账户而非备付金账户；③在数米基金网上可选择投资上千只基金
众禄现金宝	众禄基金	海富通货币基金	①支持货币基金 T+0 交易；②可选择投资上千只基金
收益宝	同花顺	广发货币 A 等 8 只货币基金	①支持多种货币基金 T+0 交易；②8 只货币基金可供选择

资料来源：基金公司网站、媒体材料。

目前国内的网络理财工具从本质上而言是基于货币基金销售渠道和方式的创新，具备以下两个特点：第一，网络理财工具兼具活期存款的灵活性和定期存款的高收益性，集储蓄功能和理财功能于一身，其收益率通常超过银行活期存款收益的几倍或十几倍，个别理财产品的年化收益甚至超过一年期定期存款收益。第二，网络理财工具相比传统的货币基金销售具有灵活度高和成本低的优势，其通过将账户上的沉淀资金自动转化为购买货币市场基金，而同时又可通过转账支付、网购等方式方便地实现货币基金赎回，在基金交易上具有 T+0、零手续费等优点。

其二，网络投融资产品的逐步发展。

　　网络投融资理财主要由大型非银金融机构发起。此类机构利用其信誉优势，通过引入担保机构，将小额信贷通过网络平台销售给普通投资者。这种模式的兴起，为网络理财提供了全新的创新尝试。其运作模式与互联网 P2P 贷款比较相似，主要区别在于担保公司会对借款人的借款进行全额担保，并负责对贷款用途真实性进行审核和风险控制。这是一种基于"资产 + 担保"的理财创新，同时兼具信用中介和信用创造功能。在追求高收益性的同时，具备流动性高、资金安全有保障等特点。

　　1. 余额宝的运作模式

　　余额宝是支付宝公司与天弘基金公司合作，针对支付宝账户备付金推出的一项增值服务。实名认证的支付宝用户可以把支付宝备付金转入余额宝，快捷地购买天弘基金公司嵌入余额宝内的增利宝货币型理财产品（以下简称增利宝），从而获得相对较高的收益。同时，余额宝内的资产保持流动性，客户随时能用于网上购物、支付宝转账等，不影响客户的购物体验。用户资金转入转出方便快捷，在享受投资收益的同时，可随时用于消费。

　　根据官方数据，截至 2013 年 12 月 31 日，余额宝客户数 4 303 万人，规模 1 853 亿元，为国内最大基金，到 2014 年 2 月 14 日，余额宝规模进一步增加到 4 000 亿元。除了总规模，户均持有金额也从刚上线的几百元逐渐增至第四季度末的 4 307 元。户均持有金额与急速蹿升的总规模反映了用户的信心与市场的认可。

　　余额宝 = 支付宝 + 货币基金。余额宝本质上是一个基金直销产品，天弘基金公司把其发行的增利宝嵌入支付宝的余额宝进行直销。余额宝在运营过程中涉及三个直接主体：支付宝公司、天弘基金公司和支付宝客户。其中，支付宝公司是增利宝的一个直销平台和第三方结算工具的提供者，与客户的接口是支付宝，与增利宝的接口是余额宝；天弘基金公司是基金发行和销售者，发行增利宝，并将其嵌入余额宝直销；支付宝客户是基金的购买者，通过支付宝账户备付金转入余额宝或余额宝转出到支付宝，实现对增利宝基金的购买和赎回交易。余额宝对接的是天弘增利宝货币基金，投资于国债、银行协议存款等收益稳定、风险极低的金融产品，其资金最终还是沉淀于银行体系中，从这个角度看，余额宝只是一个渠道，资金仍交给银行经营、运作。不过，互联网时代的资金渠道，却注定会大放异彩。

　　2. 余额宝的业务流程

　　余额宝为支付宝客户搭建了一条便捷、标准化的互联网理财流水线。该流水线中所有业务都通过互联网操作实现，而这些业务的流程又包括实名认证、转入、转出三个环节。

（1）实名认证。支付宝是一个第三方电子商务销售基金的平台，根据2012年12月证监会发布《基金销售机构通过第三方电子商务平台销售基金》业务指引，其中的第十二条规定第三方电子商务平台经营者应当对基金投资人账户进行实名制管理。因此，未实名认证的支付宝客户必须通过银行卡进行认证才能使用余额宝。

（2）转入。转入是指支付宝客户把支付宝账户内的备付金余额转入余额宝，转入单笔金额最低为1元，最高没有限额，为正整数即可。在工作日（T）15∶00之前转入余额宝的资金将在第二个工作日（T+1）由基金公司进行份额确认；在工作日（T）15∶00后转入的资金将会顺延1个工作日（T+2）确认。增利宝对已确认的份额开始计算收益，所得收益每日计入客户的余额宝总资金。

（3）转出。余额宝总资金可以随时转出或用于淘宝网购支付，转出金额实时到达支付宝账户，单日/单笔/单月最高金额100万元，对于实时转出金额（包括网购支付）不享受当天的收益。

3. 余额宝的长尾效应

互联网金融的精髓在于利用现代信息技术，用长尾定律取代了"二八定律"，极大地降低了收集散户资金的交易成本。原来那些在边际之外的、极低的需求与供给，都被聚集起来，进入了边际之内。闲散资金也在长尾效应下汇聚起来，变为滔滔洪流。从这个意义上看，余额宝们，做大了整个资金的蛋糕，并通过货币基金，增加了公共建设与企业贷款。

当下市场利率化改革始终未能真正破局，我国存款利率为3.5%，贷款利率为6.56%，而在实际操作中，真实的利率甚至达到12%、13%，存贷差远远高于西方国家的平均水平。2010年全球大银行排名靠前的美国银行、摩根大通、花旗集团、苏格兰皇家银行、汇丰控股、富国银行、法国巴黎银行、桑坦德银行和巴克莱银行9家国际大银行，净息差平均水平为2.88%。正是在这样高的存贷差之下，2013年上半年，16家国内上市银行净利润总额达到6 191.7亿元人民币。

随着金融改革的不断深入，目前，银行间存贷利差的差距已在减小，为了争夺中长期存款，很多银行上浮了2年期、3年期甚至5年期的定期存款利率。但是，上浮的门槛却不低，根据不同上浮幅度，起始资金要求从5万元至300万元不等，一般散户只能存利率极低的活期。

但余额宝的出现改变了这一切，利用互联网技术，让无数散户可以享受到"银行协议存款"的投资方式，为他们带来更高的资金收益。根据其官方介绍，

2012 年，10 万元一年定期储蓄利息 3 250 元/年，如通过余额宝收益能达到 7 500 多元/年。本质上看，即散户通过投资余额宝，迈过了银行上浮利率的门槛。理所当然，这必然引起存款搬家，根据人民银行最近披露的数据，2014 年 1 月，人民币存款罕见地减少 9 402 亿元，而 2013 年同期该数据是净增 7 499 亿元。与此同时，余额宝在同月增长了 1 500 亿元。

余额宝的成功是平台资源 + 长尾效应。支付宝作为国内最大的第三方支付平台，拥有超过 8 亿注册用户，日均交易额超过 45 亿元，假设每笔交易的周转时间为 5 天，则平均沉淀在支付宝内的资金规模就超过 200 亿元。此外，余额宝门槛低，起始资金 1 元，充值下限 0.01 元，这受到大量不被银行重视的小额资金的青睐。但集腋成裘，这些小额资金也有很强的理财需求，而"余额宝"的出现恰好满足了这一需求。

4. 余额宝的意义

从支付宝的发展战略来讲，余额宝有着历史意义。银行的主要是业务包括"存、贷、汇"三个部分，而以往第三方支付只能做其中"汇"的部分，这是第三方支付和银行的本质区别。但余额宝的推出，标志着支付宝开始由"汇"到"汇 + 存"的转型。支付宝的客户，首先得到的一个信息是，支付宝不但可以消费转账，还可以理财，能够获得收益。对于客户而言，支付宝在功能性上与存款越来越相近。

与其他货币基金一样，余额宝也面临着信用风险、收益风险和流动性风险，并且余额宝中的资金离开支付宝账户体系进入基金公司，对于支付宝来说只能收到一些手续费收入，这并不如拿利息划算。因此，尽管余额宝有着战略性意义，但如果没有强有力的资产端做支持，支付宝也无法做大、做强负债端业务。而余额宝终究是第三方产品的简单嫁接，也只能是支付宝的过渡产品。

5. 余额宝对商业银行的启示

余额宝的推出得到支付宝客户的极大认可，也进一步加快互联网对金融市场的重构步伐。商业银行必须充分重视互联网金融带来的变革，并积极主动创新，采取相应的措施适应市场的变化，在激烈竞争中存活下来。

（1）高度重视互联网"长尾效应"，提升客户活期存款价值。商业银行一直作为我国重要信用支撑机构，是各种金融机构中唯一能吸收活期存款的机构。存贷利润差是银行商业模式的根基，活期存款是银行吸收存款的重要组成部分，也是银行利润的重要来源。从客户管理的角度上看，商业银行却对活期客户的管理投入很少，活期客户属于商业银行的非流行客户，却给商业银行创造了大量利润。根据"长尾效应"，所有非流行的市场累加起来就会形成一个比流行市场还大的市场。长期以来,商业银行在金融政策的保护下,对活期存款只给予活期利息,客户的回报率极低。随着互联网金融逐步打破商业银行在物理和政策方面的天然屏障,以余额宝为代表的互联网基金瞄准银行客户"长尾"市场,开始抢占被商业银行垄断的 16 万亿元活期存款市场。面对互联网基金的竞争,商业银行必须打破传统的垄断思维,敏捷响应市场的变化,提升客户活期存款价值和加强个性化服务,如推出活期余额理财服务。商业银行可以与流动性管理好、历史业绩稳定和优秀的基金公司合作,为客户进行活期余额理财服务,加强客户个性化服务。商业银行应当围绕自身的系统和业务优势,可推出比如活期余额自动申购、短信赎回、线上/线下购物和还款业务自动赎回等第三方机构无法开展的独特业务。商业银行通过活期余额理财服务,不但可以增加客户黏性,提高客户的忠诚度,保持"长尾"市场份额,而且还可以吸引增量和增加中间业务收入。目前,广发银行和交通银行分别推出了类似余额宝业务的"智能金"和"快溢通"业务。

(2)挖掘互联网渠道的潜力,提高基金代销和理财产品的服务效益。金融业务易于数字化,因此利用互联网进行金融服务具有天然的优势,比如服务易于创新、交易成本低廉、操作流程便捷和营销渠道无缝绑定等。余额宝在基金销售渠道和小额理财方面进行的创新,归功于对互联网渠道的成功挖掘和利用。以余额宝为代表的互联网金融业对商业银行在基金代销和理财产品业务造成的冲击日益显现,给商业银行带来了很大的挑战。商业银行的传统优势在于丰富的管理经验和强大的系统资源,具备第三方机构无可比拟的国家信用及资金安全保障。商业银行应当尽快利用传统优势与互联网金融优势结合,提高基金代销和理财产品的服务效益。在理财产品方面,商业银行对于低收益无固定限制的理财产品可以采取提高收益率、降低购买门槛、宽松申购与赎回的时间等措施保持客户的稳定性;对于中长期固定期限的高收益产品,在销售模式上,银行可以借鉴互联网金融的 P2P 模式,并允许客户对持有未到期的理财产品份额有条件转让,提升客户的产品体验和价值。在基金代销方面,商业银行可以建立一个社区化的基金代销平台,定期发布基金购买的指导建议,引导和激励客户在平台共享和交流购买基金的体会、经验和建议,通过价值共建的营销模式进行代销基金。

(3)制定大数据经营战略,打造联盟电商平台。阿里小贷和余额宝是互联网金融模式最成功的产品代表,成功的关键在于阿里巴巴公司积累客户十年交易的大数据及对大数据有效分析和挖掘,既准确把握客户的金融服务需求,又有效控制了风险,这说明大数据已成为电子商务时代金融的核心。商业银行在金融市场互联网化进程中，非常注重互联网金融创新，但是由于缺少判断客户信用的大数据，特别是中小企业的商务数据积累，导致其互联网金融创新难有突破。2007 年，工商银行和建设银行与阿里巴巴公司进行合作，共享阿里巴巴公司小企业信用数据，这说明电商数据对商业银行的价值。但最终双方在预期上的分歧较大，合作于 2010 年终止。建设银行充分意识到，没有客户电子商务数据的积累，在未来的创新与竞争中就会处于劣势，于是决定跨界电商业，推出了建设银行"善融商务"电商平台。接着，交通银行则推出"交博汇"，民生电商平台也在紧锣密鼓的筹建之中。商业银行通过跨界电子商台来实现大数据经营，重新夺回互联网金融业主导权的重要战略。但电子商务平台在交易聚积及维持上难度极大，加上电商企业已先入为主，凭单个商业银行力量在短期之内难以成功。商业银行间可以借鉴小商业银行的"柜面通"模式，利用客户资源和系统优势，共建设、共推广和共享用一个联盟电子商务平台，快速聚积交易，为未来积累客户的电子商务数据，在将来与第三方机构金融业务竞争中获得主动权。同时，商业银行要积极培训既懂金融又懂大数据挖掘的人才，只有靠大数据挖掘人才对积累的业务大数据进行科学的管理与分析，为商业银行经营提供有效的决策数据，才能保证商业银行在互联网时代实施大数据战略中获得源源不断的动力。

从现实来看，互联网技术在小微企业及个体工商户资信识别方面有着比传统银行信贷方式更为经济的优势，因此互联网金融的切入点正是这些领域：高频小额支付、小微企业贷款、个体户及个人信用贷款等，并借助移动互联网技术的飞速发展，取得了不凡的成绩。但是，各种互联网金融模式的最终落脚点仍然是金融。金融是一种特殊的商品，它带有商品特征的属性，也带有非商品特征的属性，就是极大的风险属性。商品的销售是以产品售出为生命终结的，而金融商品则是在销售之后才开始生命历程，是以商品的安全收回才为目的的，一旦第一步走出去之后，就很难停得下脚步来。这也就归结到金融的根本属性：风险性。好的金融模式，必然是对风险和收益的恰当制衡。近期 P2P 网贷平台出现的"倒闭潮"已经给互联网金融敲响了警钟。

制度则是未来互联网企业向金融发展的另一重要阻力。目前由于对银行牌照仍然属于封闭状态，互联网企业只能是往贷款公司、担保公司等准金融形态发展，而这些行业里，甚至连监管主体都并不明晰。比如，在河南，担保公司和小贷公司作为"准金融机构"归属工信厅管理，而在其他一些区域可能是工商局或者金融办来管理。监管不明晰、法规不明确带来的是对于互联网金融迅速扩张的制约。因此，互联网金融能保持现有发展态势，一方面得益于互联网技术对于传统金融工具的经济化改造，拓展了传统金融工具的适用领域，满足了传统金融机构难以满足的需求，比如贷款小微化、支付碎片化等；一方面离不开监管的暂时缺位，使理念和技术创新能够较多地适用于行业；另一方面也离不开较小的自身规模，使得风险的外部性能够得到有效控制。

但以上几方面从另外的角度去看，却是对于互联网金融发展的威胁。首先，传统金融机构同样可以利用互联网技术对于自己的产品进行改进，如郑州银行在小微企业贷款运用的德国 IPC 微贷模型，又如建设银行推出的"善融商务"电商平台；其次，监管的逐步完善会提高行业的准入门槛、限制行业的准入领域，并遏制行业的创新；最后，当行业发展到一定规模时，样本容量的增大会带来极大的风险外部性，因此互联网金融的大多数模式都存在着一定的"风险规模"，如何把控这个"风险规模"将成为互联网金融公司需要实践的重要因素。

综上所述，互联网金融实质上是互联网技术在传统金融领域的运用，互联网金融的核心仍然是金融，而互联网仅仅是一种"工具"，一种可以使金融服务更为平民化、多样化与个性化的工具。而互联网金融公司与传统金融机构相比，在风险把控、资本和人员实力、对金融本质的理解方面还是有着较大差距。因此阿里巴巴等互联网金融公司作为掌握互联网数据的一方，更明智的选择是与传统金融机构合作，作为金融服务商而非金融机构参与到业务中。

第四章　互联网金融对商业银行的机遇

　　商业银行必须高度重视互联网金融带来的机遇和挑战，一方面立足自身实际和竞争优势，制订分步实施的互联网金融发展行动计划，快速抢占互联网金融市场的先机。另一方面，也要从经营管理的各个层面，积极推动商业银行向智能化互联网银行的转型，进一步增强商业银行在互联网经营环境下的综合竞争力和可持续发展能力。

　　而事实上，商业银行其实是最早应用互联网技术的行业之一。20 世纪 90 年代中后期，伴随着互联网潮流的兴起与迅速普及，商业银行纷纷加快了电子化进程，互联网银行的兴起更是其中最具代表性意义的标志性事件。1995 年 10 月，美国 Security First Network Bank（SFNB）问世，成为全球第一家真正意义的网上银行，标志着全新银行服务模式——互联网银行（网络银行）的诞生。SFNB 是一家纯网络银行，脱离传统具有物理介质的实体银行模式，完全依赖 Internet 进行运营。自 SFNB 银行诞生之后，在短短的几年内，全球排名前 1 000 家的大银行中有 800 多家开设了网络银行业务。[①] 相关统计数据显示，继 SFNB 银行之后，美国各地网上银行数量、资产及客户数在 5 年时间内增速就远远超过了传统银行，覆盖了除现金业务以外的所有零售业务（见表 4 - 1）。

表 4 - 1 　　　　　　　　　1995—2000 年北美网络银行的 20 项创新[②]

序号	日期	创新
1	1995.5	Wells Forgo 是世界上第一个提供 Web 通道的银行
2	1995.10	Security First Network Bank 是第一个开始提供全面服务的网络银行品牌
3	1996.3	BayShore Trust（Canada）是世界上第一个提供在线实时贷款的银行
4	1996.3	AT&T 是第一个为信用卡持卡人提供在线欺诈保护的网络金融机构
5	1996.7	Britton & Koontz First National Bank 第一个开始提供触发式电子邮件提醒系统

[①]　网络银行：何时问鼎中国金融市场 [OL]. 2006. www.eduxue.com.

[②]　李君. 网络银行的中外比较、发展趋势及策略选择 [J]. 金融论坛，2002（6）：47 - 51.

序号	日期	创新
6	1997.1	Beneficial Finance 在美国第一个提供实时小额贷款
7	1997.3	Bank of Montreal 开始提供实时抵押贷款
8	1997.7	E–Loan 开始提供在线抵押经纪人业务
9	1997.8	People First Finance 最早开始提供空白支票自动出借业务
10	1997.8	River City Bank 为其网站增加个人金融服务功能
11	1997.8	Qspace 首先提出了在线信用局报告
12	1997.12	NestCard 开始提供网上信用卡服务
13	1998.4	OneCore 开始为小企业提供在线优化服务
14	1998.6	Lending Tree 开始为拍卖市场提供零售贷款
15	1998.10	Compu Bank 第一个开始提供基于 Web 的银行内部资金转账系统
16	1999.3	Cyberbills 是第一家为企业提供审查支付账单的网络金融机构
17	1999.11	PayPal 开始提供电子邮件支付系统
18	1999.12	X.com 是第一家提供银行服务与价值投资（与共同基金指数挂钩）综合服务（无缝集成）
19	2000.7	Citibank 开始提供银行账户综合服务（银行品牌）
20	2000.8	Deep GreenBank 开始提供实时住宅净值贷款

资料来源：网上银行报告（*Online Banking Report*），2000.12。

在国内，中国银行业积极探索金融服务与信息技术的相互融合，是国内最早应用互联网技术的行业之一。1996 年 6 月中国银行设立网站，开始探索通过互联网向社会提供银行服务。1997 年年初，招商银行也积极试水互联网，开通了网站，成为中国银行业最早的域名之一。随后招商银行推出网上银行"一网通"品牌，逐步向公司和个人提供信息查询、银企对账、代发工资、网上购物等金融服务。

中国银行业积极探索互联网金融服务，拉开了网上银行发展的序幕。按照历史发展进度和服务内容特征，中国银行业网上银行发展大体可以划分为以下四个阶段（如表 4–2 所示）。

表 4 - 2　　　　　　　　中国银行业网上银行的主要发展历程

发展阶段	时间划分	主要特征	特征说明	典型案例
第一阶段	1996—2000 年	开立网站，探索尝试发展网上银行	商业银行网上银行发展以自建门户网站为主，主要用途是作为信息发布渠道	中国银行、招商银行等建立网站
第二阶段	2000—2005 年	网上功能逐步丰富，传统业务上网	各商业银行迅速丰富网上银行产品及服务功能，把传统柜台业务移植到互联网上	招商银行一网通等
第三阶段	2005—2011 年	对接其他行业网络，尝试业务创新	除了把传统业务搬到网上办理，还积极尝试各种创新，开展了银企直联、网上炒汇、银证通、代缴费等新业务	
第四阶段	2011 年至今	把握信息技术，主动全面金融创新	积极借鉴第三方支付、网络投融资等，主动发力手机银行、移动支付、网络贷款、智能银行等	招商微信银行、广发智能银行等

　　从最初试点开办官方网站，到网上银行服务功能递次开发、业务范围不断扩大，从主动对接其他行业/企业网络、探索网上银行专属产品创新，再到今天网上银行的大规模应用、手机银行的快速普及，金融服务新模式层出不穷，这既是商业银行主动探索互联网化服务的不断尝试，更是契合了互联网技术进步的阶段性特征。

　　因此，伴随着信息技术的不断发展和互联网应用的迅速普及，互联网金融对于商业银行来说是又一次腾飞发展的重要机遇。例如，从早期的通存通兑、跨区域业务办理，到借记卡和信用卡的普及，再到目前快速创新的二维码支付、移动支付、微信银行等，这些都是商业银行主动应用互联网技术的典型案例。

一、推动商业银行发展模式的转变

　　互联网金融发展为商业银行提供了可持续的发展空间和动力，是商业银行的重要发展方向。商业银行利用互联网金融模式，可以深度整合管理和业务模式，拓展服务渠道和客户基础，提升客户服务质量，有效应对互联网公司金融服务给传统金融格局带来的冲击，获得新的发展机遇。

（一）有利于商业银行发展战略的调整

1. 促进商业银行调整发展定位

互联网金融的发展使得客户降低了对商业银行支付中介和信用中介功能的依赖度。同时，客户对更为个性化和多样化的综合性金融服务需求在提升。针对这种需求上的变化，商业银行需要及时调整发展定位。一是巩固支付中介职能。商业银行应优化传统产品和服务，升级技术手段，增进客户体验，特别是应加快移动支付和互联网银行的发展，充分发挥电子渠道在满足客户需求、降低运营成本、提高服务效率和促进网点转型方面的积极作用。二是提升融资中介职能。通过现代信息技术，实现对客户的物流、资金流和信息流"三流合一"式的管理，帮助企业打通供应链的各个环节，成为财务全能管家，由单一产品和服务模式转变为综合服务模式。三是转变业务拓展思路。金融机构应放弃过去那种以单个机构的实力去拓展业务的战略管理思想，充分重视与其他金融机构、信息技术服务商、资讯服务提供商、电子商务网站等的业务合作，不断创新产品和服务，达到在市场竞争中双赢的局面。

2. 有利于商业银行优化管理模式

商业银行可利用信息管理的手段，加强对各类数据的分析总结，实现信息技术的应用由业务操作层向经营管理层、决策层转变。传统的垂直官僚式管理模式将有可能被互联网化的扁平组织结构所取代。管理信息化将促进信息技术发挥对商业银行业务发展管理的辅助作用，有利于商业银行转变管理模式，把握发展机遇。

3. 有利于商业银行拓展客户基础

譬如，传统支付方式无法满足电子商务的要求，而线上支付由于空间的距离，又难以做到一手交钱一手交货，虚拟账户（支付宝、财付通等）的出现就解决了这个问题。通过虚拟账户交易，由第三方支付承担信用中介的责任，从而促成交易的完成。阿里金融依靠电子商务和虚拟账户，创造了新的市场，并改变了游戏规则，成为新市场的主体。电子商务的发展创造了新的应用场景，由于买卖双方无法进行面对面的交易，传统的 POS 机刷卡无法在新场景中得到应用，而支付宝依靠虚拟账户不但解决了电子商务交易中的信用问题，并且摆脱了线下支付中对于银联和银行结算系统的依赖，彻底掌握了客户和账户。阿里巴巴 2004 年创立支付宝，目前其年交易额已经接近 2 万亿元，注册用户达到8 亿户，占据了第三方支付的半壁江山。目前除淘宝和阿里巴巴外，支持使用支付宝交易服务的商家已经超过 50 万家，涵盖 B2C、网游、航空旅游酒店、教育缴费、公共事业缴费、传统行业（物流、保险等）、海外商户等领域。

截至 2012 年年末，全球互联网用户达 24 亿人，我国互联网用户为 5.65 亿人，网购人数 1.93 亿人。发展互联网金融有利于商业银行进一步扩大客户基础。一是与电子商务对接发展网购客户。在互联网金融模式下，商业银行可以通过构建电子商城或者与电商合作，开发相应的银行金融产品（如分期付款等），发展网购客户。二是提供增值服务吸引新客户。通过提供数据托管、代理报表、财务顾问和投资咨询等诸多信息服务，吸引新客户。三是顺应互联网发展趋势吸引年轻客户。互联网的客户群体平均年龄不断下移，商业银行创新互联网金融产品和服务，满足互联网年轻客户群的需求，不仅有利于拓展现有客户基础，而且有利于把握未来发展机遇。

（二）有利于商业银行经营模式的变革

1. 促进商业银行优化业务结构

一方面，互联网金融为商业银行调整客户结构提供信息支持。在金融脱媒背景下，传统商业银行的授信主体——大企业更多地转向直接融资，间接融资需求逐步萎缩。而互联网的飞速发展使商业银行可以充分利用大数据资源和电子商务交易信息，更多地掌握小企业和个人客户的经营行为和信用等级，以超越传统融资方式的资源配置效率，大幅减少交易成本，下沉客户重心。另一方面，互联网金融为商业银行发展综合服务提供业务基础。商业银行具有客户、互联网和信誉的优势，可以有效联合互联网各参与方，整合各种不同的产品，为企业提供支付、融资、现金管理、供应链金融等一系列整体解决方案。例如，可以通过与第三方支付公司的合作，为电子商铺提供融资、现金流、供应链管理等服务，通过与电信运营商的合作，为客户提供移动商务综合化解决方案，通过与管理软件运营商的合作，为客户提供财务管理、企业管理增值服务，通过与教育咨询行业的服务合作，为客户提供出国金融、留学汇款等一揽子服务，等等。

2. 促进商业银行优化渠道布局

互联网金融的商业模式值得银行业借鉴。平台化和虚拟化是大的发展趋势，经营管理从产品驱动到客户驱动。而未来的趋势将会是"客户 + 数据"的驱动。非银行业互联网金融的迅猛发展给商业银行带来的启示和借鉴主要有两大方面。一方面，平台化和虚拟化是大的发展趋势。第三方支付之所以能够发展到今天的规模，最主要归功于它所依附的电子商务平台。正是由于电商平台的存在，才能够聚集客户、商流、物流、信息流和资金流，为第三方支付业务和随后衍生的小额信贷业务提供土壤。商业银行可以借鉴这个模式，打造属于自己的各类平台，通过平台来获得客户和业务。在虚拟化方面，从虚拟货币（Q币等）到虚拟信用卡，非银行业的虚拟金融产品已经在向前发展，商业银行势必需要跟进。另一方面，要充分重视数据以及数据分析的作用。阿里小贷正是凭借数据挖掘所蕴含的核心竞争力，利用基于数据分析的互联网融资模式完成了信贷中介在互联网生态中的转型，突破束缚小微企业融资的信息与成本枷锁。数据已经实实在在地创造了商业价值。商业银行的经营管理从以前的产品驱动已经转向了客户驱动，将来则将向"客户+数据"驱动转变。互联网小贷的成功告诉我们，光有客户是不够的，数据才是关键。拥有客户，不一定能够拥有客户的数据和信息，而拥有数据，则必然会带来客户。

互联网金融的发展为商业银行通过自助机具、网上银行、手机银行实现任何时间、任何地点的金融服务提供了基础，有利于商业银行优化渠道布局。商业银行可以通过配置电子渠道实现偏远区域和非营业时间的金融服务补充。对中小银行而言，通过发展互联网金融，可轻松突破金融服务的地域和时间限制，实现虚拟渠道的跨区域经营。物理网点少、区域性经营的中小银行，可以通过远程银行、智能银行以及互联网融资业务创新，与大银行站在同一起跑线上。

3. 促进商业银行调整营销模式

随着互联网技术和客户基础的发展，以"客户经理+网点+关系"为核心的传统营销模式将转向以数据挖掘、便利性和服务体验提升为主导的营销模式。一是发展与支付中介合作的营销模式。依托互联网建立支付中介平台，与其他资质良好的金融机构、电信运营商、第三方支付企业等广泛合作，丰富平台服务内容，向用户提供一站式的支付服务，开展互联网营销。二是发展以客户便捷度和客户体验提升为核心的营销模式。完善网上银行、手机银行、自助银行等电子渠道服务便捷度，创新推出满足特定需求的网上银行产品和服务，增强客户认知度和忠诚度，并据此扩大客户基础。

4. 促进商业银行优化服务模式

运用互联网技术，商业银行可以挖掘客户现实与潜在需求，并创造相应的商业模式，以此促进商业银行服务模式的优化。阿里巴巴的商业模式被概括为"平台搭平台"。从阿里巴巴（B2B平台）到淘宝网（C2C平台），到支付宝（线上支付平台），到天猫（B2C平台），到阿里小贷，从余额宝（互联网金融平台）到未来的聚宝盘（互联网金融和银行平台），一直围绕着"平台搭平台"的战略发展。其实，平台正是互联网技术与精神的充分运用或体现，平台之所以得以迅速推广做强做大，是因为其能最大限度地满足客户需求，同时又能让各利益相关参与者体验到开放、平等、协作、分享的感觉。平台的价值精髓在于双边市场，其特点在于其需求是交叉网状的，即双方对平台提供的产品与服务具有相互依赖和互补性，平台对于一类客户的价值在于另一类客户的规模。一类客户增加，会吸引另一类客户增加，循环往复，价值不断膨胀。平台的另一个显著特点是多点式扩张，即以客户为核心进行多点扩张，当客户积累到一定程度时其客户会成为其拓展的主体，其成长速度往往是呈几何级数增长的，有如细胞分裂。

因此，商业银行可以借鉴的有两方面：一是以大数据管理为基础提供标准化、专业化服务。互联网金融发展可以使商业银行以企业和个人数据服务为基础，围绕客户的关键业务、财务活动和金融服务需求，获得企业所在行业的经验专长，形成个人客户按资产、年龄、学历等区分的不同客户群体的产品服务方案，为同类客户提供标准化的业务处理和金融服务支持。二是深度洞察客户潜在的金融服务需求，向客户提供更有针对性的综合金融服务方案。比如，银行可为供应链的上下游企业提供从采购到支付的全流程处理支持，实现客户业务流程中银行的支付结算、信贷支持、现金管理等全流程配套服务。

（三）有利于商业银行综合经营的完善

备受争议的余额宝，虽有违个人理财须 5 万元以上等规定，也尚未获得准入许可，但其精于发现资金套利机会，而借助互联网技术与精神，开发相关金融产品，这一点仍值得金融系互联网金融学习借鉴。余额宝的本质就是让支付宝用户购买了一款货币基金，使其不但能获得货币基金投资收益，同时余额宝内的资金还能随时用于网上购物、支付宝转账等支付功能。因此，余额宝具有高流动性和较高收益的特点。支付宝作为国内最大的第三方支付平台，拥有超过 8 亿注册用户，日均交易额超过 45 亿元，假设每笔交易的周转时间为 5 天，则平均沉淀在支付宝内的资金规模就超过 200 亿元。此外，余额宝门槛低，起始资金 1 元，充值下限 0.01 元，这受到大量不被银行重视的小额资金的青睐。但集腋成裘，这些小额资金也有很强的理财需求，而余额宝的出现恰好满足了这一需求。

而互联网等信息技术大大降低了金融通讯与金融数据处理成本，突破了时间和空间的限制，正在逐步改变我国商业银行的经营方式，为从分业到综合化经营提供了有力的技术支持。电话银行、手机银行、自助银行和网上银行的服务功能不断增强，特别是"银证通"、"银保通"、"银期通"等对接系统的应用，更为跨行业合作打开了信息处理的技术通道，为我国商业银行的综合化经营提供了支撑平台。

　　未来，不同的产品和服务可能整合在银行综合平台之中。商业银行可以通过与其他金融机构分工协作，甚至是兼并收购的方式，在核心功能基础上扩展自身的边界，强化综合化金融服务优势，增强金融服务功能。

二、提升商业银行的金融服务能力

　　非银行互联网金融是对金融生态的有益补充和商业银行各有优劣，双方同时存在竞争和合作关系。商业银行应当从互联网金融的优势方面来提升自己，利用互联网金融的劣势去获得合作中的话语权。商业银行在与非银行互联网金融的竞争和合作当中，非常有必要搞清楚双方的优势和劣势所在，从而拟定进退策略。

（一）促进商业银行支付与清算的变革

1. 支付全渠道化、智能化

　　非银行互联网金融的主要优势在于方便和便宜。为什么使用第三方支付来购物、付账单、还信用卡等会比银行方便和便宜？最主要的原因在于商业银行之间以及商业银行和大型商户（水电煤公司等）之间的互联互通做得比较差，客户资金跨行流动的成本较高，比如跨行还信用卡需要手续费等。此外，第三方支付的交易平台型支付模式提供了安全保障（比如，使用支付宝交易时，先确认收货才打款），这一点银行账户在网购时不能很方便地做到。主要的劣势有三个方面。一是第三方支付公司毕竟不是银行，客户并不放心将大笔资金长期放在平台账户当中。二是不能为客户的平台账户资金提供利息收入。三是监管层对平台账户资金的运用还有诸多的顾虑和限制。

　　支付是商业银行基本的金融功能之一。在互联网信息时代，商业银行对支付工具加大投入，日益注重客户体验，其支付功能呈现出全渠道化、智能化的变革趋势。

　　一是全渠道化。客户要办理转账、汇款等支付业务，除了可以在传统的银行物理网点办理，还可以通过自助设备、网上银行、手机银行、电话银行、电视银行等电子渠道办理。凭借突破时空限制的便利和成本优势，电子渠道支付快速成为主流。当前发达国家超过90%的金融交易是通过电子银行渠道完成的，国内多家银行也超过了50%，而且占比还在不断增长。随着 WiFi、3G 等技术发展，三网（互联网、移动通信网、广播电视网）融合加强，移动支付将与银行卡（信用卡、借计卡）、网上银行等电子支付方式进一步整合，真正做到随时、随地以各种方式进行支付。

二是智能化。随着远程视频、指纹、虹膜等身份认证技术以及数字签名技术等安全防范软件的发展，移动支付不仅应用于日常生活中的小额支付，也能解决企业间的大额支付，替代现金、支票等银行结算支付手段。"云计算"的运用将保障移动支付的高效运行。另外，银行与客户的互动性大为增强。例如，近期多家银行推出的"微信银行"，通过微信端口与银行端口进行衔接，能直接通过微信输入指令，进行账户咨询、还款、投资、支付、贷款等银行业务办理，进一步拓展和丰富了先前已有的交互渠道和交互方式。

2. 支付清算更为高效、统一

随着互联网金融的发展，支付清算系统呈现出如下显著发展趋势：一是现金、证券等金融资产的支付和转移更多地通过移动互联网进行（包括手机和平板电脑等终端）；二是支付清算高度电子化，效率很高，通过 NFC 手机近场支付、手机二维码支付等产品及流程创新，日常生活中的支付变得非常便捷，社会中现钞流通量极少；三是商业银行与第三方支付机构、通讯运营商、互联网企业等参与支付服务市场，逐渐形成商业银行与支付服务商优势互补、合作共赢的竞争格局；四是支付基础设施现代化程度不断提高，具有国际先进水平的支付系统，成为不同市场主体之间畅通资金往来、实现信息互联的大道通，也为市场主体开展业务创新提供了有效支持。

（二）有利于商业银行提高信贷服务效率

小额信贷方面，互联网金融的优势在于电子商务平台积累的海量数据，对互联网数据进行挖掘所得到的逻辑与规律信息，要比现实中发布的企业数据更具真实性，经过计算后得到动态的风险定价和违约概率分析结果，可将风险管理的成本降至最低。互联网小额信贷可以用较低的成本来大量拓展客户，而且贷款的审批和发放都远比银行来得快捷。其主要劣势在于放贷资金的来源比较有限，难以做大规模。商业银行最大的优势在于银行的牌照，以及由此衍生的吸存能力、提供各类金融产品的能力、风险管理的能力、清算系统的接口、IT技术实力、网点渠道、公众的信心等。最大的劣势在于以低成本服务于小微客户的能力以及对平台客户的数据缺乏掌控。

互联网金融的技术进步，一方面，使商业银行能以低成本提供新的信贷产品和服务，提高信贷投放效率。对于某些客户，从其申请贷款到贷款审批、获贷、支用以及还贷，整个信贷环节基本可以在线上完成。一些银行还进行了全国集中审批及放款作业模式创新，由总行集中负责贷款资料录入、审批、放款等贷款中后台操作，在客户资料齐全的情况下大幅缩短贷款审批周期。另一方面，依赖强大的数据收集、存储、挖掘、加工、分析和应用能力，有助于商业银行解决信息不对称和信用问题，提供更有针对性的特色服务和更多样化的产品。交易成本的大幅下降和风险分散提高了金融服务覆盖面，尤其是使小微企业、个体创业者和居民等群体受益。

目前，互联网金融在助推商业银行信贷业务拓展上主要体现为：一是利用互联网金融技术推出"互联网循环贷款"等产品，通过专属融资产品满足小微企业等客户融资需求，并构建"小微信贷工厂"的运营模式。二是与电商合作推出在线互联网贷款产品。例如，招商银行推出"敦煌网生意一卡通"，平安银行携手 eBay 推出"贷贷平安商务卡"，等等。三是围绕核心企业开展供应链融资业务，为专业市场、产业集群内的小微企业提供服务（特别是全线上一站式服务）方案，扩展客户基础。

商业银行融合互联网技术，不仅仅大幅节约了运营成本，而且对业务流程实行再造，从而实现了跨越式发展。例如，网上银行就具有明显的成本优势。美国银行业的一项调查表明，通过传统网点进行交易的单笔成本为 1.07 美元，通过电话银行进行交易的单笔成本为 0.54 美元，通过 ATM 进行交易的成本为 0.27 美元，而网上银行的交易成本则为 0.1 美元（见图 4 – 1）。

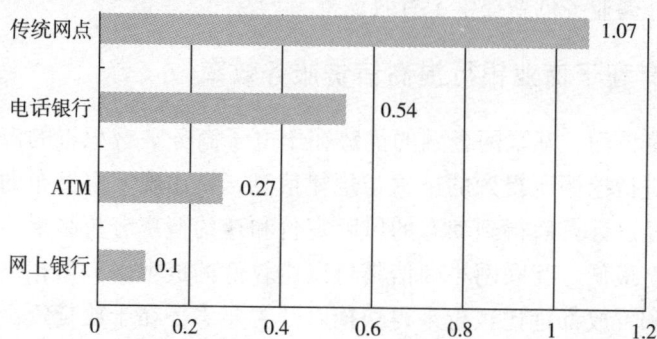

资料来源：媒体披露，美国银行业调查数据。

图 4 – 1　美国银行业统计的不同渠道单笔交易成本

网上银行不仅能主动分流柜面业务压力，大幅降低运营成本，同时也显著提升了客户体验，实现了业务快速发展和腾飞。2012 年年报显示，众多商业银行电子化替代率普遍已经达到或接近 70%，部分银行甚至高达 80% ~ 90%（见表 4 – 3）。

表 4 – 3　　　　　　　　部分商业银行电子银行替代率情况

银行名称	电子银行交易替代率（渠道替代率/交易分流率）		
	2012 年	2011 年	提升幅度
工商银行	75.10%	70.10%	5.00%
建设银行	72.99%	67.39%	5.60%
中国银行	—	67.78%	—
农业银行	67.80%	62.61%	5.19%
交通银行	73.17%	66.44%	6.73%
招商银行	90.66%	86.57%	4.09%
中信银行	85.87%	67.68%	18.19%
浦发银行	79.74%	78.00%	1.74%
民生银行	90.35%	超过80%	—
兴业银行	71.84%	65.20%	6.64%
光大银行	64%	—	—
平安银行	接近60%	—	—
广发银行	82.56%	71.92%	10.64%

注：招商银行、中信银行选用个人电子银行交易笔数替代率。

资料来源：各银行年报。

有利于提升客户体验，促进业务增长。互联网融资业务开辟银行全新的互联网营销渠道，构建在线交流互动平台，客户自助式在线申请简化了客户业务办理流程，满足客户足不出户便能享受融资服务的要求，大大提升了客户体验。同时，随着电子商务在企业日常经营中的常态化，基于电子商务交易信息的互联网融资将推动银行信贷业务的快速增长。

有利于客户信息收集，防范信用风险。借助互联网融资平台及各类互联网信息资源，可以多渠道多途径收集并验证客户信息，有利于防范化解由于客户间信息不对称所带来的信用风险。

有利于提升经营实力，增强市场竞争力。大力发展互联网融资业务，是银行加快传统业务电子化步伐的必然举措。开展互联网融资业务，将为银行传统业务带来新的突破口，实现资产、负债及表外业务的相互促进、共同发展，进一步提升银行业经营实力及市场竞争力。

（三）有利于商业银行搭建金融服务平台

平台化是"开放共享、合作共赢"的互联网思想在商业运用上的具体体现。

平台搭建者通过规则制定与信息资源整合，能够建立一个互联网商业生态系统，在做大整个产业蛋糕的同时，自身建立起核心竞争优势。阿里巴巴集团通过提供连接买卖双方的互联网交易平台的商业模式，成功地创建了阿里巴巴、淘宝、天猫等超级商业平台。随着移动互联网技术的快速发展，尤其是智能手机快速普及和可穿戴移动识别介质的不断发展，中国互联网接入方式呈现全新局面，为互联网金融服务创新注入新的元素。中国互联网信息中心（CNNIC）报告显示，截至 2012 年 12 月末，中国手机网民规模达到 4.2 亿人，网民中使用手机上网的人群占比由 2011 年年末的 69.3% 提升至 74.5%，首次超越台式电脑，成为我国网民的第一大上网终端。移动互联网市场的巨大发展潜力迅速彰显出来，为商业银行金融服务创新提供了广阔的空间。①

在互联网金融浪潮的冲击下，借鉴阿里巴巴的成功经验，国内多家银行在积极探索搭建金融服务信息平台的商业模式。例如，空中银行、手机银行、微信微博银行、网上贷款等服务，为互联网金融服务注入了新的创新元素。同时，中国银行业加强与互联网运营商、电子商务公司等行业合作，实现跨界融合，探索出多种服务新模式。除了常见的信用卡商城这一电商模式，近期多家银行纷纷自建电商平台（包含供应链金融平台，见表 4-4），包括建设银行的"善融商务"、交通银行的"交博汇"、中国银行的"云购物"、华夏银行的"平台金融"、中信银行的"电商支行"、农业银行的"E 商管家"、平安集团的"陆金所"，等等。②

其中起步较早、较为典型的是建设银行的"善融商务"。"善融商务"是国内首个银行业电商平台，通过建立信息流、资金流、物流的整合平台，参与供应链流程服务，满足客户从支付结算、托管、担保到融资服务的全方位需求。为从源头上获取客户资源以及物流、资金流信息，建设银行于 2012 年 6 月推出了电子商务金融服务平台——"善融商务"。该平台核心目的是：以建设银行客户资源和品牌资源为依托，为参与"善融商务"的企业和个人客户提供更便捷、更实惠、更全面的金融服务，包括产品信息发布、在线交易、支付结算、分期付款、信贷融资、资金托管、房屋交易、投资理财等专业服务。该平台充分结合银行金融产品优势，通过对终端客户提供免利息免手续费的分期付款、对商家免收平台费用、实施高性价比的定价策略建立了渠道运营优势。截至 2012 年

① 中国互联网信息中心（CNNIC）. 第 31 次中国互联网络发展状况统计报告［R］.
② 民生银行出于银行内部通常不具备互联网开放、容错的精神和匹配的激励机制，以及规避关联交易、利益输送方面的考虑，探索在银行外部成立电商公司。

年末，"善融商务"拥有会员超过百万，入驻商户数目过万；企业商城累计成交35亿元，商户融资近10亿元。未来，"善融商务"将进一步整合信息流、资金流、物流，利用自身传统金融服务优势，满足客户日益增长的多样化需求，为客户提供一站式的全面服务。"善融商务"将在改善建设银行客户结构、盈利结构，加快战略转型，增强可持续发展能力等方面发挥重要作用。

除此之外，交通银行推出淘宝旗舰店，提供贵金属在线成交、基金、保险、个人/小企业贷款、贵宾客户服务、借记卡/电子账户在线申请等六类产品。光大银行打造"阳光营业厅"，打造"互联网里的光大银行"。广发银行整合信用卡、货币基金、储蓄账户，推出了"智能金账户"服务。中信银行成立互联网银行部，推出"金融商城"等。平安集团控股"陆金所"的创新模式更为大胆，"陆金所"不仅演变为借贷平台的组织者和信用风险的担保人，而且成为整合银行、证券、保险、信托等金融业务的资产管理组织者。传统金融业开始意识到数据和客户的重要性，开始争夺以往看起来不入眼的小额、零散客户，未来的金融业态可能朝着混业和全产业链方向发展，在这个过程中，商业银行需要结合自身优势，创建互联网渠道竞争力。①

商业银行搭建电商平台具备雄厚的资本、成熟的风控体系、数十年的数据积累、稳定优质的客户基础等优势。互联网"大数据"技术的发展，使得商业银行能运用科学分析手段对海量、多样、高速传输的数据进行分析和价值挖掘，通过对客户在平台上的交易信息进行数据处理，为其提供有效的金融服务，通过充分了解消费者的消费习惯和行为特征，推出更加多样便捷的金融服务，带动金融效率的提升和服务成本的下降。目前，已有银行在筹划"大数据"金融战略，努力从传统的融资中介、支付中介向信息服务中介转变，建设高度发达的"信息化银行"。

表4-4　　　　　　　　　商业银行涉足互联网金融情况概览

商业银行	积极探索互联网金融众多服务领域
工商银行	2013年7月推出微信银行；"融e购"电子商务平台于2014年1月12日正式营业
建设银行	2012年7月10日上线电子商务服务平台"善融商务"，会员超过十万人
中国银行	电商战略电子商务云服务；探索"智慧银行"，客户服务线上迁移
农业银行	试点运行电子商务销售支付平台，5 000余家企业

① 陈海强. 互联网金融时代商业银行的创新发展［J］. 宁波大学学报：人文科学版，2014（1）：109－112.

商业银行	积极探索互联网金融众多服务领域
交通银行	2012 年 6 月 27 日，电子商务平台——"交博会"陆续开放；2012 年 7 月 23 日，开通交通银行淘宝旗舰店模式，首期 6 个频道
平安集团	2011 年 9 月成立的非标金融资产交易服务平台"陆金所"
中信银行	成立互联网银行部，推出"金融商城"，推出 POS 网贷、网上个贷等服务
光大银行	打造"互联网里的光大银行"，推出网上营业厅、定存金等
华夏银行	打造"华夏龙网"整体服务品牌；构造"B2B 网上支付业务七大模式"
广发银行	推出智能金账户、微信银行、移动支付、网上贷款申请等服务
民生银行等	牵头成立"亚洲金融联盟"，联合联盟成员建立电子商务平台；2014 年 2 月 28 日，民生银行直销银行正式上线

资料来源：根据各家商业银行官方网站材料整理。

三、提高商业银行的创新能力

互联网与金融相互渗透转化，金融互联网化和互联网金融化的趋势日渐融合，这一发展趋势对商业银行的创新能力提出了更高的要求，同时也为商业银行业务创新、管理创新和产品创新创造出更多机遇、提供了更强动力。商业银行用互联网思维来做金融，深化电子银行创新和服务模式创新，优化业务流程，结合和运用互联网来拓展金融的边界和市场，加深与互联网企业的合作，从而有效提升创新能力，并进一步拓展发展空间。

（一）创新以信息技术为载体的金融产品和服务

商业银行传统业务受到互联网金融的冲击，在更深层次体现为商业银行运行机制的改变：在计算机技术、数据处理技术、社交互联网技术等的支撑下，互联网改变了金融客户的行为习惯，使其行为特征表现出从众、自助、注重体验、充分利用碎片时间、关注便捷的同时也关注安全等新特点；随着搜索引擎、云计算、大数据等互联网技术的发展，交易信息可得性增强，商业银行的信息成本、交易成本将大幅降低；对交易行为和信息数据进行深层次挖掘和研究，可以促进商业银行做到精准定位和营销，创新开发高附加值的增值业务。因此，在互联网金融时代，信息互联网技术的高速发展为商业银行以之为载体推动研发创新提供了前所未有的机遇。

互联网和金融业呈现出双向渗透、互相促进的整体演进趋势。一方面，信息技术的快速变革使得互联网应用向金融体系快速渗透，改变了金融体系的客户接触和服务的渠道模式、资产定价模式、风险管理模式、资源配置模式以及支付清算模式；另一方面，金融体系的互联网化使得交易信息变得更透明、风险控制成本更低、运营效益更高。

从目前互联网技术变革趋势分析：首先，搜索和云计算的后台智能技术的发展，使得用户识别更加精准。以往金融系统不完整的客户信息，尤其是用户行为信息在互联网后台技术，尤其是数据挖掘技术应用的带动下，使得对客户的金融交易信息、行为偏好分析乃至消费和产品偏好分析变为现实，用户推广成本空间降低而用户适配能力空前增强，用户价值经营空前提升。其次，移动支付技术的广泛应用，使得交易场合更加便捷，各种近程和远程手机支付手段的普及使 3A（Anybody、Anywhere、Anything）模式的交易成为现实。最后，社交网络的应用使得平台化应用变成众享、众制模式，信息透明变得更加容易乃至成为不可逆转的趋势，移动微博方式使得信息传播速度呈几何级数增长，"自媒体"成为趋势带动"自金融"成为可能。①

第三方支付之所以为客户所接受甚至青睐，很重要的一点即其注重满足客户便捷性需求的创新。比如，2012 年 12 月，支付宝推出二维码收款业务，实现 P2P 付款，利用支付宝手机客户端的扫码功能，扫描代表对方身份与账户信息的二维码，即可利用通过支付功能包装的手机转账功能完成付款。腾讯公司将财付通和微信相融合，实现摇一摇转账、二维码支付和微生活会员卡等服务，模仿美国 Square 模式的盒子支付、拉卡拉等音频接口刷卡器，实现了商户端收款和用户端付款功能。商业银行依托信息互联网技术，将互联网金融与传统业务有机结合而拓展金融的边界和市场，加强针对互联网金融需求的业务产品研发创新力度，通过激发和创造用户需求、为目标客户开发有针对性的产品和服务而不断提高用户体验。总体而言，目前商业银行在互联网金融方面的业务创新，主要着力于拓展网银功能、推广手机银行、加大移动支付和互联网贷款产品开发力度、打造电子商务平台等方面。表 4 – 5 对商业银行的部分互联网金融创新业务进行了归纳。

---

① 巴曙松，谌鹏．互动与融合：互联网金融时代的竞争新格局［J］．中国农村金融，2012（24）：15 – 17.

表 4 –5　　　　　　　　　商业银行的部分互联网金融创新业务

业务类别	业务名称	主要功能	开展该业务的主要商业银行
网上银行	在线供应链融资	支持客户在线融资和还款申请，包括应收账款保理池融资、经销商融资、订单融资	中行、浦发等
手机银行	预约取现	通过预约手机号、预约码和随机密码在ATM上实现无卡取现	工行、民生、广发、宁波银行等
	手机转账	通过输入收款人手机号或生成二维码进行转账	工行、建行、招商、民生等
	摇一摇转账	根据提示轻摇手机，完成转账支付	中信、建行等
	移动支付	基于近场通信技术实现在支持"闪付"的POS机上"刷手机"消费	招商、浦发、光大等
自助终端	24 小时智能银行	利用远程视频和电子签名技术实现 ATM 的24 小时发卡功能	广发、兰州银行等
电子商务平台	金融商城	电商模式的金融产品网上销售平台	中信等

可以预见，在互联网金融时代，商业银行的传统服务模式将遭到颠覆。对商业银行而言，能否顺应互联网金融发展趋势，有效开展以信息互联网技术为载体的产品和服务创新，将是关乎其能否在市场激烈竞争中占领制胜高地的关键所在。

（二）优化业务流程

对于商业银行来说，随着信息化程度不断增强，流程改造问题逐渐成为争论的焦点。相对于互联网金融而言，商业银行的传统业务流程较为僵化。以贷款业务为例，商业银行的业务流程主要包括借款人提出申请、银行审批、签订合同、放款出账等环节，涉及大量材料，事项冗繁，而且整个业务流程需要时间少则数天，多则数周；而互联网金融模式下的阿里信贷，为其淘宝商户贷款的业务流程仅包括 3 分钟网上申请，1 秒钟贷款到账，不涉及人工审批。互联网金融因其独特的经营理念、先进的技术手段和灵活的服务模式，正在极大地激发商业银行的创新潜能，促使其致力于变革业务流程，提高运营效率。虚心学习互联网企业的新技术与快速反应机制，依托信息科技和互联网技术，推动业务流程再造，是商业银行应对互联网金融带来冲击的必然选择。

研究表明，互联网金融技术对商业银行业务流程的影响体现在三个层面：替换、优化和创新。替换是对传统金融业务流程中某环节的直接替换，比如票据的电子化；优化是简化或重构金融业流程本身，实际上是促进商业银行完成业务流程再造，如诸多银行推出的网上银行服务；而创新则是创造新的金融业务流程，比如互联网贷款模式。因此，互联网金融技术的发展，为商业银行优化业务流程创造了有利条件。此外，信息科技的长足进步，对商业银行的业务发展和风险防控能够起到保驾护航作用，为商业银行实施线下到线上的转型、将银行业务搬上互联网、实现业务流程和风险防控体系的再造提供有力支撑。

商业银行借鉴先进互联网金融技术优化业务流程可着力于以下几个方面：一是从顶层设计开始对商业银行的组织架构进行整合，商业银行客户定位由大型企业逐步下沉至小微企业，实施扁平化的组织架构，打破传统银行部门限制，以增强组织效率，突出市场定位转小的改造规则。二是以银行业务的电子化、互联网化为手段重构渠道体系，提升银行电子化、网络化的渠道运营效率，提高离柜业务率，与客户无缝连接，快速发现当前及潜在目标客户并与之接触，快速响应客户需求，提高数据挖掘能力，突出服务效率转快的改造规则。三是简化业务操作流程，减少银行卡申请、贷款申请等业务的审批环节，为客户提供快捷、便利、有效的服务，突出业务流程转简的改造规则。四是商业银行以其存款、贷款、汇款、理财等多业务为基础，打破传统银行部门局限，充分整合客户结算、融资、理财等多元信息，通过数据分析客户的消费习惯和投资偏好，从而为客户提供一揽子、个性化的优质金融服务，突出产品推送转整的改造规则。

（三）创新与非银行互联网金融的合作模式

在移动互联时代，互联网金融的发展和日渐成熟、商业银行的电子化和互联网化，将促使一个全新的金融互联网格局逐步形成。不同的金融业态将呈现出竞争与合作相交互的"竞合"发展模式。商业银行和非银行互联网金融，通过经营理念博采众长、目标客户定位互补、业务领域无缝连接，建立起长期互动的合作关系。

目前，第三方支付、P2P信贷等虽然已经对商业银行传统的结算支付、信息中介、资金中介等功能形成一定冲击，并依靠其普惠金融服务理念，拓展了大量的小微企业客户和个人客户。但是，非银行互联网金融业态仍只是商业银行传统业务的补充，支付、缴费、代理等业务的起端和终端都离不开银行账户，而小额信贷、虚拟信用卡等业务发展须依托于商业银行的资金和牌照，例如，第三方支付公司尚不具备银行业经营资质，不能直接参与中央银行的结算系统，其所使用的最终支付工具仍然是与银行账户所对应的资金。在这个意义上，第三方支付只是传统银行支付的延伸。

然而，从商业银行可持续发展的角度看，互联网金融为商业银行推进战略转型、发展方式转变和业务结构优化提供了机会。商业银行可以基于自身已有的核心优势，以开放的理念创新与非银行互联网金融的合作模式，通过构建合作平台、深化合作内容、扩大合作范围、优化合作机制，促进各类互联网金融创新业务快速发展。

具体而言，一是加大与互联网公司的合作力度，利用互联网公司的海量客户、数据优势，以较低成本寻求客户和业务拓展，下移客户重心，合作创新商户小额融资产品，例如，交通银行在淘宝网开通旗舰店，招商银行与腾讯微信合作推出全新概念的"微信银行"。二是加大与电子商务公司的合作力度，依托其云计算、社交互联网、搜索引擎等信息科技，挖掘客户需求，为商务平台上的网商企业提供融资、结算、理财等服务，例如，中信银行与支付宝合作开展小微企业授信，与银联商务等合作推出 POS 互联网商户贷款。三是构建与第三方支付机构互惠互利的合作模式，商业银行可以通过与支付宝、财付通、快钱等第三方支付机构合作，增加支付和代理交易，提高中间业务收入，加大用户账户资金沉淀。同时，以较低成本获得大量客户资源，利用其客户、信息和数据优势，在虚拟信用卡和小微企业集合授信领域合作，挖掘新的商机。

四、提高商业银行的经营效益

互联网有利于降低经营成本、提高经营效率。互联网融资业务将改变传统信贷业务的申请、审批以及操作流程，将银行找客户变为客户找银行，从而有效降低运营成本，提升经营效率。据同业统计数据，在互联网融资模式下，后台操作团队（平均 2~3 人）每日可以处理 60~80 笔业务，工作效率显著提升。

商业银行通过发展互联网金融，与互联网企业及第三方支付公司建立合作共赢的关系，能够充分发挥各自的优势，积极开发更加人性化的金融产品与支付工具，有效降低营运成本，增加中间业务收入，在互联网金融环境下大大提升竞争力。

（一）降低营运成本

1. 促进市场交易成本的降低

银行间接融资尽管对资源配置和经济增长有重要的推动作用，但也产生很高的市场交易成本，包括贷款信息收集成本、银行与客户签约成本、客户信用等级评价成本、贷后风险管理成本以及坏账处理成本等。在互联网金融模式下，资金供求方运行完全依赖于互联网和移动通信互联网进行联系和沟通，并可以实现多方对多方同时交易，客户信用等级的评价以及风险管理也主要通过数据分析来完成，交易双方的信息收集成本、借贷双方信用等级评价成本、双边签约成本以及贷后风险管理成本等极低。

2. 促进营业费用的降低

虚拟化的互联网金融利用互联网技术，降低了金融业务的运行成本，由于经营场所、员工、日常维护等费用开支降低，具有显著的经济性。银行传统的扩张模式主要是新建网点、增添人手。物理网点的正常运转需要投入大量的人力、物力、财力，在银行网点柜台办理一笔业务的平均成本约为通过电子渠道办理业务成本的 10 倍甚至更高。互联网金融使得银行业的发展可以通过发展互联网用户实现规模扩张，而无须增加过多分支机构和雇员，互联网银行带来的低成本高效益由此可见一斑。

3. 促进客户拓展成本的降低

一是商业银行通过社交互联网或电子商务平台可以挖掘各类与金融相关的信息，获取部分个人或机构没有完全披露的信息。例如，Facebook 超过 8 亿实名制的客户形成了巨大的信息充分共享互联网社区；国内的阿里巴巴通过其庞大的电子商务平台，可以解决平台用户的信用评级、交易费用、风险评估等问题。二是商业银行通过互联网可以及时记录查看交易记录、评估个人信用等级、分析财产状况和消费习惯等。这些优势是传统金融机构无法低成本做到的。三是商业银行借助互联网公司"大数据"，及时采集信息、行为数据，能够利用比较低的成本，获得数据应对风险。用户真实的搜索数据反映了有效需求，商业银行可以针对用户需求设计更有针对性的产品。

（二）增加中间业务收入

商业银行无论是自身发展互联网金融，还是选择与互联网公司、第三方支付平台合作，或是跟移动、联通这样的电信大亨联姻，都会打破传统业务网点局限，在相对较短的时间内获得更多的客户，使自身的中间业务获得更大的发展。

1. 互联网金融提供了强大的技术支持和创新基础

互联网银行的出现为中间业务的发展提供了更为有效的手段。发达国家商业银行中间业务的发展过程充分证实了金融互联网化的促进作用。从 20 世纪 80 年代开始，以中间业务收入为代表的非利息收入占银行全部收入的比重呈逐年上升趋势，到 90 年代初，美国银行业中间业务收入的比例由 30% 上升到 38.4%，英国从 28.5% 上升到 41%，日本银行业也从 20.4% 上升到 35.9%，这一时间段正好是发达国家互联网技术飞速发展和普及推广的时候。近年来这一趋势有进一步加速的态势。如美国花旗银行以承兑、资信调查、企业信用等级评估、资产评估业务、个人财务顾问业务、远期外汇买卖、外汇期货、外汇期权等为代表的中间业务为其带来了 80% 的利润，存贷业务带来的利润只占总利润的 20%。中间业务已与负债业务、资产业务共同构成商业银行的三大支柱业务。由此可见，发展互联网金融是商业银行提高中间业务收入占比的重要途径。

2. 与互联网公司合作能够有效增加中间业务收入

商业银行利用互联网公司的数据资源，根据其注册用户的交易信息挖掘并营销潜在客户，为客户提供理财、代收代付、信用卡等服务。例如，通过与阿里巴巴、生意宝和聪慧网等电商公司的合作，依托其云计算、社交互联网、搜索引擎等信息科技，挖掘客户需求，为商务平台上的网商企业提供结算、理财等服务，会大大增加商业银行中间业务的收入来源。

3. 与第三方支付机构建立互惠互利的合作模式

第三方支付企业为广大用户提供了便捷的在线支付体验，一方面带动了网上银行用户的增加，促进了网上银行用户的活跃度。商业银行发展与支付宝、财付通、快钱等第三方支付机构合作，通过良好的服务和创新应用，可以提升银行支付和代理交易数量；与保险、证券、基金、电信合作商、互联网公司合作，发展代理、理财、缴费等业务，可以在中间业务收入显著提升的同时增加用户账户资金沉淀。另一方面，通过互联网数据优势为客户提供支付结算、信贷支持、现金管理、财务顾问等综合服务，在很大程度上为银行拓宽了业务渠道，给银行中间业务带来了更多的收益。

（三）收获长尾效应

约 20% 的强势客户创造 80% 的收益，80% 的弱势客户仅创造 20% 的收益，这是传统金融业面临的实情。后者被称为传统金融服务对象的长尾：小微企业、"三农"以及大量弱势个人群体即在此长尾之列。如上所述，互联网金融不仅为服务大量弱势群体提供了技术便利，而且因为其可以节约 1/16 到 1/6 的成本，因而使得金融按商业可持续原则服务大量弱势群体即普惠金融成为可能。非金融系互联网金融更敏锐地看到了这种可能，发现了服务弱势群体之普惠金融机会，并致力于充分利用互联网技术与精神，按商业可持续原则，最大限度地满足弱势群体的金融需求，收获"长尾效应"。据有关分析报告，从借款需求来看,中等规模以上、业务稳定、有抵押担保物的企业可以获得银行贷款,利率6%～10%。绝大部分小企业和个人只能得到民间贷款或小额贷款,利率20%以上。中间10%～20%的借贷市场尚属空白,而P2P网贷刚好填补了这一空白。例如,翼龙贷平台上,80%～90%的贷款人都是传统的金融机构无法覆盖的人群。

目前,P2P网贷平台的平均借款额度约5万元,借款人往往也是小微企业主,这与小额贷款公司的几十万元到几百万元的规模还相去甚远。与其他金融机构不同,P2P网贷行业的客户大多是消费类、创业初期的资金需求。P2P网贷平台在一定程度上满足了这些刚性需求,因而可分享长尾收益。又比如,B2B贸易平台慧聪网拥有12万名会员,不少中小企业主有较强的贷款需求,但此前银行、小额贷款公司难以满足,这其中的一部分需求就导向了人人贷。一年中,慧聪网有3 000多个客户从人人贷寻求贷款支持,以每个客户平均贷款10万元来计算,这给人人贷带去的贷款额达3亿元。

因此,商业银行应敏锐发现服务弱势群体的普惠金融机会,利用互联网金融最大限度地满足弱势群体的金融需求,收获"长尾效应"。

第五章　互联网金融的风险及其监管

在关注互联网金融积极效应的同时，我们还应关注这一新生业态对金融系统的冲击，即风险。传统金融服务的互联网延伸和互联网金融服务已经成为新兴的金融机构，而金融的互联网居间服务这一模式由于行业本身的不确定性一直处于非监管的"真空"状态，也成为互联网金融最突出的风险。

目前国内对于第三方支付等机构从事的互联网金融业务还缺少完善的法规规范，未建立透明的信息披露制度，总体上处于监管盲区。相比较商业银行，第三方支付等机构对于金融风险的管理经验和能力有待提高。对于此类机构风险管控体系建设的滞后，可能导致互联网金融风险的累积，既不利于网络金融自身的发展，也影响整个金融体系的稳定。因此建议在鼓励支持第三方支付等机构发展的同时，尽快构建针对其从事的金融活动的监管体系，明确监管主体，严格准入标准，加强合规管理，建立平等竞争环境，实现第三方支付机构和商业银行"同类业务统一管理"。

一、我国互联网金融存在的主要风险

（一）冲击银行正常经营管理秩序

以 P2P 网络贷款平台为例，该平台尚未纳入监管部门视线，但又在发挥着银行业的业务职能。一些机构已经突破资金不进账户的底线，演变为吸收存款、发放贷款的非法金融机构，甚至演变成为非法集资。其对银行日常经营管理的冲击主要表现在以下三个方面：

（1）高息揽储。我国 P2P 平台以高额回报承诺吸引放贷人出借资金和参与信托，所承诺的投资回报收益率远远高于银行同期存款利率，吸引广大民众投入资金。

（2）实际利率超出法律保护范围。以拍拍贷为例，其借款人的成本主要由贷款利率、第三方支付平台费用和网站的管理费用构成，这三项费用累计加起来将近 30%。P2P 平台一年期的实际利率通常在 20% ~ 40%，部分已经突破

"民间借贷利率不超过人民银行基准利率的 4 倍"的法律红线。

（3）对商业银行存在溢出风险。由于缺乏风险转移和分担机制，网络贷款机构风险过度积聚后，不排除会成为风险源头并转嫁给商业银行。

（二）信用风险

近年来，民间借贷所引发的诈骗案件已经受到社会的极大关注，也令人们看到了其背后的高风险及运行合法边界的问题。与传统金融相比，基于网络技术发展起来的互联网金融业务突破了时间和空间的限制，具有显著的经济性，但互联网技术的固有虚拟性也给互联网金融业务发展带来了巨大挑战。

（1）缺乏足够解决信息不对称的手段。互联网金融的信息和大数据优势完全体现在对于平台内的客户，但对于平台外的客户或者跨平台的客户（如 B2C 模式中，商家可能在传统、网络的多个平台中进行经营活动），互联网金融就难以解决信息不对称的问题。而传统金融机构在这方面有更多的经验和方式，包括征信系统、贷款卡、尽职调查、抵（质）押担保等（见图 5 - 1）。

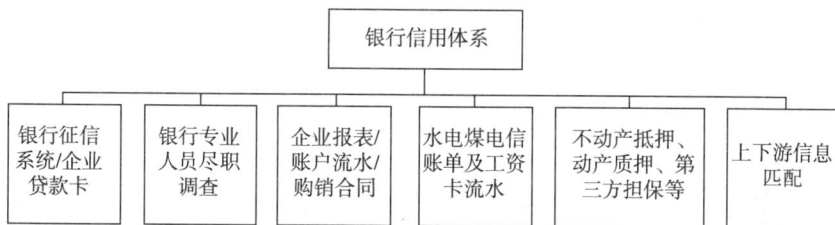

图 5 - 1 银行多级防范信用风险

（2）潜在贷款客户需要在平台内从事主要业务。例如阿里金融的贷款审批，对于 C2C（淘宝）的模式，可以大数据处理部分信息不对称，但对 B2C（天猫）的模式，只有商铺的部分交易等信息在平台上，不一定比银行的信息有优势。而平台之外的客户，就更难了解其资信情况。

（3）开展互联网金融业务，特别是 P2P 网络贷款业务蕴含着对借款人诈骗的高风险。P2P 网络贷款的一大特点是利用互联网运作借贷业务，特别是单纯以线上业务为主的中介型网络贷款平台，贷款人难以了解到借款人提供的信息是否真实，贷款平台的信息收集仅有赖于借款人提供的信息。借款人可能利用虚假身份发出贷款申请，如以虚构的个人或者冒用他人名义签订合同、以虚假的资料证明自己的财务状况等；还有可能借款人身份信息虽然真实，但资金用途却是虚假的，例如在虚假商业计划书中宣称即将从事的商业活动能够还款，但实际却在进行高消费。

（4）大额资金存放更多会考虑"安全"。银行为保障资金安全，有五层信用保障体系：①较为成熟的风控系统；②资本和风险拨备；③融资保障（吸收存款和同业市场）；④中央银行作为最后借款人；⑤中国的银行体系实际上是由政府信用提供隐形担保的，因此实际具备最高级别的信用保障。而互联网金融在信用保障方面较传统金融机构仍有较大差距。

（5）互联网金融难以提供高端定制服务。大额度的资金往往希望得到更专业和更个性化的定制金融服务。传统金融机构有丰富的资产端业务，具备高素质的金融人才，拥有更强的金融资源整合能力，因此可以为高端客户提供定制服务。而互联网金融缺乏差异化服务的能力，此外互联网金融的核心就是标准化的低成本扩张，定制化服务与其经营方式相悖。因此，互联网金融未来将是金融超市，而无法成为高端定制店。

（三）存在内部风险管控漏洞

互联网金融技术、资金、信息密集，这种特性潜藏着大量风险，特别是在发展的初期风险更多。互联网金融风险管控范围广、难度大、特点新，在制度、手段、系统、人员及文化等方面不可避免地存在诸多问题。

（1）缺少风险控制的规章制度。互联网金融风险管理整章建制仍处于起步阶段，企业内部仍存在较多操作及管理等方面的漏洞，亟须通过不断改进的制度体系来预防和化解风险，避免内部操作失误和管理欠缺导致的经营损失。

（2）风险管理手段不足。国外 Prosper 和 Lending Club 已经建成成熟的基于内部评级的利率定价机制，通过借款者的评级、贷款期限以及之前是否有互联网金融贷款来确定风险定价，同时加强客户信息核实，设立风险保证金。而我国互联网金融企业管控风险的手段薄弱，如"余额宝"就暴露出在风险测评上的欠缺。

（3）业务系统安全不容忽视。互联网金融大量风险控制工作都由电脑程序完成，所以系统安全就成为网络金融运行最为重要的技术风险。如果系统稳定性存在问题，一旦发生风险则影响互联网金融企业整体运行。

（4）风险控制人员缺乏。互联网金融企业通常规模小、人员少，较多的人力资源重点投向于收益高、见效快的营销等前台部门岗位，而缺少完善的风险管理人员安排，风险管理人员疲于应付，且还未形成固定的风险控制岗位和职责体系，风险管理人员的安排往往成为最弱的一环。

（5）内部风险文化淡薄。互联网金融企业尚没有形成以合规、稳健为导向的风险管理文化，仍然是由激进的经营文化占据主导，"众贷网"、"安泰卓越"、"优易网"等 P2P 企业的倒闭或卷款潜逃的很大原因就是激进文化所导致，激进经营文化同时也造成屡屡出现突破政策底线的现象。

（四）隐藏较大系统性风险

（1）互联网金融的运行高度依赖于计算机系统、互联网通信技术和交易软件，而各互联网金融企业又具有广泛的物理关联特性，因此极易爆发系统性故障或遭受大范围的攻击。当前互联网黑客的攻击活动正以每年 10 倍的速度增长，其可以利用漏洞和缺陷进入主机、窃取信息、发送假冒电子邮件等。而计算机互联网病毒也可通过互联网进行扩散与传染，传播速度是单机的几十倍，一旦某个程序被感染，则整个互联网也很快被感染，造成极大的破坏。与传统金融不同，互联网金融中的安全风险是一种系统性风险，可能造成整个互联网的瘫痪，严重的甚至可能导致客户资料泄露、交易记录损失、损害互联网金融机构声誉等。

（2）互联网金融属于监管政策敏感性产业，极易受到外部监管政策的环境影响。在发展初期，较为宽松的监管环境有利于互联网金融企业快速发展壮大，不断扩张业务种类和客户群体。比如第三方支付企业在发展初期大量拓展收单、预付卡以及理财等业务，业务规模成倍增长；而在政策收紧时，互联网金融企业将要面临准入门槛的提高、业务种类的缩减和利润空间收窄等困境，这将导致大量企业的兼并重组、破产倒闭或卷款潜逃。再比如，当前第三方支付企业注册资金一般要求较低，一旦监管要求提高资本金规模或者严格资金使用范围，将会极大地影响互联网金融企业的盈利水平，蔓延式的倒闭风险可能难以避免。

（3）互联网金融涉及支付、理财和融资等多种业务，容易造成风险的集中暴露。互联网金融具有资金密集等特点，业务开展与利率、汇率等外部经济金融变量密切相关，这在互联网融资领域表现得更为明显。互联网融资平台通常吸收了大量的小、散客户群体，如果外部经济金融环境发生变动，则会显著地影响客户行为，可能形成大量客户群体的集中交易，造成信用风险的集中释放。

（五）监管制约的风险

目前互联网金融处于野蛮生长的阶段，几乎受不到监管制约。但是对比银行的监管环境，随着互联网金融规模不断扩大，业务模式的不断丰富，互联网金融行业势必受到监管的制约。对比银行现有的监管措施，主要体现在以下几个方面。

1. 市场准入

设立商业银行需要经过银监会的严格审批，并达到注册资本（全国商业银行 10 亿元，城市商业银行 1 亿元，农村信用社 5 000 万元）和公司治理结构的相关要求（见图 5 - 2）。但互联网金融除了第三方支付有牌照管理外，基本无严格的市场准入条件。

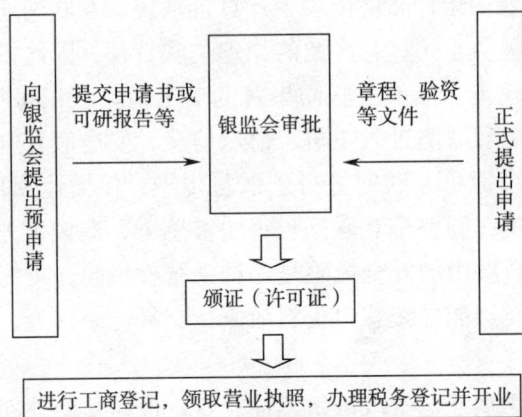

图 5 - 2　商业银行市场准入

2. 资本监管

资本充足率标准的设定是资本监管改革的核心。Basel III 显著提高了最低资本要求，尤其是增加了一级资本中普通股的最低要求。具体为：普通股在银行风险加权资产中的最低占比由原来的 2% 提升到 4.5%，一级资本的最低占比由原来的 4% 提升到 6%，总资本充足率最低要求维持 8% 不变。Basel III 的最低资本要求将从 2013 年起逐年递增，到 2015 年，银行须满足关于普通股和一级资本的最低要求。按此标准，过渡期结束后正常状态下商业银行的普通股、一级资本和总资本充足率应不低于 7%、8.5% 和 10.5%。鉴于现阶段实体经济仍比较脆弱，2010 年 7 月 20 日，基于 MAG 的研究结论①，巴塞尔委员会提出了为期 7 年的过渡期方案，要求 2018 年 1 月 1 日前全面达到新的资本监管标准，过渡期

---

① 为防止短期内大幅度提高资本监管标准对全球经济的复苏产生负面影响，FSB 和 BCBS 组成了宏观经济评估工作组（Macro - assessment Group，MAG），评估执行资本监管改革建议的宏观经济成本，并分析不同过渡性措施和期限的成本。MAG 发布的研究报告称，总体而言，普通股充足率提高 1 个百分点，4 年半后（18 个季度）GDP 增速最多下降 0.19%，提高资本监管标准不会对全球经济复苏产生重大冲击。根据该研究结论，并考虑到跨国实证分析中的不确定性和各国实际资本充足率水平的较大差异，2010 年 7 月 20 日，巴塞尔委员会提出了为期 7 年的过渡期方案。

内分步实施（见表 5 - 1）。

表 5 - 1　　　　　　《巴塞尔协议Ⅲ》过渡期安排和
资本比率要求（所有日期均为 1 月 1 日）

	2011 年	2012 年	2013 年	2014 年	2015 年	2016 年	2017 年	2018 年	2019 年
杠杆率	监管控制		平行测试 2013—2017 年 从 2015 年起开始披露					加入第一支柱	
最低普通股资本比率			3.5%	4.0%	4.5%	4.5%	4.5%	4.5%	4.5%
资本留存缓释						0.625%	1.25%	1.875%	2.5%
最低普通股加资本留存缓释			3.5%	4.0%	4.5%	5.125%	5.75%	6.375%	7.0%
从普通股中分步扣减				20%	40%	60%	80%	100%	100%
最低一级资本要求			4.5%	5.5%	6.0%	6.0%	6.0%	6.0%	6.0%
最低资本要求			8.0%	8.0%	8.0%	8.0%	8.0%	8.0%	8.0%
最低资本加留存缓释			8.0%	8.0%	8.0%	8.625%	9.125%	9.875%	10.5%
不符合非核心一级资本和二级资本的产品			从 2013 年开始在 10 年内扣清						

资料来源：《监管理事会发布更高的全球最低资本标准》（*Group of Governors and Heads of Supervision Announces Higher Global Minimum Capital Standards*）。

巴塞尔委员会定量测算[1]结果表明，Basel Ⅲ 实施对中小银行的影响很小。如表 5 - 2 所示，参加测算的 140 家中小银行的普通股充足率、一级资本充足率与总资本充足率仅分别下降 2.8 个、1.3 个和 2.1 个百分点，并且 Basel Ⅲ 对发达国家和新兴经济体的中小银行影响不存在系统性偏差。按照 4.5% 和 7% 的普通股充足率监管标准，所有中小银行都达标需补充普通股的规模仅为 62 亿欧元和 183 亿欧元。这说明，在国际范围内大型银行不仅业务日趋复杂导致过度承担风险，而且监管资本的实际吸收损失能力也明显低于中小银行，银行规模与抵御风险的能力之间并不存在正相关的关系。

---

① 2010 年上半年巴塞尔委员会在成员国范围内开展两个层面的量化影响分析，分别是自下而上的定量影响测算（QIS）和自上而下的监管标准校准（TDC），以便为确定资本充足率监管标准提供实证基础。

表5-2 国际中小银行资本充足率变化情况

	普通股充足率	一级资本充足率	总资本充足率	杠杆率
现标准测算结果	10.8%	9.9%	12.7%	
新标准测算结果	8.0%	8.6%	10.6%	4.3%
变化幅度	-2.8%	-1.3%	-2.1%	

资料来源：巴塞尔委员会。

由于我国商业银行必须严格遵守巴塞尔协议的规定，核心资本充足率和资本充足率应达到7.5%和10.5%的标准（不考虑逆周期监管和系统重要性指标）（见表5-3）。而我国目前对互联网金融的资本监管基本处于缺失状态。

表5-3 我国监管新规标准及达标时间安排

项目		监管标准	达标时间要求
资本充足率	核心一级资本	≥5%	系统重要性银行2012年年初开始实施，2013年年末达标。非系统重要性银行2012年年末开始实施，2016年年末达标。
	一级资本	≥6%	
	总资本	≥8%	
	总资本+留存超额资本	≥10.5%	
动态拨备	贷款拨备率	≥2.5%	2012年年初开始实施，按二者孰高要求执行。系统重要性银行2013年年末达标。非系统重要性银行2016年年末达标。
	拨备覆盖率	≥150%	
杠杆率		≥4%	同动态拨备要求。

资料来源：银监会网站，http://www.cbrc.gov.cn/index.html。

3. 呆账准备金、存款准备金和资产集中度

一般商业银行需提取普通风险准备、专项风险准备和特别风险准备，拨备覆盖率不低于150%，拨贷比不低于2.5%。此外，商业银行还受到信贷额度、投向和资产集中度的严格监管。

4. 金融牌照制约

传统金融机构具有牌照优势，并且随着混业经营的发展，银行在资产端具有明显的优势。由于互联网金融没有相关金融牌照，开展资产业务受到制约。此外即便在获得牌照后，在资本和监管双重制约下能否发挥互联网便捷、灵活善于创新的特点还不得而知。一旦互联网金融机构受到严格监管，势必遭到一轮洗牌。而留下的企业在重重监管约束下，还能否持续发挥灵活、轻便的特点，仍需观察。

(六) 流动性管理的风险

互联网金融对流动性风险有放大效应。一是虚拟账户的产生使网络金融逃出了传统金融流动性监管的体系，甚至有可能摆脱真实货币的约束，从而增大的潜在风险；二是互联网金融超越了地域和时间的限制，使得风险扩散的速度更快。

银行有完善的流动性风险防范机制，而且为了防范流动性风险有着严格的管控标准，如流动性比率高于 25%，存贷比低于 75%，核心负债依存度大于60%，流动性缺口率大于 -10% 等（见表 5 - 4）。

表5-4　　　　　　　　　　2012 年年末主要上市银行流动性指标

	监管标准	工商	建设	农业	中国	交通	招商	民生	兴业	浦发
流动性	≥25%	32.5%	56.7%	44.8%	49.8%	37.9%	52.3%	36%	29.5%	37.6%
贷存比	≤75%	64.1%	66.2%	59.2%	72%	72.7%	71.4%	71.9%	66.5%	71.9%

资料来源：各银行年报。

此外，银行有着多级流动性风险防范体系：①银行内部，三级备付金储备；②银行间市场拆借；③中央银行作为最后借款人。对于互联网金融机构来讲，在这方面基本处于"裸奔"状态——缺乏内部有效的流动性风险防范体系，无法参与银行间市场，得不到中央银行的紧急支持，一旦风险爆发，将难以应付。

相比之下，互联网金融机构在流动性风险防范方面基本上处一片空白，一旦流动性风险爆发可能对其产生致命的打击。例如，P2P 行业最大的潜在风险在于流动性风险。有别于银行机构有监管背书，P2P 行业仍处于各自为战的局面，如果一旦出现系统性风险，导致投资人发生"挤兑"现象，对 P2P 行业的打击将是致命的。而挤兑的原因，是因为保本保息的担保承诺、风险控制能力的薄弱。

二、互联网金融的监管现状

(一) 国外（欧美）互联网金融监管借鉴

总体来看，国外（欧美）互联网金融的监管是不断根据互联网金融的发展进行监管的完善和调整的，国外（欧美）已基本建成了涵盖交易规则、交易保护、制度标准等内容的互联网金融监管体系。自 20 世纪 70 年代开始，顺应互联网经济和互联网金融的发展趋势，国外监管机构先后推出了包括电子支付、数字签名、消费者保护、资金管理等为主体的适应本国机构发展的法律框架。同时对于仍然适用的法律条款进行沿用，当前监管适用法律可以追溯至证券交易法案（1933），从而实现对于互联网金融的全面监管。

1. 监管思想上

以第三方支付监管为例，欧美国家基本依照从"自律的放任监管"到"强制的监督管理"的监管指导思想，构造了互联网支付监管法律体系，保障互联网金融领先地位。在发展初期注重鼓励创新、引导发展和适度监管，营造良好的外部环境，推动互联网金融规模扩大。例如通过设立最低资本净值以及实行欧盟通用牌照制度，鼓励第三方支付机构创新发展。在经营模式基本成熟后，再实施针对性监管措施，制定行业标准，加强行业自律，进行规范监管。如在英国，P2P行业坚持由P2P金融协会制定的标准自行管理。截至2013年10月，英国的P2P贷款规模达6亿英镑。英国政府宣布，金融服务管理局（FCA）从2014年4月起对P2P行业进行管理。

2. 监管目标上

强调建立和维护一个稳定、健全和高效的第三方支付体系，以及兼顾保护、灵活和效率的互联网借贷体系，保证第三方支付、P2P等机构稳健发展。通过区分互联网金融各业务的不同特性，制定针对性监管措施，通过规范借贷交易，制定客户沉淀资金及自有资金管理规定等方面的监管措施，从而维持公正的市场秩序，维护借贷者合法权益，促进交易和支付系统的高效和安全，加强对消费者保护，达到防范洗钱等方面风险的目标。

3. 监管模式上

在监管模式上，美国和欧盟表现出比较明显的差异。

美国金融监管制度体系较为完善，主要从证券交易和货币服务业务的角度管理，一方面将P2P机构视为借贷中介机构，另一方面将第三方支付视为货币转移业务，监管的重点放在借贷交易和资金转移过程，奉行权力分散和相互制约，通过财政部货币监理署、美联储、联邦保险公司等多个部门实行功能性监管。美国监管机构在传统监管法律制度的基础上，制定了互联网金融业务及风险的管制规则。而这些监管政策主要是围绕与技术密切相关的风险监管问题展开的，具体而言有以下四个重要法规：

第一，美国财政部于1998年2月发布《技术风险管理——个人网上银行业务》。这项法规主要是为联邦银行正确监控互联网金融业务与技术有关的风险提供指导的文件。

第二，美联储于 1997 年 12 月发布《互联网信息安全稳健操作指南》。这项法规主要是从联储层面上为互联网金融业务提供了规范。

第三，联邦存款保险公司 1998 年 6 月制定的《电子银行业务——安全与稳健审查程序》，这项法规属于安全和健全检查计划中的一部分，主要针对的是采用不同层次电子银行系统的银行要求建立不同的安全和健全程度以满足监管要求。

第四，联邦银行机构监察委员会于 2000 年 11 月发布《外包技术服务风险管理》，阐明银行管理 IT 外包风险方面职责的指引与公告，提出了由董事会负责外包引入和风险管理的原则。

可以看到，为了防范互联网金融企业可能带来的风险，美国各个监管机构都建立起了相关法规进行规范。2008 年，美国证券交易委员会（SEC）开始对 P2P 企业进行监管，SEC 要求 P2P 企业根据 1933 年的证券法将自己的产品注册为证券，其中《消费者信用保护法》明确将互联网借贷纳入其民间借贷的范畴。这个过程是艰巨并且复杂的，Prosper 和 Lending Club 不得不暂时停止新贷款，而像 Zopa 这样的外国公司甚至完全退出了美国市场。在复杂的注册程序完成后，Prosper 和 Lending Club 获得了 SEC 提供的担保票据。SEC 谨慎的监管政策也保证了美国金融体系的稳定。

在许多国家，民间融资被认为是非法的。在 P2P 交易中，P2P 公司不仅扮演着连接借贷双方的角色，还将从借款人手中得到的款项再一次贷款出去，这样的行为实际上是出售证券的一种类型，而这种交易需要经纪人执业资格证以及个人的投资注册。这样的资格证以及注册通常需要在证券监管机构办理，例如美国 SEC 和英国 FCA。所以，SEC 和 FCA 对 P2P 贷款人进行监管。由于 P2P 借贷在法律上被视为投资，在偿还借款违约时，P2P 借贷并非像银行存款一样受到美国联邦政府的担保。

与美国的功能监管模式不同，欧盟监管基本为机构监管，例如倾向于对第三方支付机构给出明确的界定，通过对电子货币的监管加以实现。英国对于互联网金融公司的治理没有建立专门的机构进行监管，但是相应的法律规章制度对这一新兴事物有着明确的约束。例如 Zopa，其注册必须获得英国公平交易委员会、反欺诈协会、信息委员会等机构的准入。同时各个互联网金融公司组建联合会制定 P2P 信贷的行业准则来完善整个行业的自律。

（二）国内互联网金融监管现状

目前，中央银行已将第三方支付纳入监管范围，但相关监管政策和机制还有待完善，P2P 互联网贷款平台和业务等尚未纳入监管范围。

1. 第三方支付监管现状

（1）国内第三方支付监管历程的两个阶段

第一阶段为无监管状态。在该阶段整体市场处于发展初期，虽业务发展迅猛，但由于对应的监管政策法规相对滞后，第三方支付行业较长时间处于"灰色地带"，市场运营管理混乱。2005 年第三方支付首次被官方纳入支付清算组织，法律法规、技术标准、业务体系等相关配套政策的不完善一直成为制约第三方支付发展的主要瓶颈。

第二阶段为监管强化阶段。针对第一阶段出现的涉嫌非法投资、洗钱、套现等违法行为，中央银行先后出台了一系列的监管办法如《非金融机构支付服务管理办法》、《非金融机构支付服务管理办法实施细则》、《支付机构客户备付金存管暂行办法（征求意见）》、《支付机构互联网支付业务管理办法（征求意见）》、《支付机构预付卡业务管理办法（征求意见）》、《支付机构客户备付金存管办法》等。这些管理办法明确将第三方支付纳入其监管范围之列，即明确了中央银行的监管主体地位，将第三方支付行业的监管明朗化，建立了第三方支付机构的市场准入制度，从法律层面明确了第三方支付业务中非金融机构的法律地位，确认了其从事相关金融服务的合法性和合规性，保证了支付服务市场健康有序发展。随着政策的出台，在政策层面对支付机构从事支付业务的基本规则、申请人资质条件等进行了细化，非金融机构支付服务业务也走向规范化。

（2）国内关于第三方支付的监管办法

表 5-5   近年来中央银行出台的一系列关于支付机构的监管办法

时间	监管办法	主要内容
2010. 6. 14	《非金融机构支付服务管理办法》	1. 非金融机构提供支付服务，应当依据办法规定取得《支付业务许可证》，成为支付机构。 2. 支付机构依法接受中国人民银行的监督管理。 3. 支付机构不得办理银行业金融机构之间的货币资金转移。
2010. 12. 1	《非金融机构支付服务管理办法实施细则》	为配合《非金融机构支付服务管理办法》（中国人民银行令〔2010〕第 2 号发布）实施工作，中国人民银行对《管理办法》的相关事项作了严格界定。
2011. 10. 28	《支付机构预付卡业务管理办法（征求意见）》	1. 支付机构开展预付卡业务，应遵守法律、行政法规和本办法的各项规定，不得损害国家利益、社会公众利益和持卡人的合法权益。 2. 支付机构应保障预付卡发行、使用和受理的安全，依法对购卡人身份信息资料和交易信息保密，依法保守特约商户的商业秘密。 3. 支付机构开展预付卡业务应遵循安全高效、平等自愿、有序竞争的原则。 4. 中国人民银行及其分支机构依法对支付机构预付卡业务进行监督管理。

续表

时间	监管办法	主要内容
2011.11.4	《支付机构客户备付金存管暂行办法（征求意见）》	1. 规定了支付机构客户备付金的存放、使用、划转及其监督管理。 2. 支付机构只能选择一家商业银行作为备付金存管银行。 3. 支付机构接受的客户备付金，应当与支付机构的自有资金分户管理。客户备付金应当全额存放在备付金银行账户，且只能用于客户委托的支付业务。
2012.1.5	《支付机构互联网支付业务管理办法（征求意见）》	1. 支付机构应拥有并运营独立、安全、可靠的支付业务处理系统，该系统及其备份系统的服务器应设置在中华人民共和国境内。 2. 支付机构应当遵循"了解你的客户"原则，建立健全和执行客户身份识别制度。 3. 支付机构不得为客户提供账户透支、现金获取和融资服务。 4. 支付机构应履行反洗钱和反恐怖融资义务。 5. 支付机构对提供互联网支付服务中获取的客户身份信息和交易信息予以保密。 6. 支付机构应建立有效的业务管理制度、内部控制制度和风险管理制度。 7. 支付机构应遵守相关法律制度，不得损害国家利益、社会公共利益和客户合法权益。
2012.3.8	《支付机构反洗钱和反恐怖融资管理办法》	1. 中国人民银行是国务院反洗钱行政主管部门，对支付机构依法履行反洗钱和反恐怖融资监督管理职责。 2. 中国反洗钱监测分析中心负责支付机构可疑交易报告的接收、分析和保存。 3. 支付机构总部应当依法建立健全统一的反洗钱和反恐怖融资内部控制制度，并备案。 4. 支付机构应当设立专门机构或者指定内设机构负责反洗钱和反恐怖融资工作，并设立专门的反洗钱和反恐怖融资岗位。 5. 支付机构应要求其境外分支机构和附属机构在驻在国家（地区）法律规定允许的范围内，执行本办法有关客户身份识别、客户身份资料和交易记录保存工作的要求，驻在国家（地区）有更严格要求的，遵守其规定。 6. 支付机构与境外机构建立代理业务关系时，应当以书面协议明确本机构与境外机构在反洗钱和反恐怖融资方面的责任和义务。 7. 支付机构及其工作人员对依法履行反洗钱和反恐怖融资义务获得的客户身份资料和交易信息应当予以保密；非依法律规定，不得向任何单位和个人提供。
2012.9.27	《支付机构预付卡业务管理办法》	1. 支付机构应当依法维护相关当事人的合法权益，保障信息安全和交易安全。 2. 支付机构应当严格按照《支付业务许可证》核准的业务类型和业务覆盖范围从事预付卡业务，不得在未设立省级分支机构的省（自治区、直辖市、计划单列市）从事预付卡业务。 3. 支付机构应当严格执行中国人民银行关于支付机构客户备付金管理等规定，履行反洗钱和反恐怖融资义务。

续表

时间	监管办法	主要内容
2013.6.7	《支付机构客户备付金存管办法》	1. 支付机构接收的客户备付金必须全额缴存至支付机构在备付金银行开立的备付金专用存款账户。 2. 客户备付金只能用于办理客户委托的支付业务和办法规定的情形。 3. 支付机构和备付金银行应当按照法律法规、办法以及双方协议约定，开展客户备付金存管业务，保障客户备付金安全完整，维护客户合法权益。 4. 中国人民银行及其分支机构对支付机构和备付金银行的客户备付金存管业务活动进行监督管理。

资料来源：中国人民银行网站，http://www.pbc.gov.cn/。

中央银行是在支付行业发展到一定规模后开始展开监管工作的。中央银行在《非金融机构支付服务管理办法》中对支付业务的许可数量方面没有做过多限制，符合要求的第三方支付机构都可以申请获得支付业务许可证。从目前来看，已获牌照的支付机构覆盖了市场上大部分的支付业务量。同时，在鼓励创新方面，《非金融机构支付服务管理办法》未对支付业务创新做过多的限制。

客户备付金安全是消费者权益保护的重点，因此中央银行出台的《支付机构客户备付金存管办法》是落实消费者权益保护的基础。由于支付机构的客户备付金具有托管性质，尽管存放在支付机构名下，但不应被用于查冻扣，否则很可能损害其他客户的权益。

关于预付卡业务，中央银行也出台了《支付机构预付卡业务管理办法》，从发卡机构向购卡人公示、提供预付卡章程，告知持卡消费便利或优惠，明示激活、挂失、换发、赎回等服务的收费事项，提供安全便利的查询、赎回渠道，以及发卡机构收费等方面进行了规范。同时，在预付卡业务容易造成的洗钱、套现、贿赂的单卡金额、卡间充值、卡片实名等关键点作了相关限制性的规定。以此充分保障了持卡人的知情权、基本服务获取权和资金使用权。

此外，为了发挥行业自律、自我监管的作用，激发机构自我约束、良性发展的动力。2011年中央银行推动成立了中国支付清算协会，引入支付服务市场主体自我管理、自我约束的机制，通过行业自律组织推动市场行为向促进创新规范管理的方向发展，以此形成政府监管、行业自律和内部控制三位一体的监督管理格局。[①] 2013年3月，中国支付清算协会为引导支付机构提高风险管理水平，使消费者能够享受到更加安全高效的网络支付服务，发布了《支付机构互联网支付业务风险防范指引》（以下简称《指引》）。该《指引》结合互联网支

---

① 马梅，朱晓明，等. 支付革命：互联网时代的第三方支付［M］. 北京：中信出版社，2014.

付业务发展实际需要，吸收借鉴欧洲中央银行关于互联网支付安全建议等国际经验，经网络支付应用工作委员会常委会审议后正式对外发布实施。《指引》的发布，填补了互联网支付风险管理自律规范的空白，对完善支付行业管理制度、加强行业主体风险管理具有重要意义。

（3）我国第三方支付监管仍待完善的问题

与欧美等国外成熟监管经验相比，当前我国第三方支付监管还存在一些有待完善的问题。

一是第三方支付监管立法有待完善。目前制定的《管理办法》仅是一部部门规章，法律效力层级比较低，导致可采取的监管和处罚方法有限。此外，《管理办法》仅对各类支付服务业务规则、沉淀资金管理、消费者保护、反洗钱等作了原则性规定，可操作性较差，有必要尽快制定相应的配套办法。

二是第三方支付的分类不适应业务发展和监管需要。当前《管理办法》基本上是按照支付工具或者支付通道的角度来对非金融机构支付服务进行分类的，随着科技的发展和支付服务市场分工的进一步细化，各种支付工具、支付方式和支付渠道之间相互融合，导致原有的分类方法已不能体现各种支付业务的本质特征和风险特点，不仅不适应第三方支付业务的发展，也给监管和相关法规制度的制定造成了困难。

三是备付金监管制度不够灵活。当前监管政策要求第三方支付机构的备付金只能以银行存款形式存在。这种监管政策在对第三方支付开展监管的初期，有助于防范备付金被挪用的风险，确保客户资金安全。但该方式规定过死，不是最经济和最有效的备付金监管模式，有必要随着监管的逐步深入采用更加科学、更加有效的模式对备付金进行监管。

四是消费者权益保护不足。第三方支付的科技性导致消费者与支付机构之间存在着更加明显的信息不对称，且我国对第三方支付的监管刚刚起步，因此在第三方支付消费者保护方面仍存在着很多不足，如客户备付金被挪用、客户信息被泄露、服务协议霸王条款等，影响到第三方支付行业和电子商务的健康发展。

2. P2P 互联网贷款平台与业务监管

我国在 P2P 互联网贷款平台业务方面尚缺乏相应的制度安排，互联网金融发展面临一系列问题。

（1）我国在监管制度及法律规范方面尚不存在专门针对互联网金融业务的内容。从 2012 年第二季度起，陆续有媒体报道 P2P 平台发生的恶性事件。如，2012 年 5 月，淘金贷网站上线后一周不能登录，网站负责人失去联系，超过 80 名投资者的资金未能追回；2012 年 12 月，优易网创始人与工作人员消失，60 多人、近 2 000 万元资金无法追回；2013 年 1 月，人人贷推出的实地认证标被报不实。据统计，2013 年至 2014 年 2 月全国共 85 家 P2P 平台跑路或倒闭，其中 2013 年全年共 75 家，2014 年年初的一个月里有 10 家。[①] 中央银行在 2013 年年末表态："应当在鼓励 P2P 网络借贷平台创新发展的同时，合理设定其业务边界，划出红线，明确平台的中介性质，明确平台本身不得提供担保，不得归集资金搞资金池，不得非法吸收公众存款，更不能实施集资诈骗。"界定了三类 P2P 涉嫌非法集资的模式：其一为当前相当普遍的理财资金池模式，即 P2P 平台将借款需求设计成理财产品出售，使投资人的资金进入平台中间账户，产生资金池；其二为不合格借款人导致的非法集资风险，即 P2P 平台未尽到对借款人身份的真实性核查义务，甚至发布虚假借款标的；其三为典型的庞氏骗局，即 P2P 平台发布虚假借款标，并采取借新还旧的庞氏骗局模式进行资金诈骗。目前 P2P 行业的风险主要在于非法集资。我国对于诈骗的惩处几乎空白，使得一些平台商认为，非法集资的法律成本很低，本身就带着欺诈目的进入 P2P 行业。自融、资金池等涉嫌非法集资从而导致卷款逃走的可能，并非 P2P 行业最大风险，因为这是刑法管理的范畴。并且占据行业资金规模大的几家 P2P 都获得了千万级风投，这些机构希望在 P2P 行业长期经营。

表 5-6 国内关于 P2P 行业的相关法律政策

国内 P2P 行业法律政策	主要内容
《国务院关于鼓励和引导民间投资健康发展的若干意见》	"新 36 条"出台，鼓励民间资本进入金融领域，发起设立金融中介服务机构。
《关于任命法院审理借贷案件的若干意见》	民间借贷利率可以适当高于银行的利率，但最高不得超过银行同类贷款利率的 4 倍（包含利率本数）。
《合同法》	1. 履行期限不明确的，债务人可以随时履行，债权人也可以随时要求履行，但应当给对方必要的准备时间； 2. 居间合同中明确规定，居间人提供贷款合同订立的媒介服务，可依法向委托方收取相应的报酬。
《放贷人条例》	这是由中央银行起草的草案。该草案已提交国务院法制办，该草案的目的是通过国家立法形式规范民间借贷或拟将所谓的"地下钱庄"阳光化，打破目前信贷市场所有资源都被银行垄断的局面。《放贷人条例》重在保障有资金者的放贷权利，对其私有财产使用权的尊重，将使民间借贷的合法性得到确定，使民间借贷从此走上阳光化路径。

---

① 资料来源：85 家 P2P 公司倒闭 监管层闭门会议商讨监管对策. 凤凰网. http://finance.ifeng.com/a/20140309/11841336_ 0. shtml.

受部分 P2P 企业倒闭及行业风险逐渐显现的影响，银监会于 2011 年 8 月发布了《关于人人贷有关风险提示的通知》。此文件是目前我国金融监管部门唯一发布，也是迄今唯一涉及 P2P 借贷风险的正式文件。该通知揭示了 P2P 中介服务存在影响宏观调控的效果、容易演变成非法金融机构、业务风险难以控制、不实宣传影响银行体系整体声誉、监管职责不清、法律性质不明、贷款质量低于普通银行类金融机构等七大风险。根据该文件，P2P 信贷业务本身并不在银监会监管范围之内，发文目的仅在于督促商业银行设置与 P2P 信贷业务之间的"防火墙"，防止 P2P 信贷风险向银行体系传导和蔓延，严防 P2P 中介公司帮助放款人从银行获取资金后用于民间借贷，防止民间借贷风险向银行体系蔓延。但该通知仅是提示银行不要涉足 P2P 借贷，而 P2P 互联网贷款平台涉及的借款人、贷款人、担保方以及中介服务方及相关风险均没有纳入监管范围。

当前，P2P 互联网贷款尚处于各平台自我监管的阶段，其发展和运行基本取决于自律，风险控制管理较为薄弱。同时，仅有少量机构加入中国小额贷款联盟于 2013 年 1 月 25 日颁布的《个人对个人小额信贷信息咨询服务机构行业自律公约》。

未来，P2P 网络贷款可能会被视为类信贷业务或由银监会监管，此外，鉴于 P2P 的互联网特性，从事互联网金融活动的网站还应向工信部进行 ICP（网络内容服务商）等级报备。在此前，不同的监管部门均对 P2P 行业进行零碎指导或监督。若纳入银监会监管，未来银监会可能在注册资本、风险拨备以及业务流程上对 P2P 行业进行监管，而对于行业准入通过发放牌照的方式可能性较大。

（2）信用信息交换较困难，违约成本低。在英美等 P2P 借贷业务起步较早的国家，注册借款人账号或注册互联网金融公司，都需要注册其社保账号、关联银行账号、学历、以往不良支付的历史记录等信息，信用信息的共享程度比较高，因此违规成本也随之增高。相比而言，我国的信用环境和信用信息系统对互联网金融的发展较为不利。目前，互联网金融公司尚无法接入人民银行征信系统，各公司之间也不存在信用信息共享机制，对借款人的信用审核完全依赖各公司自身的审核技术和策略，独立采集、分析信用信息。由于信用信息交流存在难以逾越的障碍，无法形成有效的事后惩戒机制，借款人违约成本较低，对行业的长期健康成长极为不利。此外，信用信息缺乏交流还可能导致互联网金融公司在独立获取客户信用信息和财务信息的过程中时效性较差，时滞较长，从而诱发恶意骗贷、借新还旧等风险问题。

然而，由中央银行主导的支付清算协会计划提出研究为成员单位提供相关征信业务服务、依托协会风险信息系统、上海资信网络金融征信系统等相关平台，研究互联网金融征信体系建设方式，以及提供征信业务服务的模式。截至2014年2月，包括人人贷在内的多家P2P机构已经接入上海资信网络金融征信系统。该系统是中央银行探索征信商业化运营的试验，未来将接入中央银行现有的征信系统。可以预见的是，如果能够按照计划将成员企业全部接入上述系统，P2P机构提出的共享借款人黑名单、接入中央银行征信系统的计划将均得以实现。

实际上除了上海资信征信系统外，中央银行2013年12月20日开始接受征信牌照申请，预计2014年开始发放。包括陆金所、人人贷在内的一些机构均已提交申请。除此之外，包括全球最大征信局益佰利（Experian）在内的国外征信机构也已经开始同我国P2P网贷公司合作。不过局限于监管政策的规定，目前合作尚停留在数据化风控技术研发及应用方面。

（3）技术存在潜在风险，平台安全面临考验。金融业务与互联网技术对接虽然大大提升了业务的便利性，但同时也带来了较为突出的信息和资金安全问题，即使是已经发展较为成熟的正规金融互联网化平台，也还存在着较多的技术风险。P2P借贷平台的设计和搭建主要依据Web2.0技术，与传统金融互联网化平台在技术理念上基本一致，因此，对于传统互联网金融面临的潜在安全缺陷，P2P借贷平台也难以回避。不仅如此，由于互联网金融公司实力与正规金融机构相比差距还很大，其对互联网技术安全问题的解决能力也较差，而目前互联网金融公司的信用审核、风险管理等关键环节都在相当大的程度上依托其互联网平台，更增大了其技术风险以及平台的脆弱性。互联网金融这一新型业态，其发展时间虽短，但发展势头迅猛，对于该业务的运行特点、面临的风险、发展趋势，特别是对我国金融体系的影响，短时期内尚难以定论，还需时日加以观察分析。

对比美国的信贷环境而言，互联网金融在中国拥有更好的发展土壤，但同时美国具有成熟和完善的征信系统，这是我国目前所不具备的。相较于海外Lending Club等P2P公司而言，国内一些平台不是真正的P2P。在美国金融监管是分业监管，Lending Club涉及资产证券化的业务就必须接受相关部门监管，而国内属于混业监管的模式，所以国内对于P2P由谁来监管目前并没有严格的定义与定论。但作为金融业务，P2P理应被监管，相关的门槛就会存在。P2P互联网贷款平台涉及的资金量十分巨大，其信用担保的风险很高，而目前这类公司正呈爆发式增长，其自律监管水平和能力却参差不齐，一旦引发道德风险则后果不堪设想。对于这类公司应当像小额贷款公司、融资性担保公司等准金融机构一样纳入有关部门的专门审批和后续监管中，这也将有利于其身份的正名和行业的有序蓬勃发展。

第六章　互联网金融风险管理：
信用风险管理

　　商业银行是经营风险的企业。商业银行面临一系列的风险，除了巴塞尔资本协议规定的信用风险、市场风险、操作风险三大主要风险外，还包括流动性风险、声誉风险、战略风险、国别风险、集中度风险等。风险管理是商业银行核心竞争力的一种体现，在利率市场化、经济转型去杠杆化的背景下尤甚。所以，本书将结合案例分析针对中小银行在业务发展和风险管理中面临的主要风险——信用风险和操作风险，作进一步的探讨。

　　信用风险是互联网金融业务中面临的最大风险之一。互联网金融的服务方式具有虚拟化的特点，为了确保借贷双方背景的真实性，金融机构或网络借贷公司需要投入大量人力物力展开贷前调查；为了确保贷款流向实体经济，符合借贷条款要求，还需建立严密的风险监控体系，降低因信息不对称造成的风险。

一、信用风险

　　信用风险是商业银行面临的最重要风险形式之一。信用风险可能造成商业银行支出资金的部分或完全损失，加强信用风险管理有助于商业银行的经营安全。银行信用风险，是指由于借款人或市场交易对手的违约而导致的损失的可能性。信用风险管理是指通过有效的方法对信用风险进行分析、防范和控制，保证本息的收回。

（一）信用风险的含义

　　对于信用风险的定义有许多不同观点，最具代表性的有三种。传统的观点认为，信用风险指交易对象无力履约的风险，即债务人未能如期偿还其债务造成违约而给经济主体经营带来的风险。另一种观点认为，信用风险分为广义和狭义的概念。广义的信用风险指所有因客户违约引起的风险，如表外业务中交易对手违约所导致或由负债转化为表内负债，资产业务中借款人未按时还本付息引致资产质量恶化，负债业务中存款人大量提前取款造成挤兑等。狭义的信用风险一般特指信贷风险。还有观点认为，信用风险指由于借款人或市场交易对手违约而导致损失的可能性，还包括由于借款人的信用状况和履约能力的变化导致其债务的市场价值变动而引起损失的风险。这种观点中信用风险的大小主要取决于交易对手的财务状况和风险状况。与传统信用风险定义相比，这种对信用风险的解释更切合信用风险的本质。①

本研究认为，商业银行信用风险是指由于各种不确定因素的影响，使银行在信贷经营与管理过程中，实际收益目标与预期收益目标产生背离，有遭受信贷损失的一种可能性。

总体来说，信用风险的度量分为两个层面，首先是对信用风险损失本身的定义和评估，其次是建立信用损失与资产价值直至资本之间的联系。

信用风险损失是指因债务人或交易对手的违约造成的损失，即在给定的时间期间（T，一般为一年），信用风险的暴露状况（非负随机变量 E）、违约是否发生（示性随机变量或称 Bernoulli 变量 I）和违约后发生的损失（非负随机变量 L）三个方面度量信用风险损失。也就是说，在给定期间的信用风险损失 CL_{T+1} 为：

$$CL_{T+1} = I_{T+1} \times L_{T+1} \times E_{T+1} \qquad (6-1)$$

上述各个变量在给定期间的期望值就是信用风险度量指标：违约概率（Probability of Default，PD）、损失率（Loss Given Default，LGD）和风险暴露（Exposure at Default，EAD）。公式表示为：

$$PD_T = E_T[I_{T+1}]$$
$$LGD_T = E_T[L_{T+1}] \qquad (6-2)$$
$$EAD_T = E_T[E_{T+1}]$$

当上述变量互相独立时，在给定期间的信用风险损失的期望值可表示为：

$$E_T[CL_{T+1}] = PD_T \times LGD_T \times EAD_T \qquad (6-3)$$

一般称为预期损失（Expected Loss，EL），$EL = EAD \times PD \times LGD$。

金融机构通常用财务报告中的减值准备（General Provision）来管理预期损失，也就是说基于它们对信用工具的内部定价模型来计算公式（6-3）中的各个项，进而得到每个报告时刻的 EL。估计预期损失和相对应的减值准备是计算资本充足率的前期工作。没有足够的减值准备的资本是毫无意义的，而且，有必要考虑不同的减值准备情景对资本充足率的影响。

---

① 梁世栋. 商业银行风险计量理论与实务 [M]. 北京：中国金融出版社，2011.

信用风险预期损失只是信用风险损失变量（6-1）的数学期望，由于信用风险损失变量的非对称性，数学期望并不能很好地表现该损失随机变量的性质，特别是那些发生频率很小但金额很大不能被准备金完全覆盖的损失，相对应的概念是非预期损失（Unexpected Loss，UL）。一般情况下，非预期损失是指信用风险损失的某个上（右）分位点（或其他类似的风险度量）与期望值的距离，表示超过预期的那部分损失：

$$UL_T = VaR_T[CL_{T+1}] \tag{6-4}$$

金融机构通常用信用风险资本（Credit Risk Capital）来管理非预期的损失，通过设置一定的置信限（例如99%）计算最大可能损失。关于 *EL* 和 *UL* 的关系以及相应的金融机构信用风险管理的关系见图6-1。

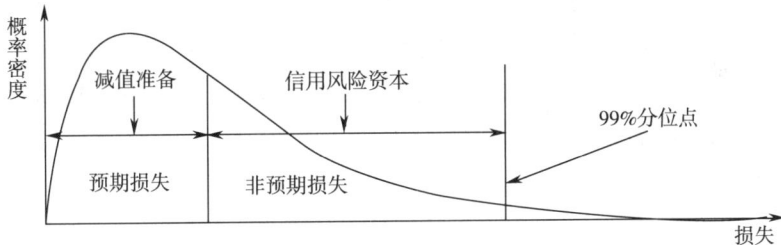

资料来源：梁世栋. 商业银行风险计量理论与实务［M］. 北京：中国金融出版社，2011.

图6-1　损失概率密度、*UL*、*EL* 和经济资本分布示意图

在互联网金融中，信用风险是指互联网金融交易者在合约到期日不完全履行其义务的风险。互联网金融服务方式具有虚拟性的特点，即网络金融业务和服务机构都具有显著的虚拟性。网络信息技术在金融业中的应用可以实现在互联网上设立网络银行等网络金融机构，如美国安全第一网络银行就是一个典型的网络银行。虚拟化的金融机构可以利用虚拟现实信息技术增设虚拟分支机构或营业网点，从事虚拟化的金融服务。网络金融中的一切业务活动，如交易信息的传递、支付结算等都在由电子信息构成的虚拟世界中进行。

与传统金融相比，金融机构的物理结构和建筑的重要性大大降低。网络金融服务方式的虚拟性使交易、支付的双方互不见面，只是通过网络发生联系，这使对交易者的身份、交易的真实性验证的难度加大，增大了交易者之间在身份确认、信用评价方面的信息不对称，从而增大了信用风险。对我国而言，网络金融中的信用风险不仅来自服务方式的虚拟性，还有社会信用体系的不完善而导致的违约可能性。因此，在我国网络金融发展中的信用风险不仅有技术层面的因素，还有制度层面的因素。我国目前的社会信用状况是大多数个人、企业客户对网络银行、电子商务采取观望态度的一个重要原因。

（二）信用风险模型概述

一般来说，现代信用风险模型可分为两类：一类是盯市的投资组合理论模型，如 Credit Metrics 和 KMV 公司以 Merton 为基础的信用风险模型；另一类是违约模式模型，如 Credit Risk + 模型和 Credit Porfolio View 投资组合方法。

1. Credit Metrics 模型

JP Morgan 的 Credit Metrics 模型在 1997 年首次发表并被广泛推广。Credit Metrics 模型的主要工作是估计贷款和债券类金融产品的组合在一定期限内（通常是一年）的价值变化远期分布，模型的数据基础来自评级公司（如穆迪）的信用级别转移概率矩阵。[1] Credit Metrics 采用盯市方法来计算信用风险价值，信用产品（包括债券和贷款等）的市场价值取决于债务发行企业的信用等级，即不同等级的信用产品会有不同的市场价值。[2]

Credit Metrics 模型主要包括敞口、价值波动以及信用资产变动的相关性。Credit Metrics 模型估计的 PD 是以每年的评级历史数据进行统计，较为简便，且只要有评级结果的历史材料即可计算出各个信用等级的 PD。它既可对资产组合进行分析，又可以对边际风险进行度量。然而，该模型的许多前提假设与现实不符。

2. KMV 模型

KMV 模型是美国旧金山市 KMV 公司于 1997 年建立的用来估计借款企业违约概率的方法。KMV 公司是一家专业信用风险分析公司（目前已被穆迪合并）。该模型认为，贷款的信用风险是在给定负债的情况下由债务人的资产市场价值决定的。但资产并没有真实地在市场交易，资产的市场价值不能直接观测到。为此，模型将银行的贷款问题倒转一个角度，从借款企业所有者的角度考虑贷款归还的问题。为此，KMV 公司推出了一个信用风险模型和一个可扩展数据库，用来估计违约概率和损失分布。

KMV 模型的方法与 Credit Metrics 模型依赖评级机构的信用级别转移概率矩阵不同，它依赖于公司自己统计研究得出的 EDF。EDF 是一条连续的曲线，对

---

① 梁世栋，郭仑，李勇，方兆本. 信用风险模型比较分析［J］. 中国管理科学，2002（1）：17 - 22.

② 梁世栋. 商业银行风险计量理论与实务［M］. 北京：中国金融出版社，2011.

每个债务人都是特别的，是公司资本结构、资本收益和资产现值的函数。EDF不依赖转移矩阵，当然实际上已经暗含了利差曲线和信用级别等信息。KMV的另一个重要特点是利用了 Merton 的期权定价模型和风险中性的思想。[①]

KMV 模型的优势在于以现代期权理论基础作依托，充分利用资本市场的信息而非历史账面资料进行预测，将市场信息纳入了违约概率，更能反映上市企业当前的信用状况。KMV 模型是一种动态模型，采用的主要是股票市场的数据，因此，数据和结果更新很快，具有前瞻性。

然而它的劣势在于：假设比较苛刻，尤其是资产收益分布实际上存在厚尾现象，并不满足正态分布假设；仅抓住了违约预测，忽视了企业信用品质的变化；没有考虑信息不对称情况下的道德风险；必须使用估计技术来获得资产价值、企业资产收益率的期望值和波动性；对非上市公司因使用资料的可获得性差，预测的准确性也较差；不能处理非线性产品，如期权、外币掉期等。

3. Credit Risk + 模型

Credit Risk + 是 CSFP（Credit Suisse Financial Products）1997 年发表的商标，该模型推导债券投资组合的损失度，只有违约风险被纳入模型，不涉及降级风险，而且违约风险与资本结构无关，在该模型中没有关于违约原因的假设。[②] Credit Risk + 模型以风险头寸与单位发生额的比例为标准将债务分为 M 个等级。其最大的优点就是简单易用，按照假设其债务人的边际风险分布可以很容易得到，另外模型集中研究的是违约风险，需要的其他变量很少，对于每个资产组合而言，仅仅只要知道其违约概率和风险头寸即可。当然，它同样存在不足。它不涉及降级风险，即忽略了信用级别的动态化，另外，与 KMV 模型一样，Credit Risk + 模型并未考虑市场风险，因此该模型不能处理非线性金融产品，如期权和外汇掉期。

4. Credit Porfolio View 模型

Credit Porfolio View 模型是一个基于具体经济表现，测算借款人的信用等级转移概率的模型，它试图深入挖掘经济层面对信用迁移的驱动力。该模型是由 Wilson 发展的一个风险模型，受到了麦肯锡的推荐。Credit Porfolio View 模型是一个用于估计一个国家某一行业内公司的违约和信用变动的多因素模型。

Credit Porfolio View 模型认为 PD 和变动概率与经济相关联，即当经济状况良

---

① 梁世栋，郭欠，李勇，方兆本 . 信用风险模型比较分析 [J]. 中国管理科学，2002（1）：17 - 22.

② 梁世栋 . 商业银行风险计量理论与实务 [M]. 北京：中国金融出版社，2011.

好时，降级和违约事件逐渐减少，而当经济走向疲软时，则恰恰相反。由于经济状况受到宏观因素的影响，因此模型就将 PD 和变动概率与宏观经济指标联系在一起。如果获得相关数据，即可应用于不同群体中不同类别的债务人，如金融机构、服务业、建筑业等。

由于相关数据的可得性，该模型具有较易实现的优点。然而它的局限性也很明显。模型的可靠依赖于数据的真实性，往往这些信息具有一定的滞后性，另外，模型使用调整后的信用等级转移概率，而调整往往基于主观判断，这使得模型的结果具有主观性。

二、互联网金融信用风险管理现状

在互联网金融模式下，由于搜索引擎、大数据、社交网络和云计算等技术的大量运用，市场信息不对称程度非常低，交易双方在资金期限匹配、风险分担的成本非常低，银行、券商和交易所等中介都不起作用；贷款、股票、债券等的发行和交易以及券款支付直接在网上进行，这个市场充分有效，接近一般均衡定理描述的无金融中介状态。在这种金融模式下，支付便捷，搜索引擎和社交网络降低信息处理成本，资金供需双方直接交易，可达到与资本市场直接融资和银行间接融资一样的资源配置效率，并在促进经济增长的同时，大幅减少交易成本。

然而，这种体系也存在着巨大的风险。当前对于互联网金融以及互联网金融风险，尚没有统一定义。但把握互联网金融风险，首要的是基于对互联网金融特性的判断。基本上，互联网金融是金融机构或金融组织以互联网为媒介和渠道，以网络信息技术为支撑，提供金融产品和金融服务的各种金融活动。互联网金融是传统金融与互联网相融合的新型业态，其重要特性在于金融业务结合了互联网"开放、平等、普惠、协作、分享"的特点，使得金融产品和服务参与度更广、操作更加便利、交易成本更低、规模效用更大。目前，互联网金融业务发展基本有支付类（如支付宝、财付通、快钱支付等）、融资类（如阿里小贷、拍拍贷、红岭创投、众筹等）、理财类（如余额宝、众安在线、融 360 等）、虚拟货币类（如比特币、Q 币等）等种类，且这些金融产品和服务越来越接触到传统金融业务的核心。[①] 就我国互联网金融来看，由于互联网金融出现的时间短，发展快，目前还没有形成完善的监控机制和信用体系，存在着诸多的

---

① 闫真宇. 关于当前互联网金融风险的若干思考 [J]. 浙江金融，2013（12）：40－42.

风险。

（一）我国信用体系及相关法律尚不完善

目前我国信用体系尚不完善，互联网金融的相关法律还有待配套，互联网金融违约成本较低，容易诱发恶意骗贷、卷款跑路等风险问题。特别是 P2P 网贷平台由于准入门槛低和缺乏监管，成为不法分子从事非法集资和诈骗等犯罪活动的温床。

目前互联网金融领域信用风险最常发生在 P2P 业务中。纯粹意义上的 P2P 只是作为沟通借贷双方的平台。借款方的信用风险不应当成为 P2P 平台的风险。但是为了追求规模，P2P 平台往往采用各种方式给客户提供担保，担保的采用就把借款客户的信用内生化，使得 P2P 平台必须为客户的信用作背书。而通过 P2P 平台借款的，通常是信用资质较差的个体。因此信用风险是以 P2P 业务为代表的互联网金融企业最需要关注的风险之一。P2P 金融野蛮发展，大幅领先于我国金融监管措施和法律保障体系，从 2012 年第二季度起，陆续有媒体报道了在 P2P 平台发生的恶性事件。比如，2012 年 5 月，淘金贷网站上线后一周不能登录，网站负责人失去联系，超过 80 名投资者的资金未能追回；2012 年 12 月，优易网创始人与工作人员消失，60 多人的近 2 000 万元资金无法追回；2013 年 1 月，人人贷推出的实地认证标被报不实等。

例如，2013 年 3 月上线的众贷网，是一家注册资金 1 000 万元的 P2P 平台公司，隶属于海南众贷投资咨询公司，总部在海口市，定位为中小微企业的融资平台。2013 年 4 月上线一个月后即告破产。主要原因在于一个项目出现了三次抵押问题，而且产权一直不在众贷网手中，众贷网在资金难以追回的情况下只能宣告破产。根据法定代表人介绍，这个借款人有一套位于海口的 220 余平方米的房屋，需要 300 万元左右的资金。众贷网结合借款方的所有资产资质综合评估后确定其融资额度为 350 万元，但由于刚刚投入运营，先给了 200 万元，分发 3 个借款标，每个标的 50 万 ~ 60 万元。当时有 36 个人拍了这 3 个标。到月末经核实才发现这套房产同时抵押给了多人，在众贷网已是第三次抵押。众贷网的倒闭正是其不能正确识别客户风险，导致出现借款人重复抵押的信用风险事件后的结果。

据统计，2013 年至 2014 年 2 月全国共 85 家 P2P 平台跑路或倒闭，其中

2013 年全年共 75 家，2014 年初的 1 个月里有 10 家。① 平台的倒闭原因中，逾期提现是出现最为频繁的，而同时运营多家 P2P 平台，建立资金池导致提现困难，最终平台倒闭的现象也时有发生，如江苏、浙江的几家 P2P 平台。

然而，目前我国至少有 2 000 家 P2P 平台，倒闭了 85 家，相当于淘汰率为 4%，依照国外和其他一些行业的经验，P2P 的风险并未完全暴露。此外，这 85 家机构多为小型 P2P 平台，就融资金额而言，也远未达到资金规模上的 4%，因此今后 P2P 行业的淘汰将加速。

国外 P2P 发展经验表明，P2P 行业的早期淘汰率应在 20% ~ 30%，4% 远低于行业平均值，如果监管部门未出台门槛设定，那么 2014 年很可能出现行业洗牌。

（二）互联网金融企业未纳入人民银行及银监会监管范围，缺乏最后贷款人的保护

传统商业银行尽管要面对固有的信用违约及期限错配风险，但它有中央银行作为最后贷款人给予支持，虽然这一支持是以满足严格的监管要求作为条件的。而互联网金融企业目前并未严格纳入人民银行及银监会的监管范围，因此也缺乏中央银行作为最后贷款人的保护，一旦发生产品违约，其破坏力将十分巨大。

金融创新与风险往往如影随形，主管部门需在包容与监管间拿捏有度，否则很可能付出惨痛代价，2008 年美国次贷危机的爆发就是一个典例。反观目前国内低门槛、高效率、高收益的互联网金融产品，由于在身份识别、信息安全等方面尚存"软肋"，客户在购买和使用这些创新品种时，自身财产安全难免受到威胁。如客户在通过二维码支付过程中就会面临伪造二维码、木马软件植入套取现金等陷阱。因此，2014 年 3 月，人民银行不仅发文暂停了虚拟信用卡和二维码支付，而且还对个人支付账户转账限额进行了意见征求。② 当然，未来二维码支付安全达标后或可再推广。

事实上，美国等发达国家的管理经验就是"监管前置"，即在严格制定好操作规则之后再全面放开市场。美国监管部门会对第三方支付机构进行定期压力

---

① 资料来源：黄杰 . 85 家 P2P 公司倒闭 监管层闭门会议商讨监管对策，凤凰网 . http：// finance. ifeng. com/a/20140309/11841336_ 0. shtml.

② 马红曼 . 厘清互联网金融的监管边界 . http：//tech. sina. com. cn/i/2014 - 03 - 20/03509256345. shtml.

测试并要求其提交处置预案，以备风险爆发后采取必要的善后措施。如果相关测试未能通过，那么第三方支付机构的一项或多项业务将被强制停止。因此，我国主管部门应当在互联网金融产品推出之前就设计好风险考评机制，预先把控好金融创新的力度、速度和质量，在提高新型金融产品信息透明度的同时，充分披露产品结构及风险要素，让广大客户对金融创新品种有完备的认知，以避免盲目购买冲动。① 未来，P2P、众筹等互联网金融新样态，将会进行分业监管。

（三）互联网金融企业缺乏专业的风险管控

金融业是高风险行业，存在着汇率风险、利率风险、会计风险、市场风险、信用风险等诸多的金融风险。我国金融市场的逐步开放和外资金融机构的快速进入，加大了我国金融机构的经营风险，因此，目前国内金融控股企业、证券公司、投资银行与商业银行、资产管理公司、证券公司、保险公司、各大型企业集团的财会与稽核部门纷纷加强了金融风险控制，形成了政府统筹管控、企业内部实施的两级管理体系。而对互联网金融来说，由于发展时间短、变化快，目前尚没有形成体系化的风险管控体系，对参与其中的用户和机构而言，都存在着巨大的风险。

互联网金融机构作为互联网金融的主体，将承担风险管控的重要任务。对金融机构而言，主要可分为针对内部的管控风险和外部的信用风险。对内部而言，它需要更好地设计各种理财产品，更清晰地衡量收益和风险，更规范化的流程管控和更准确的市场动态识别；而对外部而言，它需要对客户进行更为准确的信用评估，以期实现更好的风险管控。

风险管控，一直是金融管控的重点和难点，内容复杂、涉及面广、专业人员缺乏等因素一直制约着我国金融行业的风险管控。对互联网金融机构而言，这些问题相对于传统金额行业更为严重，可以说，互联网金融行业处在一个未知的网络中，面临着许多未知的事情，也存在着许多未知的风险。

当前，互联网金融风险与整个金融业总量相比还是可控的。目前我国的互联网金融发展处于初期阶段，特别是一些新兴的互联网金融业态的总量还不是很大，像以拍拍贷为代表的网络贷款、以支付宝为代表的第三方支付、以余额宝为代表的网上理财等的业务量与传统业务量相比还不大，但是互联网金融风

---

① 马红曼. 厘清互联网金融的监管边界. http：//tech. sina. com. cn/i/2014 - 03 - 20/03509256345. shtml.

险的态势绝不可以小觑。一方面是因为互联网金融发展飞快，领域拓展较多，业务量呈指数级增长，影响面越来越大。另一方面是因为当前对互联网金融发展的规范较少，特别是一些参与方基本上采取先占市场份额，再"亡羊补牢"的思路，往往对风险防范考虑不够多、不够细。①

三、我国中小银行信用风险管理现状

中小银行风险管理起步比较晚，在风险管理理念、体系和技术等方面还有很大差距。一些银行的风险管理体系还不健全，风险管理受外界因素干扰较多，独立性原则体现不够。风险管理体系的健全和独立是确保风险管理有效性的关键，将直接影响到中小银行的生存和发展。对我国中小银行的实际风险资本配置情况统计时发现，截至2012年，我国中小银行的信用风险占银行所有风险暴露的60%，而操作风险和市场风险分别占到了20%，通过统计发现，我国资产在500亿元以上的城市商业银行有20多家，中小银行的信贷不良率相对较高，信用风险的存在严重地影响了我国中小银行的生存和发展。②

（一）对风险管理和业务发展的关系认识还有很大缺陷

风险管理对于银行的日常运营非常重要，风险管理在银行每个环节中都有体现，目前我国中小银行的从业人员信用风险管理意识缺乏，对相关的法律法规知识也不够了解，从业人员的专业技能普遍偏低，对中小银行的发展只注重眼前的利益，而没有从长远发展的角度来考虑，中小银行对于信用风险管理和业务发展之间的关系不够明确。③ 中小银行内部对风险管理和业务发展的关系认识不统一造成业务部门和风险管理部门矛盾尖锐：一方面，一些业务人员往往错误地把风险管理摆在业务发展的对立面上，认为风险管理是阻碍业务发展的，在尽职调查报告中突出有利因素，有意忽视或回避风险因素；另一方面，部分风险管理人员不能研究业务、研究市场，通过否定业务逃避承担风险和责任，使该发展的业务发展不了，反而降低了银行的整体抗风险能力。

（二）风险管理手段落后

目前国内中小银行与先进银行的主要差距表现在以下方面。

---

① 闫真宇. 关于当前互联网金融风险的若干思考 [J]. 浙江金融，2013（12）：40－42.
② 褚晓丽. 新形势下中小银行的信用风险管理研究 [J]. 商，2012（18）：123－124.
③ 褚晓丽. 新形势下中小银行的信用风险管理研究 [J]. 商，2012（18）：123－124.

（1）风险管理信息系统建设滞后。受资金实力和管理水平等方面因素影响，大部分中小银行风险管理系统建设严重滞后。一些银行表现为软硬件投入不足，与此同时，多数银行存在着风险管理所需要的大量业务信息缺失的问题。相当部分风险管理信息缺失，直接影响到风险管理的决策科学性，也为风险管理方法的量化增添了困难。

（2）风险量化技术和计量水平方面的不足。中小银行在准确计量风险方面仍面临统计数据和技术方面的困扰，在风险管理方法上体现为比较重视定性分析，风险量化分析手段欠缺，在风险识别、度量等方面还很不准确。

（3）部分中小银行对风险管理的系统性、规范性和科学性重视不足。将风险管理等同于信贷风险管理，主要通过贷前调查、贷中审查和贷后检查的"三查"制度来控制风险，缺乏有效的风险管理措施。

（4）基础管理薄弱，没有建立有效的成本管理和资本管理体系为风险管理提供支持和保障。[①]

（三）实施 IRB 初级法仍然存在很大困难

现代风险管理模型是内部评级法的重要技术基础，内部评级法的基本理念和现代风险管理模型是一致的，而且内部评级法中违约率等关键风险要素输入值要通过这些模型才能得到；巴塞尔委员会认为，内部评级法是现代风险管理模型的一个阶段，其目的是推动现代风险管理模型在银行业的普遍运用。但目前我国中小银行在风险管理模型方面还尚未步入实用模型阶段。[②]

（1）数据基础不足，企业有效数据缺乏连续性，数据的积累不足以提供可靠的相关参数。违约损失率对数据质量和时间的要求非常高，例如美国监管当局规定，银行为测量违约损失率必须至少拥有 7 年的内部历史数据，这些数据还必须包括违约率较高的经济萧条期。这些条件是我国中小商业银行目前不具备的。

（2）我国区域发展、行业特异性差别很大，必须建立反映不同区域、行业的多个模式，样本数据不足会影响违约模型的有效性。

（3）整体社会信用体系远未发展成熟，借款人的财务报表可信度差，数据真实性、完整性差，严重影响评级质量。即使是信息披露要求非常严格的上市公司，财务报表造假的丑闻也时常发生。

---

① 韩镇. 中小银行风险管理研究［D］. 天津：天津大学，2009.

② 崔俊波. 我国中小银行信用风险内部评级研究［D］. 吉林：吉林大学，2011.

（四）风险管理体系不完善，公司治理和内部控制不健全

我国的金融体制具有明显的政府主导特征。中央政府主导中小银行的体制结构，地方政府主导中小银行的业务经营，这使得中小银行逐渐习惯于在政府规定的范围内行事，市场意识薄弱。股东大会、董事会权力弱化，监事会形同虚设，产权约束缺失，"内部人控制"现象严重。与此同时，作为股东利益代理人的经营班子在权利和责任方面高度不对称。一些中小银行的经营班子的任免权仍在地方政府，使股东对银行经营者缺乏约束，导致银行的经营者缺乏维护股东利益的内在动力，风险意识薄弱。在这样的背景下，中小银行难以形成了一套严谨而全面的风险管理体系。

四、我国中小银行信用风险管理策略分析

（一）完善信用风险系统功能

要想构建一个中小银行信用风险管理体系，应该从培育信用风险管理文化、建立科学的信用风险管理体系、完善信用风险信息系统建设、提高信用风险度量和管理技术、积极处置不良资产、改善银行信用环境等几个方面做起。①

信用风险系统建设总体目标：根据巴塞尔新资本协议框架和银行信贷业务发展需要，通过流程、数据、模型的整合提供先进的信用风险管理技术平台与工具。通过信用风险系统的建设实现对业务管理的事前预警、事中的监控以及事后的分析，实现整个流程的风险控制。

（1）由上到下地树立一种风险管理的观念，从而营造出一种风险管理文化，在银行内倡导一种风险意识，从银行的内部引导和推进信用风险管理的发展。

（2）风险控制管理信息系统已经成为了很多银行必备的系统，例如花旗、摩根大通等银行都建立了自己的全球风险控制管理信息系统，系统内的数据都是实时更新，为银行的风险评级等工作提供了全面、准确的数据参考。因此，银行应通过信息系统的建设实现信贷风险管理流程的电子化。以业务管理为纽带，建立与信贷业务关联的客户信息数据中心，为各项业务处理提供全面完整的工作流程控制，并实现风险监督控制要求。

（3）通过信贷数据集市的建设为引入 IRB 法建立信贷评级体系提供信息技

---

① 褚晓丽. 新形势下中小银行的信用风险管理研究 [J]. 商，2012（18）：123 – 124.

术支持，具备数据仓库以及整合银行现有系统的能力。

（4）通过模型的建设，创建风险评级、限额、贷款定价、RAROC、资产组合管理工具等，为实现 IRB 提供科学的风险管理手段。

（5）可扩展和自定义风险预警、限额管理和信息统计查询与分析等功能。

（二）完善公司治理，建立与风险管理战略相适应的组织架构

中小银行治理结构的缺陷将导致内部控制从根本上失效，而有效的内部控制必须以良好的公司治理为基础，而且内部控制本身，包括内部审计和外部审计在内，也是公司治理的重要内容。由于公司治理是关于金融机构利益相关者，尤其是股东、经理和债权人之间责权利基本关系的安排，其基本结构决定了金融机构对风险的承担和管理以及相应风险收益的分配和管理激励，从而对中小银行的内部控制和整个风险管理体系起到基础性的决定作用。组织架构构建银行风险管理的组织体系至少应包括以下内容。

（1）明确董事会、高层经理、审计部门等对内部控制的相关责任，逐步建立董事会管理下的风险管理组织架构。董事会是银行经营管理的最高决策机构，在董事会的下面设置风险管理委员会作为银行风险管理战略、政策的最高审议机构，确保全行风险管理战略、偏好的统一和风险管理的独立性。

（2）在风险管理的执行层面，要设立独立于业务经营部门之外的风险管理部门，明确风险管理部是对各机构、业务条线的各类风险进行全面管理的部门，通过向业务部门和分支机构派驻风险监控官来实现涵盖所有的业务和领域的风险集中管理。即不仅要对信用风险进行管理，而且重视市场、操作性、法律等各类风险的管理；不仅强调对市场风险因素的控制，而且重视对人为风险因素的控制。风险管理部门要定期形成风险报告，报送董事会、高级管理层及其他管理人员。风险报告通常要包括各类风险敞口及结构分析、风险水平、资本计算及分配情况、盈亏状况以及风险管理政策和程序的执行情况，改进风险管理政策、程序的建议等。

（3）树立审计部门的权威性和独立性，强化审计部门的监督职能。有条件的银行应由内部审计部门定期对风险管理体系各个组成部分和环节的准确性、可靠性和有效性进行独立的审查和评价。内部审计既对经营部门和分支机构进行，也对风险管理部门进行。其审计范围不仅包括风险报告的内容，而且还包括风险管理的组织结构，各类风险管理职能的独立性，风险管理人员的充足性、专业性以及履职情况，风险计量数据准确性、可靠性，以及计量方法的恰当性和结果的准确性等内容。内审报告直接提交给董事会。董事会督促高级管理层

对内审中发现的问题进行整改。内部审计部门跟踪检查整改情况，并向董事会反馈。对于风险管理存在重大问题以用风险管理政策和程序的执行情况的机构和部门，内部审计部门除了建议处置当事人外，还可采取派驻审计专员、扩大审计范围和增加审计频率等手段。内部审计力量不足的银行可委托社会中介机构对其进行审计，这也是银行监管部门所鼓励的。[①]

（三）配套的制度体系建设

完善公司治理和内部控制的同时，银行还需建立完善风险管理政策体系、决策体系和评价体系。

（1）风险管理政策体系是一个完整的有机整体，应该涵盖所有的业务和领域，每个业务部门和地区都必须执行，不应存在政策制度的"死角"。风险管理政策体系又要体现分类管理和因地制宜的差别化原则，针对不同业务和地区的特点在风险管理方面区别对待。

（2）风险管理决策体系的核心是坚持公正和透明原则，包括以尽职调查、风险评审和问责审批等内容。

（3）强化基础管理，建立基于成本管理、资本管理的内部评价体系。风险管理的评价体系要以风险和收益的量化为基础，对风险管理政策、风险决策过程进行检查、回顾和评估，总结经验教训，并据此调整人员，改进流程，加强管理。

（四）内部信用评级体系建立

由于中小银行实施内部评级法存在较大困难，因此，应在内部信用评级体系建立完善的过渡期，采用适当的替代方法进行信用风险管理。一旦条件成熟，建立信用评级与贷款损失率和违约概率的映射关系，实现数据转换。针对中小银行的实际情况，目前比较理想和可行的选择是基于贷款质量五级分类（以下简称"五级分类"）的管理模式。五级分类是指按照风险程度将贷款划分为不同档次的过程。五级分类采用以风险为基础的分类方法，充分揭示贷款内在风险，对潜在的、已经发生的、尚未实现的风险进行合理判断，并按照特定标准分为相应级别。即把贷款分为正常、关注、次级、可疑和损失五类，前两类为正常贷款，后三类合称为不良贷款。为了建立与信用评级的映射关系，应将正常贷款进一步细分，正常类和关注类贷款至少再细分为七级，使总的分级达到十级

---

① 韩镇. 中小银行风险管理研究 [D]. 天津：天津大学，2009.

以上。建立分级违约数据库，为违约损失率的量化打下基础。

（1）五级分类是客户评级和债项评级的结合。其评定结果既考虑了借款人自身因素，还充分考虑了担保条件及未来现金流的情况。可利用上一章提到的现金流贴现模型和迁移模型，用单独测试和组合测试相结合的方法来计量组合信用风险。

（2）五级分类管理实施近十年，各银行均积累了相当的管理经验和历史数据。

（3）监管当局规定一般情况下每季度对分类评级结果进行重审和调整，借款人发生重大事项时，实时调整五级分类结果，有助于实现对信用风险的实时监控，并积累分类迁移数据。

（4）五级分类是监管当局认可的风险管理方法。我国银行业监管办法《商业银行风险监管核心指标（试行）》中的风险迁徙指标完全是以五级分类为基础的。以之为基础计量信用风险，与监管部门沟通方便。监管当局对分类情况经常进行抽查与核验，了解评级标准执行情况以及相关数据。

（五）针对性的经营策略

中小银行要在对宏观经济和行业发展前景客观准确分析预测的基础上，制定有针对性的经营策略：我国经济正处于转型时期，中小银行要积极调整信贷投向，在产业方向的选择上有保有压，扶优限劣：积极介入符合国家发展规划的节能、环保、具有长期投资价值的中小企业，对高耗能、高污染、产能严重过剩的产业和企业必须实行有力的调整和严格的控制。同时，加强目标市场和客户的调研分析，细分目标市场，采取有针对性的营销措施和管理手段。通过建立统一的行业、客户和业务品种的风险限额管理实现信用风险的分散化和信贷资源的合理分配。

第七章　互联网金融风险管理：
操作风险管理

一、操作风险

操作风险应该是商业银行面临的最古老的一种风险。起初，人们对操作风险的认识大多限制在操作性风险的层面上，但是随着技术进步和全球化的发展变迁，重要的、复杂的操作风险事件不仅发生更加频繁，操作风险的影响也越来越大。但是与信用风险管理、市场风险管理相比，理论界和实业界对操作风险关注度仍然相对不高。

随着信息技术的快速发展，商业银行的经营规模和业务范围急剧扩大，操作风险呈现逐步上升趋势，由于操作不当或内部控制失效等原因而造成严重损失乃至机构倒闭等事件频频发生，引起各界对操作风险的重视，对操作风险的界定是理论界和实业界要首先明确的问题。

（一）操作风险的定义

根据国际银行业的风险管理实践，风险管理程度和水平往往根据银行人员对风险的认识而定，所以对操作风险定义如何进行准确和合理的界定是操作风险管理的前提和基础。但是由于操作风险与具体业务密切相关且诱发因素广泛，在巴塞尔银行监管委员会定义之前，许多学者、银行业以及监管机构都对操作风险的界定进行了研究。从这些研究大致可以看出，相对于信用风险和市场风险，操作风险的定义要模糊得多，便出现了将其与操作性风险相混淆的狭义理解，也有将信用风险和市场风险之外的风险统归于操作风险范畴的广义理解。关于操作风险的定义，理论界和实业界有多种表述（见表7－1）。

表7－1   **国内外机构对操作风险的定义**

机构	操作风险定义
IBM 公司发起设立的操作风险论坛	遭受潜在经济损失的可能，由于客户、设计不当的控制体系、控制系统失灵及不可控事件导致的各类风险。
英国银行家协会（BBA）	由不足够的或失败的内部流程、人员和系统或外部事件造成的直接或间接损失的风险。
全球风险专业人员协会（GARP）	操作失败风险和操作战略风险。操作失败风险来自操作业务过程中发生失败的可能。操作战略风险则来自一些环境因素。
花旗银行	由于内部流程、人员或系统不完善或失败以及外部事件而造成损失的风险。包括声誉和授权风险。
美国银行	由于内部处理过程失误或准备不足（流程风险），或由于人员、系统或外部事件引起的风险，还包括无力以成功、适时与重成本效益的方式来贯彻实施战略目标和计划的风险。
德意志银行	由员工、合同规定和档案保存、技术、基础设施故障和灾祸、外部影响以及客户关系等方面产生损失的潜在风险。
巴塞尔新资本协议	由于不完善或失灵的内部程序、人员和系统，或外部事件导致损失的风险。这一定义包括法律风险，但不包括战略风险和声誉风险。
中国《商业银行操作风险管理指引》	由不完善或有问题的内部程序、员工和信息科技系统，以及外部事件所造成损失的风险。包括法律风险，但不包括策略风险和声誉风险。

资料来源：根据曲绍强《我国商业银行操作风险管理——基于管理框架设计的视角》整理而得。

从表7－1可知，操作风险的定义大多是大同小异，基本上描述了操作风险的内涵和特点：一是操作风险应该是商业银行运营过程中发生的特定风险，且广泛存在于商业银行运营的所有领域。相较于信用风险和市场风险，引发操作风险的因素具有多样性的特征。同时，信用和市场风险往往能够通过业务产品的多样化来降低整体风险，改善风险回报分布，但是操作风险无法进行对冲化解，操作风险的控制和缓释往往需要通过管理来实现，而非纯粹依靠资本计量来控制。二是操作风险可以是内生的（如内部人员、流程、内部控制程序、系统、设备的失误或缺陷），也可以是外生的（如欺诈、犯罪行为、自然灾害）。[1]同时，操作风险可能源自特别的载体（如业务、流程），也可能是源发的、相对

---

① 有一部分学者认为操作风险具有内生性，认为由于程序、人员和系统基本在银行的控制范围内，因而操作风险可以被认为是商业银行可以控制的内生风险，具有内生性。本书认为该结论忽略了操作风险也受外部经济、自然环境以及外部人员的影响，所以本书认为操作风险不仅具有内生性，而且具有外生性。

独立存在的。三是商业银行是通过"经营"风险而获得收益，但是操作风险不在其列。也就是说，就信用风险和市场风险而言，风险是中性的，包括潜在的损失和盈利。但是操作风险则更多地意味着损失，商业银行在日常经营过程中必须承担操作风险，但却极少通过承担操作风险而获利。四是关于战略风险和声誉风险的认识并不一致，如花旗集团对操作风险的定义包括声誉和授权风险，美国银行对操作风险的定义也包括不能有效、有利且及时执行的战略目标和措施。但是，战略风险和声誉风险是否纳入操作风险，只是对操作风险外延的争论，同时也可能涉及无法对战略风险和声誉风险进行精确的计量，但这些并不妨碍商业银行对其进行管理。

由于2006年巴塞尔新协议出台后，我国商业银行以及监管机构正在努力按照巴塞尔协议的监管标准进行风险管理的规范，且巴塞尔委员会的操作风险定义已成为国际上认可和通行的定义。基于此，本文对操作风险的定义延用巴塞尔委员会的定义，即由于不完善或失灵的内部程序、人员和系统，或外部事件导致损失的风险，包括法律风险，但不包括战略风险和声誉风险。

（二）操作风险的分类

操作风险的分类也是各国学者和实务界一直争论的话题，这也是由于操作风险的复杂性而导致的。英国银行家协会（BBA）按照人员、流程、系统、外部事件四大因素对操作风险进行了分类，并定义了每一个因素导致操作风险的业务；外国学者艾迪·凯德将操作风险分为交易风险、操作控制风险、系统性风险和业务事件风险；[①] 瑞士信贷集团将操作风险分为组织、政策和过程、技术、人员和外部事件，等等。

各国学者对操作风险的不同分类从一个侧面说明，虽然明确了操作风险的定义，但该定义是建立在对其产生原因分析基础上的，只是操作风险的一个方面。所以，从其他角度对操作风险进行详细的分类，可以进一步明确界定操作风险。同时，对不同的操作风险的分类，也是开展操作风险损失数据建设以及操作风险计量的基础。

由于商业银行操作风险的复杂性，其分类体系不仅是按照一定的方式进行分类，更重要的是在分类基础上，对于各类型的具体条目进行详细定义和说明，确保定义和分类符合实际业务的发展，以提高一家商业银行的操作风险分类标准的客观性和一致性。只有对商业银行操作风险的分类准确、恰当，才能确保

---

① 艾迪·凯德. 银行风险管理 [M]. 北京：中国金融出版社，2004.

在后续的管理和计量中进行明确且发挥效用。操作风险具体分类见表7-2。

表7-2　　　　　　　　　　　操作风险事件分类表

分类	操作风险类型的具体分类							
业务线	公司金融	交易和销售	零售银行	商业银行	支付和结算	代理服务	资产管理	零售经纪
事件类型	内部欺诈事件	外部欺诈事件	就业制度和工作场所安全事件	客户、产品和业务活动事件	实物资产的损坏	信息科技系统事件	执行、交割和流程管理事件	
风险来源	人员	内部流程	系统	外部事件				
强度和频率	低频高损	低频低损	高频高损	高频低损				

（三）操作风险管理和操作风险偏好的界定

从操作风险的定义和分类可以看出，商业银行的操作风险管理是一个过程，该过程贯穿于银行日常业务管理的各项活动中，通过运用适应其自身情况的管理工具，识别、评估、监测和控制操作风险，使之处于银行的风险偏好之内，促进商业银行合理将操作风险的产生降到最低。

操作风险管理过程中，确认风险偏好是风险管理的基调。而操作风险偏好，则是指一家商业银行对操作风险愿意承担的程度，根据一家商业银行的战略规划和各主要利益相关人的期望，所确立的愿意承担的操作风险类型和水平。操作风险偏好的设定、实施、监测、报告和调整等环节，就是将风险管理的理念渗入操作风险管理的各个环节。

二、操作风险事件的回顾与总结

（一）操作风险事件回顾

操作风险时刻伴随商业银行业务运行过程。1999年巴塞尔新协议将操作风险纳入风险资本的计算和监管框架，也标志着金融理论和实务界对这一古老风险认识的进一步重视和深入。2008年全球金融危机的爆发，促使全球金融监管部门反思监管框架并加强了对大型金融机构的监管，尤其是系统性风险的防范问题。危机发生后，学术界和实业界对巴塞尔新协议Ⅱ框架适用性有了广泛的争议，主要是各类风险的最低资本要求均具有周期性特点，会进一步加大金融体系的不稳定性，这直接推动了巴塞尔新协议Ⅲ于2010年9月的迅速出台。巴塞尔协议Ⅲ对操作风险管理并未提出直接的要求，但对操作风险而言，高级计量法（AMA）是唯一允许商业银行在操作风险计量中利用相关性和其他诸如保险等风险缓释手段的办法，因此，AMA就自然引入了导致操作风险资本金周期性波动的系统风险因子。

操作风险的特征在不同的宏观经济环境下表现形势不同，甚至在相同的宏观环境、不同的区域，操作风险的特征也有所差异，并以不同的方式显现。由于操作风险与银行经营始终相随，且与市场风险和信用风险能够相互转化，甚至具有风险放大的效用，使得操作风险的管理变得更加困难和复杂。与发达国家的商业银行相比，我国商业银行的操作风险特征表现出与之相同的内涵，但也出现了相异的表现。主要表现在两个方面：一方面是风险类型表现存在差异。我国商业银行操作风险损失事件的类型主要集中在内部欺诈、外部欺诈两类；国际活跃银行的损失事件类型主要集中在外部欺诈、执行、交割以及流程管理两方面。另一方面是我国商业银行操作风险具有明显的时代特征，往往与经济发展中出现的问题如房地产贷款及地方政府融资平台等相对应。当商业银行在业务发展中重视处置不良贷款、发展零售业务、支付结算和中间业务时，商业银行操作风险也在此类领域中体现突出。

回顾金融发展史，由于操作风险而导致商业银行发生重大风险事件、带来严重损失的事件不胜枚举。其中，最著名的当属英国巴林银行倒闭事件，追究该事件产生的原因，主要是由于其违规操作且缺乏对其违规行为的岗位制衡。而2008年法国兴业银行魔鬼交易员科维尔用的几乎是同样的手段，其自2005年就开始了欺诈交易，近三年欺诈交易规模呈不断升级态势。至2008年1月2日至18日，做多指数期货490亿欧元，在1月20日造成64亿欧元的亏损。调查显示，交易员科维尔的目的并非非法侵占或挪用资金，而是希望通过交易为企业获取更多收益，从而间接地增加个人奖金。在上述过程中，科维尔在企业激进风险文化的默认下，勾结了中台交易助理，同时利用其上级主管专业经验不足等缺陷，采用技术手段，突破了一系列内部控制关口，完成了巨额欺诈交易，导致了法国兴业银行高达70多亿美元的损失。[①]

国内，齐鲁银行伪造金融票据案也引发了金融机构对操作风险的再次关注。2012年12月6日，济南一商业银行在受理业务咨询时，发现一存款单位所持的"存款证实书"系伪造。经查，嫌疑人刘某通过伪造金融票证等手段多次骗取资金，该案涉及济南一些金融机构和多家企业。该案与2000年以来发生的银行承

---

① 白文娟. 基于内部控制的我国商业银行操作风险管理研究［D］. 兰州：兰州理工大学，2009.

兑汇票案模式大体类似。一方面，由于仅有一部分承兑汇票实行了电子化，大部分尚为纸质，加上大小银行的系统不统一，银行无法当场识别承兑汇票的真假而被骗。另一方面，由于银行内部管理失当，票据业务缺乏规范，内部作弊难以避免。"存款证实书"是银行与存款客户单独对接的，要伪造存款证实书，嫌疑人与存款企业或银行方面有熟络的人员才能做到。[①] 再如，北京银行玉泉营支行原客户经理张阳，2012 年 3 月至 7 月，虚构能以低价从海关购买便宜机动车的事实，骗取多人购车款共计 472 万元。2012 年 5 月，张阳虚构帮助购买高息理财产品的事实，骗取田某 140 万元。2012 年 7 月，张阳隐瞒其没有支付能力的真相，骗取北京一家旧机动车经纪公司保时捷和奔驰汽车各一辆，并抵押给他人。经鉴定，上述车辆价值共计 115.5 万元，案发后被依法追缴。还有，2012 年华夏银行上海某支行客户经理在该行理财室中向客户推介非本行的理财产品，理财产品到期未兑付，导致该行面临重大的声誉风险，经协商后全额赔偿客户本金 2 150 万美元。这些操作风险事件引起监管机构和银行业的关注，并再次提醒我们要时刻敲响操作风险的警钟。

（二）　互联网金融操作风险事件回顾

互联网金融业务的操作风险可能来源于互联网金融的安全系统，也可能是因为交易主体操作失误。从互联网金融的安全系统来看，操作风险涉及互联网金融账户的授权使用、互联网金融的风险管理系统、从事互联网金融业务的机构与客户的信息交流等，这些系统的设计缺陷都有可能引发互联网金融业务的操作风险。从交易主体操作失误来看，如果交易主体不了解互联网金融业务的操作规范和要求，就有可能引起不必要的资金损失，甚至在交易过程中出现流动性不足、支付结算中断等问题。由于互联网金融服务方式的虚拟性，互联网金融的经营活动打破了传统金融业务的网点限制，具有明显的地域开放性。在互联网金融业务中，安全系统失效或交易过程中的操作失误，都会构成互联网金融发展过程中的风险累积，对全国乃至全球金融网络的正常运行和支付结算产生影响。

阿里巴巴旗下支付宝的前技术员工利用工作之便，在 2010 年分多次在公司后台下载了支付宝用户的资料，资料内容超过 20G，随后将用户信息多次出售给电商公司、数据公司。2014 年 1 月，针对前员工倒卖超 20G 海量用户信息一事，

---

① 陈思，陈先语，邢潇丹．商业银行内部控制失效的博弈分析与对策［J］．知识经济，2011（24）：76 - 80.

支付宝回应称，前员工李某自述，其窃取和倒卖的用户信息为2010年之前不含密码、不含核心身份信息的部分非敏感交易内容，不涉及用户隐私及安全。尽管支付宝回应此次泄密事件不涉及用户隐私安全，但此次事件一方面反映出支付宝内部监控不力，管理存在漏洞；另一方面，泄露的信息仍有可能给用户造成不同程度的损害。

易观国际2014年发布的《中国第三方网络支付安全调研报告》显示，目前安全问题仍然是用户不使用网络支付的主要原因，占比高达54%。第三方支付相较于传统网上银行存在着独立于银行、服务意识更强、支付方面更深入等三方面优势。而如何保证客户资金安全则需要做到客户信息加密、防钓鱼、向客户提示风险、合作商户进行严格审查。

（三）操作风险形成机理

操作风险的形成机理，是操作风险分析的基础。国内外的研究者对操作风险的形成机理进行了很多的研究。与市场风险、信用风险相比，操作风险的涵盖范围广泛，几乎覆盖、贯穿于经营管理活动的方方面面，也包括信贷业务和市场交易过程中的操作风险。根据商业银行操作风险的概念，其成因主要有四个因素，包括内部程序、人员、系统、外部事件，但更多的学者把注意力集中到人员的因素上。当银行内部控制失效时，操作风险就会浮出水面，它涉及银行的每一个业务及其相关人员，这也是它和信用风险、市场风险的主要区别。操作风险事件的表现形式多种多样，包括业务差错、产品缺陷、违规操作、贪污受贿等。透过现象看本质，这些操作风险实质是业务流程和内控管理制度存在缺欠。深入分析其深层次原因，具体包括以下几个方面。

一是组织结构不完整。表现在管理职责分散、管理职能制衡缺失和部门权力较弱。在我国商业银行操作风险事件中，"基层行长带队"的现象屡禁不止，表现在身处一线的支行管理人员利用职务上的便利，实施较为严重的违法行为。部门权力缺乏主要体现为内部审计部门的权威性不强。典型地表现在内部审计部门通常注重基层操作人员的日常稽核监督，而对高层管理人员仅仅进行离任审计。商业银行的某些实质上是违规的行为但在日常业务处理过程中是符合"习惯性"的，这种情况导致银行等金融机构声誉不佳。

二是内部控制制度僵化、流于形式。中国银行业监督管理委员会的研究表明，我国银行业操作风险案件中，80%以上是由于"有制度而没有严格执行"造成的。在我国2007年中国农业银行邯郸市分行特大金库盗窃案中，库管员进出金库如入无人之境，这充分说明银行内控管理严重失控，不相容岗位职责分离流于形式。前台操作风险防范和控制的缺陷主要归因于业务主管管理权限薄弱、网点人员配备相对不足和制度之间相互矛盾等。

三是薪酬管理缺少长期激励，人员素质有待提高。操作风险的一个主要来源是人为因素，由于制度和体制由人设计，各项工作也由人来实施，所以风险也会由人带来。相对于对流程、系统和外部事件的管理，操作风险管理的核心仍然是对人的管理，包括对人的道德、能力的评估和一个良好的激励制度框架的设计等。国有商业银行各层级的代理人所追求的创租、寻租行为严重，薪酬管理缺少长期激励机制，造成了严重的短期行为。国内银行员工的收入与个人经营能力、经营业绩相关性较低，职务任免不依据个人能力和经营业绩而定。基础风险教育是任何银行风险管理过程的一个关键部分，商业银行应该通过招聘具备良好教育的员工、加大员工培训力度来缓释。

四是员工异常行为监测失效。2007—2011 年，湖南省信用社分社信贷员和操作员合伙盗支客户存款长达 5 年；农行九江支行营业部职员挪用备用箱现金时间长达 4 年，涉案金额 980 万元。员工的行为监测和柜员卡管理、印鉴密押、空白凭证、金库尾箱、查询对账和复合授权等内控管理制度的落实形同虚设。

五是内控体系跟不上科技创新的步伐。日益发展的电子商务，可能引起包括外部欺诈和难以预料的系统安全等操作风险。金融创新和市场压力需要银行开发更为复杂的金融产品，新产品的出现会对银行的人员素质、系统和业务流程提出更高的要求，任何的疏漏都可能会给银行带来高额损失。如果银行的流程管理和内控体制还停留在原地不动，类似招商银行的计算机系统故障问题会不断产生。

六是内部稽核效力不足。目前，我国商业银行股份制的公司治理结构尚未完善，内部稽核监督不到位，不适应监管活动需要。其一是内部稽核覆盖面窄，稽核广度、深度和频度不够，不能与银行风险水平相适应，稽核监督在履行职责中存在严重的滞后性。其二是担负监督职能的检查辅导人员队伍尚未健全。其三是稽核报告的质量尚未达到应有的水平，未引起管理层重视，没有及时纠正缺陷。

三、内部控制与操作风险管理

（一）内部控制的概念及商业银行内部控制的基本情况

内部控制是经济发展的必然产物，其概念的首次提出，是在 1936 年美国会计师协会发布的《注册会计师队财务报表》中。20世纪90年代，美国著名的内部控制研究机构"发起组织委员会（COSO①）"提出了专题报告——《内部控制——整体框架》（COSO报告），制订了内部控制制度的统一框架。巴塞尔银行监管委员会吸收了COSO报告的研究成果，在总结国际一系列商业银行失败的教训和成功经验的基础上，推出了《银行机构的内部控制制度框架》，系统地阐述了商业银行内部控制体系评价的指导思想，它是全面风险管理为导向的内部控制体系的先导。

对内部控制的界定和内控目标的确定，各国学者都结合本国的发展和经济环境作了比较深入的研究。国内外主要监管部门对内部控制所要实现目标、控制要素的表述方式略有差别，但其内涵界定基本是一致的。即大多认为完成和实现目标，需要组织内各层面全体人员的共同努力，并强调内部控制是一个过程，并不是所要实现的目标本身。其中，比较权威的是COSO报告提出的概念，即内部控制是由董事会、管理层和其他员工实施的，旨在为经营的有效性和效率、财务报告的可靠性、法律法规的遵循性等目标的实现提供合理保证的过程。内部控制的目标被界定为企业的基本业务目标、编制可靠的公开发布的财务报表、企业所适用的法律及法规的遵循，五大要素的表述为控制环境、风险评估、控制活动、信息与沟通、监控。

我国商业银行的内部控制始于20世纪90年代初期，标志性的文件是中国人民银行1997年发布的《加强金融机构内部控制的指导原则》。2002年人民银行发布了《商业银行内部控制指引》。随着各家商业银行的上市，为适应沪深证券交易所2006年出台的《上海证券交易所上市公司内部控制指引》以及《深圳证券交易所上市公司内部控制指引》，中国银行业监督管理委员会于2007年发布了《商业银行内部控制指引》。财政部、证监会、审计署、银监会、保监会五部委于2008年联合发布了《企业内部控制基本规范》，并于2010年发布《企业内部控制配套指引》。这些都体现出监管部门对内部控制的重视程度。

应该说，我国商业银行的内部控制已日趋成熟，大多数商业银行都根据《企业内部控制基本规范》搭建了内部控制体系，但是在实践中仍存在滞后于业务发展、执行效率不高等问题。而且在内部控制职能部门的设置中，往往专门

---

① COSO，即Committee of Sponsoring Organization，隶属于美国1985年成立的反虚假财务报告委员会，由美国注册会计师协会（AICPA）、内部审计协会（IIA）、财务经理协会（FEI）、美国会计学会（AAA）、管理会计学会（IMA）等多个专业团体组成。该组织是自愿性的私人组织，致力于通过强化商业道德、建立完善有效的内部控制和法人治理结构来提高财务报告的质量。

设立单独的部门负责，由于其管理覆盖面大，因此具有明显的"大内控"特点。但在实际的风险管理工作中，传统的内控管理和操作风险管理在管理框架理念和方式上存在一定的差异。一方面，内控管理主要依靠牵头部门（一般是内控管理委员会或内控职能部门）根据相关规定对各部门的执行情况进行监督检查，而操作风险管理则更加强调常规化的管理框架和报告路径，同时更注重依靠流程化的管理工具进行管理。另一方面，我国现有的内控管理更像是高压管理，尤其是对于案件防控普遍持"零容忍"态度，而操作风险的属性则确立其是银行在经营过程中必须承担的一种风险，所以构建操作风险管理框架的目的在于对操作风险进行控制和缓释，并非要将操作风险完全消灭。可以说，内部控制与操作风险管理的衔接和互动仍有待加强。

（二）加强内部控制提升操作风险管理的必要性

从国内外商业银行的实践来看，商业银行内部控制理论在基本框架和基本理念上具有较强的一致性，但由于市场环境和监管等方面的不同，又存在着各自的特点，正是这些内部控制的基本理念，使内部控制能够在操作风险管理中起到四个方面的重要作用：一是商业银行内部控制贯穿于企业生产经营的全过程。参与这个过程的所有人员都是内部控制体系中的一个环节，在各自的岗位中承担相应的责任，同时，这也是商业银行风险文化培育的过程。二是商业银行内部控制对各类业务的牵制和监督职能在一定程度上能够控制操作风险的产生。三是商业银行内部控制要求"信息与沟通"要素在银行各层级、各条线起到良好的信息共享和沟通能力，这对商业银行信息系统的建设起到了推动作用，而操作风险的监测、损失的统计等也需要在完善的信息系统基础上才能够达到有效管理的效果。四是商业银行内部控制是一个完整的系统，它不仅仅是事后控制，还包含在前台、中台、后台业务处理过程中和各项管理活动中起到控制作用。[①] 所以，通过内部控制加强操作风险的管理是必然选择。

（1）良好的内部控制管理是防范操作风险的必要条件。随着信息技术的快速发展，银行的经营规模和业务范围急剧扩大，由于内部控制失效产生操作风险事件而造成严重损失乃至机构倒闭的事件频频发生，每次都引起了商业银行实业界的警醒，使银行业认识到所面临的内部控制管理形势不容忽视，内部控制失效会给商业银行带来灾难性的后果。对于我国商业银行而言，金融服务的管制放松和全球化，加上日益先进的金融技术和金融衍生产品的不断推出，使

---

① 钟伟. 动荡未定——新巴塞尔协议Ⅲ和操作风险管理理论［M］. 北京：中国经济出版社，2012.

业务及其风险组合更为复杂。对操作风险的识别、计量、监控和管理必将是我国商业银行进行内部控制管理的重点。

（2）内部控制管理工作中对人员的管理是防范操作风险的充分条件。有效的内部控制管理必须由人通过执行一系列有效、严密、符合实际的内部控制制度、程序和方法来实现。这里，内部控制制度的制定与实施是关键，但仅仅依靠制定规章制度依然不可行，必须在商业银行经营的各个环节、各个层次、各个机构都有相应的岗位人员来负责内部控制的实现。所以，确定各个部门和岗位的内控和风险管理职责是内部控制发挥作用的关键。在管理中，需要用制度来控制那些"投机取巧，为自己谋取更大利益"的行为倾向。用经济学的视角，就是人在非均衡市场上，都有倾向追求收益内化、成本外化，从而导致操作风险产生。这一通过制度约束人的行为，是实现内部控制、降低操作风险的充分条件。

（3）形成良好的操作风险文化需要内部控制体系建设这一必要的基础。提升商业银行内部控制管理对建立良好的操作风险文化工作意义重大。如果一家商业银行的内控管理不好，操作风险文化必然薄弱甚至缺失，必将商业银行时刻置于危险的边缘。如果一家商业银行的风险资本不足，那么此时要维持银行的稳定性，只能依靠良好的员工素质与风险防控文化。而这种文化是在长期的对员工的内部控制理念教育和制度约束下才能够产生的，是在商业银行风险偏好的一贯指引下形成的。所以若要形成良好的操作风险文化，内部控制体系建设是必备的要素。

四、启示：我国中小商业银行内部控制体系建设

通过对内部控制和操作风险的定义分析可以看出，两者之间存在着紧密的内在联系。应该说，内部控制是商业银行内外部的契约关系安排，是基于价值导向的控制。而操作风险贯穿于业务运营的全流程，是基于风险导向的管理。

有效管理操作风险的重要手段是完善内部控制，正如巴塞尔委员会在《关于操作风险管理的报告》中指出的："内部控制是操作风险管理的重要工具，绝大多数操作风险事件都与内控漏洞或者与不符合内控程序有关。"历史经验表明，流动性紧缩压力下，存款市场竞争的加剧将可能使得银行放松内部控制，因此银行内控工作要未雨绸缪，超前防范。

就我国而言，比较权威的监管意见应是财政部等五部委在 2010 年出台的《企业内部控制评价指引》。该指引明确指出，企业应结合内部控制设计与运行

的实际情况制定内部控制的评价办法，但该指引中只提出了对一般企业内部控制评价的基本要求。截至 2012 年年末，虽然银监会等监管部门出台了关于内部控制评价的指引①，但还未有商业银行内部控制评价的行业标准。对于银行业，由于其业务发展相对于其他的行业而言具有相对统一的特点，且商业银行本身就是经营风险的企业，所以统一内部控制评价对银行业更具紧迫性，可以尝试对内部控制评价制定统一的标准作为操作风险管理的一个全面、有效的工具。

对中小商业银行而言，大多按照监管要求开展了内部控制相关工作，但是深度和广度仍然有待挖掘。应该充分考虑银行业务发展及内部控制的建设进程，开发相应的内部控制系统，将各项业务全都纳入系统管理中，并实现内部控制环境、风险评估、控制活动、信息与沟通、内部监督的协调一致，确保各项控制环节的动态相关性，实现内部控制对操作风险管理的过程控制。

（1）构建权责明晰的操作风险管理组织体系。操作风险是由人员、系统、流程和外部事件四类因素引起的，几乎涉及银行的所有部门。所以国外商业银行在操作风险管理框架中通常设置一个操作风险管理委员会，由总行各部门参加，而操作风险管理政策的执行和协调由专门的风险管理部门负责。我国商业银行操作风险管理组织体系构建模式如下：一是设立独立的操作风险管理部门，牵头全行操作风险统筹、规划、协调、管理。考虑到单独设立的条件在操作风险起步阶段的时机尚不具备，可以将此责任赋予某个固定部门承担，但前提是保证它管理上的相对独立性和权威性。二是公司金融部、金融市场部、小企业金融服务中心等主要业务条线部门设立操作风险管理团队，并指派操作风险总监，行使条线和产品的操作风险管理，并明确双线报告制度，接受操作风险管理部门的指导管理。三是明确各层面、各部门在操作风险管理中的职责边界，适当交叉、全面覆盖，使操作风险管理"横到边、纵到底"，理顺董事会、高级管理层、操作风险管理部门、业务部门、内控部门、审计部门的管理边界，必要时设立首席风险执行官，对董事会负责。

（2）加强内部管理、健全内控机制是商业银行改革发展的内在要求。为了确保操作风险管理的有效性，应该制定完善的内控制度，并强化其执行力度。

---

① 中国银监会 2005 年表示："近年来国内商业银行频繁发生重大金融案件，表明商业银行自身免疫力不高，内部控制仍存在严重缺陷，主要表现在没有形成系统的内部控制制度，缺乏主动的风险识别与评估机制，内部控制措施零散、不系统，监督检查环节不到位，内部控制结果不稳定，缺乏对内部控制持续改进的驱动力，风险管理的长效机制没有从根本上得到建立。"（参见 2005 年 1 月银监会负责人就《商业银行内控评价试行办法》答问，银监会网站）

首先，应保证内部控制制度的连续性和可调整性。银行更应该根据经营环境和实际业务的改变特别是实践反馈信息及时修订内控制度和业务流程，确保制度的有效和连续，形成对风险进行事前预防、事中控制和事后监督纠正的动态机制。其次，应强化内控制度的执行力度。"徒善不足以为政，图法不足以自行"。好制度没有得到有效执行，只是一纸空文。操作风险管理制度能否很好地实施，有赖于各个部门间的协调配合。可通过对各部门情况制订突查的方案做到风险全覆盖。

（3）以制衡为核心理念，合理设置岗位权限。"分权制衡"是提高内控效率的重要保障。对任何可能引发操作风险事件的岗位，必须有相应的制衡安排，形成矩阵式的岗位牵制关系，避免出现"'一把手'说了算"、"关键岗位兼职"等不正常现象。

（4）提升内审强度。目前我国内审稽核队伍建设滞后，与业务的高速增长相比处于落后态势。银行业内部审计人员占银行员工人数的比例为1%，国外一般为5%，严重影响了内部稽核的频率和范围。而且，内部稽核人员的专业性不强，很多人甚至没有内部审计资格，对相关专业不熟，特别是电子计算机水平不高，不能适应内部稽核发展的电子化趋势，这严重制约了银行内部稽核水平的提高。目前内审稽核方式主要局限于专项检查，突击检查和全面检查相对较少。应通过定期或不定期地针对操作风险点进行全面稽核，翻查历史查库及对账记录、监控金库等重要地方录像等形式加强后续监督。应通过现场检查，对内控存在漏洞及时提出建议，与对基层人员进行面对面的内控指导交流，并将发现的问题及时向上级汇报，提出建议。对于典型问题要以点盖面，通报全行，组织全员学习，必要时展开全行大稽核检查，对风险点进行全面清理。同时注重不同业务线相互交叉的检查，采取流程式的全面检查，使得检查形式的弱化问题得到根本改变，进而提升内审稽核检查的深度、频度和广度。

第八章　新形势下中小商业银行的市场定位

中小商业银行的市场定位是指中小商业银行为自己在激烈竞争的市场上找到有利于自身生存和发展的适当位置，使自己的各个方面能在客户的心目中留下别具一格的商业银行形象和值得购买的金融产品的印象的过程。而商业银行的经营模式是企业根据其经营宗旨，为实现企业所确认的价值定位所采取某一类方式方法的总称。其中包括企业为实现价值定位所规定的业务范围、企业在产业链的位置，以及在这样的定位下实现价值的方式和方法。经营模式是企业对市场作出反应的一种范式，这种范式在特定的环境下是有效的。中小商业银行的经营模式是指中小银行为了创造价值并实现生存和发展，根据自身拥有的资源和优势所确认的市场定位、为了实现定位所采取的方式方法，以及在其市场定位下具体的业务经营范围、经营区域等选择。因此，为了在互联网金融冲击下更加准确地实施经营模式的转变，首先就要确定自身的市场定位。

一、突破中小商业银行生存困局：市场定位

市场定位（Market Positioning）是由美国学者艾·里斯（ALRies）和杰克·特鲁特（Jack Trout）首先提出的市场营销学中的一个十分重要的概念。市场定位是指企业全面地了解、分析竞争者在目标市场上的位置后，确定自己的产品如何接近顾客的营销活动。商业银行的市场定位是指商业银行对自身核心业务或产品、主要客户群体以及主要竞争地域的确认，并根据自身和竞争者在市场上所处的位置，针对客户的特点，将市场按不同的子目明确细分，确立商业银行自己所要服务的特定市场，包括各种现实和潜在的市场需求，然后根据市场需求及其变化，识别开发银行的产品和服务，并通过营销策略的实施，强有力地塑造出鲜明的个性和形象，并将这种个性习惯生动地传递给客户，使目标市场的客户在心中确切感知到银行的产品和服务比竞争对手的产品和服务要更好、更有特点、更符合需要的差异性优势，从而谋求更大的市场份额和可持续的竞争优势。

根据营销大师菲利浦·科特勒的理论，商业银行的市场营销活动可以概括为11P理论，即市场营销战略的4P：探查（Probing）、分割（Partitioning）、优先（Prioritizing）、定位（Positioning），市场营销战术及扩展的6个P：产品（Product）、地点（Place）、价格（Price）、促销（Promotion）、权力（Power）和公共关系（PublicRelations），以及为实现以人为本的企业文化的另外一个P：人（People）。[①]

在商业银行营销过程中，市场定位是一个重要环节。准确的定位有利于商业银行集中有限的资源，形成竞争优势，从而实现市场营销的目标。中小商业银行市场定位的基本内容主要涉及以下方面。

（一）竞争战略定位

竞争战略主要是指中小商业银行产品和服务参与市场竞争的方向、目标及其策略。竞争战略的选择要充分考虑到中小商业银行所处的竞争位置和竞争态势。市场定位理论通常用CAP模型加以阐述。CAP模型描述的是银行所具有的潜在市场定位及市场定位战略，并揭示了市场定位及市场定位战略的三维要素决定论。构成定位决策系统的三维要素分别是客户（Client）、竞争地（Area）和产品（Product）。

表 8-1　　　　　　　　　　银行市场定位（CAP组合）示例

潜在的银行市场定位战略个数	客户（C）	主要竞争地（A）	产品（P）
1	大众	国内	零售银行业务
2	高收入阶层	国内或国际	私人银行业务

一个CAP组合就是企业的一个定位单元，表示企业在既定经济环境中的一个具有自身特点的市场定位。因此，一个CAP的组合即可视为银行的一种市场定位。我们可以运用CAP模型表示银行的市场定位。一般来讲，银行的市场定位和重新定位机会，将会随着科技进步和金融管制的放松而逐步增加。由于金融创新和公共政策的变化，客户（C）、主要竞争地（A）和银行所提供的产品（P）都存在理论上无限细分的可能性。因而从理论上讲，无限个不同的CAP组合可以为银行提供无限个银行的市场定位机会。

商业银行的市场定位战略可以根据银行总体竞争思路与其他银行之间的关

---

① 李娜. 中小商业银行市场定位战略浅析［D］. 北京：首都经济贸易大学，2005.

系划分为跟随型市场定位战略和求异型市场定位战略两种。跟随型市场战略的核心内容是商业银行在相当长的时期内，选择并不断努力维护一种与其竞争对手相同或相似的竞争框架体系。如果某一银行采取市场跟随型战略，就会在金融产品或服务提供上，在目标客户选择上，以及在主要竞争地确定上，显示出强烈的与竞争对手相同或相似的现象。求异型市场定位战略的要点是商业银行在相当长时期内遵循并维护与其竞争对手相异的竞争框架体系。

目前，我国中小商业银行大都采用跟随型市场定位战略，市场定位与国有大银行明显趋同化，几乎都是国有大型商业银行的"微型克隆"。在区位定位、客户定位、产品定位等诸多方面都与国有商业银行高度相似，除规模之外，很难找出中小商业银行与大银行的区别。这说明，众多的中小商业银行并没有对所处的金融环境和自身实力进行细致、科学、准确的分析，更没有进行严密的市场细分。中小商业银行并未充分发挥机制优势，集中资源实施可保持其竞争优势的特色定位战略，而是无视其自身与国有商业银行在制度结构、信用保障、资金规模、技术实力等方面的极大差异，自不量力地挑战大银行，在客户和业务的选择上与国有商业银行展开全方位的竞争，片面倾向大企业集团和金融批发业务，对中小企业的支持力度明显不够。当然，这些银行企图与四大国有商业银行正面争锋，胜出市场，获得平均甚至更大的市场份额，结果往往代价高昂却得不偿失。中小商业银行市场定位同其他商业银行的市场定位相似的后果必然是"失小"现象。中小商业银行在经营管理中的"求大"和"失小"现象表明：中小商业银行与其他商业银行在市场定位上存在严重的相似现象，即都定位于大型企业和项目。市场定位不合理，使得中小商业银行即使侥幸得到一些眼前利益也无法获得持久的竞争优势。

中小商业银行不论选择哪种发展模式，都必须通过市场分析，认清自己在竞争中的地位，这样才能充分发挥自己的比较优势，才能在竞争中获得可持续发展。根据市场定位的 CAP 模型，可以通过三维要素描述企业的市场定位。因此，基于 CAP 模型，我们可以从客户对象、覆盖地域和产品类型三个维度，构建银行经营模式发展的动态选择模型（如图 8-1 所示）。

通过三个维度上的不同搭配选择，不同银行可以选择不同的发展模式。比如，A 银行在客户对象维度上选择针对企业客户以批发式业务为主，在覆盖地域维度上选择广泛的地域范围内，在产品或业务类型维度上选择提供多样化的金融产品和服务。选择这种发展模式的银行可以说以"大而全"为目标，向全国性甚至全球性的综合型大银行发展。而 B 银行可能选择在较小的地区范围内针对特定客户群体发展零售银行业务，着重发展某些极具特色的专业化服务作为自己的竞争优势。那么这种类型的银行则以"小而专"为特点，以专业化为方向，着重做专业精品。欧美中小银行的经营模式选择见表 8-2。

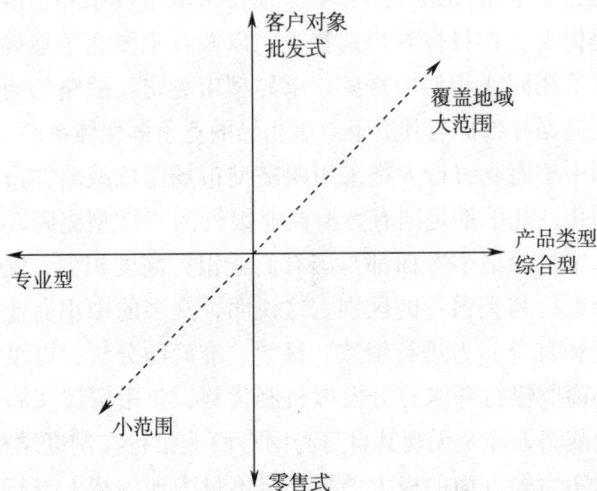

图 8-1　银行经营模式的三维度选择模型①

表 8-2　　　　　　　　　欧美中小银行的经营模式选择②

经营区域	业务选择	典型例证
以州为基础向全国辐射	综合型业务	美国：部分州银行、城市中心银行 日本：优秀的城市银行 德国：联邦储蓄银行、合作银行
以社区为基础，向全州扩展	有选择的综合业务	美国：杰出的地区银行或社区银行 日本：优秀的地方中小银行 德国：各州合作银行、地方商业银行
狭窄，限于特定地区，如县、郡	专门业务	美国：信用社等中小规模金融中心银行 日本：中小城市银行、地方银行、信托银行 德国：地区储蓄银行、基层合作银行

　　准确的市场定位对中小商业银行来说至关重要，可持续的发展应该是在明确自身市场定位的前提下，选择实现定位目标的经营模式。虽然不同银行在发

① 何婧. 中美中小银行比较研究 [D]. 长沙：湖南大学金融与统计学院，2012.
② 程惠霞. 中小银行生存与发展研究 [D]. 北京：清华大学公共管理学院，2003.

展过程中的模式选择各有不同，但对中国大部分中小商业银行而言，不论是从社会经济发展需要，还是从自身比较优势发挥的角度来看，都应该专注于当地客户和特色业务，坚持"小而精"的定位，例如美国的社区银行。追求规模扩张，通过扩大经营地域和业务类型，向"大而全"的全能银行发展，现阶段对中国中小银行来说是不合时宜的，也是应该极力避免的。

（二）客户定位

中小商业银行的客户定位，就是对商业银行服务对象的选择，它是中小商业银行市场定位的重要内容，是市场细分的延伸和体现。合理选择顾客，就是要从中小商业银行自身情况和自身优势出发，从实际经营能力出发来选定自己所能提供服务并能满足其需要的服务对象，中小商业银行在为其提供服务的过程中，也能满足自身的需要获取盈利并能更好地生存和发展。

对于有融资需求的厂商，为了规避寻求多家银行满足其资金需要所带来的较高的搜寻成本，以及不同银行间物质交流时间与厂商资金需求时间的不匹配性，它会首先选择能够一次性满足其需求的银行。而对大企业来说，由于规模化经营的特点，其所需的资金无论从规模上还是期限上都是与中小商业银行的能力不相符的；对中小商业银行而言，受《商业银行法》对其贷款金额和最高授信额度的限制，出于自身经营安全性和流动性的考虑，其不可能将全部资金（包括在中央银行的存款准备金）都贷放给大企业，且规模本身也限制了其资产转换的功能，因此无力满足大企业规模大、期限长等资金需求。

而中小企业与中小商业银行无论在信息获取空间还是在信息获取成本上都具有更大的优势。由于获取信息的难易程度与空间距离呈正向变动关系，所以与大型商业银行相比，中小商业银行因为与当地中小企业空间距离较近且服务更倾向于地方化，所以在同等条件下中小商业银行与小企业的信息丰度更容易接近或达到临界信息丰度，两者更容易建立共生关系。同时，在信息获取成本上，由于信息、获取成本与银行的规模也呈正相关关系。因此，在贷款发放上，向中小企业提供短期小额的资金融通将大大提高大型商业银行的资金运营成本，且大型商业银行发放贷款的审批环节往往较为烦琐、信贷链条长。这种时滞的缺陷也是无法满足小企业高频率的资金需求的。相反，中小商业银行向小企业提供资金支持则同时具有信息和成本优势，在共生动力有限的情况下，中小商业银行与中小企业的金融共生阻力较小，两者的共生关系更为稳定。

随着互联网金融的蓬勃发展，金融脱媒愈演愈烈，我国商业银行不断融入激烈的市场竞争中，对客户资源的争夺成为银行业获得市场竞争优势的关键。

一方面，普通市民应该成为中小商业银行的主要客户群体之一。近年来，随着我国居民收入的不断增加，个人融资与投资需求迅速提高，国内各大商业银行都把发展个人金融业务视做一项提高经营效益的战略，在个人业务的竞争上，可谓当仁不让。目前在个人客户市场上，针对高端优质客户的个人理财业务正成为银行业竞争最激烈的焦点之一，而高收入群体对理财服务的需求显示出整合性与多元化的趋势，需要银行提供"银、证、保"相互融合的金融产品，跨资本市场、外汇市场、货币市场的高端金融交易以及联通国内外的汇划网络等。中小商业银行的金融资源的有限性和业务范围的地域性，使其在资源整合方面的能力比大银行要差，难以满足高端客户的整合性金融需求。其个人业务的目标应集中在大众客户——普通市民身上，利用自身地缘优势，为市民提供便捷的基本金融服务如信用卡、汽车、住房等消费信贷业务和多种的、多功能的金融套餐，有的可能是快餐式的、"一站式"的，比到大银行办理更有效、更快捷，使客户感觉像在自己家里、自己的银行里办理。

另一方面，中小商业银行重点服务中小企业具有坚实可行的基础。在我国经济成分呈现多元化态势的今天，经济结构与金融结构的不对称直接表现为缺乏与中小企业配套的中小金融机构。因此，中小商业银行完全有机会进入这个细分市场，获得竞争优势。目前，我国中小企业的数量已经超过 1 000 万户，占工商注册登记企业总数的 99.7%，其创造的产值占所有企业的 60% 以上，销售收入、出口额及实现利税分别达到 57%、40% 和 60%。① 另外，城镇就业岗位的 75% 也是由中小企业提供的，十年来从农村流入城市的 2.3 亿人口几乎都在中小企业就业，可以说中国的工业化和中小化在依靠中小企业。中小企业作为国民经济的活力源泉和持续稳定发展的重要支持力量，在扩大就业、提供社会服务、推动科技发展、促进竞争、支持经济增长等方面都发挥着举足轻重的作用，中小企业已成为我国国民经济的重要支柱。但是，长期以来，有许多因素造成了中小企业经营上的困难，阻碍着中小企业的良性发展。其中一个主要因素就是中小企业融资难的问题。由于我国的中小企业较难进入资本市场，因此通过发行债券或股票的形式进行直接融资的途径无法得以实现，造成中小企业对银行信贷资金的依赖程度较高。同时，中小企业具有"要得急、频率高、数量少、风险大且管理成本高"的特点。② 据分析，国有大型银行对中小企业放款的管理成本平均为大型企业的 5 倍，而且国有商业银行在对中小企业提供融资

① 邱兆祥，赵丽. 城市商业银行宜定位于社区银行［J］. 金融理论与实践，2006（1）.
② 周鲜华，孙广武，郭宝中. 中小企业融资困难的原因和对策［J］. 商业研究，2001（2）.

方面存在着天然的信息不对称等方面的问题。这在相当程度上造成了许多大型金融机构从节省费用和成本以及防范风险的角度考虑不愿为中小企业提供贷款。然而正是这些中小企业在我国经济生活中扮演着重要的角色，许多企业还有良好的经济效益。对中小企业的融资服务必然要求由中小商业银行来提供，这在我国目前是切实可行的。一方面，中小商业银行本身规模小，资金实力弱，无力满足较大企业的资金需求。另一方面，中小企业融资市场可以说是大银行留下的适合中小商业银行这样的生存空间。

中小商业银行作为地方性银行，对当地中小企业的资信状况、经营状况十分了解，可以有效避免"信息不对称"风险。另外，中小商业银行可以充分利用当地的人才和资源，降低成本，形成价格竞争优势。中小商业银行因机构小，经营灵活，决策效率高，能够迅速响应中小企业的需求，并根据其不同的业务需求提供个性化服务，从而提升银行的竞争力。同时，在利率市场化条件下，大型客户较中小客户具有更强的讨价还价能力，中小商业银行维持大型客户的成本较高，实际上中小客户能够为中小商业银行带来更多的利润。另外，随着中国经济的持续高速发展，中小企业的经济活动将更加活跃，在许多方面需要中小商业银行提供各种金融服务，这其中不仅包括传统的存贷汇，还包括迫切需要的各种新型金融服务，例如，本外币保函业务、国际结算、信用证、网络结算其至部分投资银行业务。加强对中小企业的金融服务，迅速占据这类业务，不仅有利于扩大城市商业银行的市场份额，构成坚实的利润支撑点，而且还有利于城市商业银行摆脱外部竞争压力，改善经营环境，迎接互联网金融的挑战。

（三）区域定位

经营区域定位指的是商业银行选择什么样的经济地理区域作为自己的目标市场。经营区域定位存在当地化经营和区域化经营两种选择。当地化经营定位，即立足地方，发展"小、精、特、专"模式的中小商业银行；区域化经营定位即突破地域局限进行区域化经营。中小商业银行应在因地制宜原则的指导下，根据自己实际情况的不同，实施以当地化经营为主，探索区域化经营的市场定位策略。

首先，资产规模小的商业银行可采用当地化经营定位，这是基于中小商业银行自身经营优势的考虑。比如中小商业银行可以充分利用当地人缘资源，降低成本，形成价格竞争优势。另外，中小商业银行比大银行更能提供银行和社区相互作用所需的"亲和性"。因为通过这种联系可以加深银行对当地客户资信状况、经营状况的了解，有助于解决贷款决策中的"信息不对称"问题。一些潜在贷款申请者的特征是由其所在社区经济社会环境和特定资产所决定的，特定资产的价值在任何时候都可能反映社区内各类经济主体的个人收入流量和财富水平。银行面对贷款申请时，如果缺乏社区效应参照物，只能独立、隔绝地评估每一个申请人的资信状况。因为任何一项贷款申请人能获得的信用额度是独立于其他人的，来自任何一笔贷款申请评估的信息与知识对于决定下一笔贷款申请的可行性毫无作用，评估成本极其高昂。然而，社区环境却能将社区每个贷款申请者置入一个相互联系的团体中，这些贷款申请者的特性就变成了相互依存特性，而且相当部分申请人拥有的资产具有地区性和固定性，因此社区具有特殊的"溢出"效应。中小商业银行和所在社区天然的亲和性，必然会使这种"溢出"效应得到充分发挥，有利于提高信贷评估质量，降低评估成本。

其次，规模较大、实力较强的中小商业银行，可以通过参股控股、吸收合并、新设分支机构等方式，实施区域化经营定位，这可能成为促进区域经济快速发展的一种有益探索。但是，由于中小商业银行群体之间存在的多方面巨大差异，决定了并不是所有的中小商业银行都适合、有能力进行区域化经营，中小商业银行只有本着因地制宜、因时制宜的原则，注意避免盲目扩张，在当地化经营为主的基础上，有条件地探索区域化经营定位。而且，中小商业银行的区域化经营不能改变原有"立足中小"的市场定位，如果中小商业银行一味地追求做大做强，而远离多年来赖以生存、发展、壮大的中小企业信贷市场，远离其自身应有的发展轨迹，就会降低甚至丧失其原有的比较优势，这对中小商业银行来说是极其危险的。

（四）产品定位

中小商业银行的产品定位，是指根据顾客的需要和顾客对金融产品某种属性的重视程度，设计出区别于竞争对手的具有鲜明个性的产品，以在顾客的心目中找到一个适当的位置，它是中小商业银行市场定位的细化。

银行业务根据服务对象的不同可分为批发业务和零售业务。商业银行批发业务是指在货币市场和资本市场从事大额融资中介的金融活动，其主要特点就是大额，包括大型项目融资、债券发行、投资业务及其他相关业务。[1] 银行批发业务的对象是大的工商企业和机构。商业银行零售业务是指对家庭、非营利机构和小企业提供金融产品和服务，主要包括零售存款业务、零售小额贷款、透

---

① 李吉平，陈民，唐克定．西方国家的批发银行与批发银行业务 [J]．城市金融论坛，2006 (1)．

支便利、制定投资策略与组合、进行税务安排及保险服务等。① 零售业务具有零星分散、种类繁多、服务要求高的特点。银行零售业务的对象是消费者个人和中小企业。大型国有商业银行因为凭借雄厚的资金实力和便捷的清算方式在批发业务方面具有无可比拟的优势，中小商业银行无论从资本规模还是经营网络看，都属于小规模。作为中小商业银行，在目标市场及经营方式上都应与大型国有商业银行有明显区别。银行零售业务具有市场化程度高、风险小、收益稳等特点，与中小商业银行在中国银行体系中的地位相吻合，使其比较优势能够得到更好地发挥，应成为各中小商业银行客户发展的重点方向。银行开发零售业务虽然烦琐，且有较高的服务质量要求，但它的市场是随经济发展而稳步增加的，零售业务对银行收入与利润的贡献率也在不断提高。例如英国汇丰银行，零售金融业务占其全部收益的60%以上，其中住房按揭贷款占资产的50%以上，银行卡业务的权益收益率超过30%，是贷款业务盈利能力的3倍多，收益相当可观。不但如此，零售业务因与客户联系广泛、直接，对银行的公众形象影响很大，对于带动其他业务的发展具有不可低估的作用。中小商业银行应广泛吸收发达国家商业银行开发零售业务的经验，立足于处理广泛的现金业务和储蓄账户业务，其业务范围主要包括个人储蓄及支票账户、信用卡业务、个人（消费）信贷业务、个人代理业务、私人理财服务以及能广泛使用于 ATM 和 POS 上的借记卡和可透支的贷记卡等。这些业务既体现出极强的服务功能与科技含量，也依赖于较发达的个人信用制度。随着我国经济发展所带来的个人融资需求多样化以及个人信用制度的健全，上述业务比较适合中小商业银行开展。中小商业银行应抓住机会，形成自己在这方面的竞争优势。②

二、中小银行市场定位：经验借鉴

（一）求异型的市场定位

求异型的市场定位与战略准确的市场定位对中小银行来说至关重要，在市场定位的过程中，通过市场分析，认清自己在竞争中的地位，有利于其充分发挥自己的比较特色，在竞争中处于优势。美国中小银行的市场定位战略在不同时期不同环境下也随之发展转变，在受到严格监管和市场竞争度不高的形势下，

---

① 李吉平，陈民，唐克定．西方国家的批发银行与批发银行业务［J］．城市金融论坛，2006（1）．
② 过大海．我国城市商业银行市场定位战略研究［D］．苏州：苏州大学，2007．

往往采取的是跟随型市场战略。而随着金融管制的放松，银行业竞争格局的严峻，中小银行面对规模、技术、人才等方面实力明显占优的大银行的竞争，如果采取跟随型市场战略，显然只能愈发凸显自己的劣势，而如果采取求异型的市场定位战略，则更能够扬长避短，发挥自身的优势。正是美国中小银行采取的求异型市场战略，才使得其在客户对象、服务区域、产品服务方面与大银行形成互补，有效地突出了自身的特色，充分发挥了比较优势。

业务发展模式的典型案例分析根据三维度的业务发展模式选择模型，在不同的维度上通过选择不同的发展方向，中小银行可以选择不同的市场定位和经营策略来实现企业价值。下面通过典型案例来分析银行业务发展模式在三个维度上的选择。

1. 服务客户群体方向

保富银行是有名的专注于在较小的地域范围内针对特定客户群发展零售银行业务、突出专业化服务特色的社区银行。保富银行成立于 1991 年，是美国南加利福尼亚州的州立社区银行，资产规模 10 亿美元左右。该银行的市场定位于特定区域和特定市场，充分利用当地的中小企业客户关系发展关系型贷款业务，并提供个性化产品和服务。在近年间随着南加州的中国和其他东亚地区移民增多，其重点关注对象就设定为中国移民市场和南加州小企业市场，是南加州地区最大的专注于中国移民市场的商业银行。这种定位于特定区域、特定客户、特定业务的经营战略，有效地突出了保富银行的自身优势，为保富银行创造了各项财务指标的平稳增长，业绩领先于同业机构。

2. 服务区域的发展方向

在服务区域的发展方向上，美国银行业的地域管制经历了从严格限制到逐步放开的过程，也出现了不少银行试图扩大覆盖地域，发展成为区域性乃至全国性银行的现象。这种发展模式的典型代表之一是美国银行，但由于过度盲目扩张而严重影响了经营绩效。1998 年美国银行不得不调整了其追求区域扩张的发展模式，设定了新的战略定位：成为加利福尼亚州服务最好的银行。在这一目标下，美国银行以州内及州边地区为对象，专注于发展个人零售业务和中小企业批发业务，基本不涉及大企业金融业务、投资银行业务和国际金融业务，在关闭 130 家海外分支机构的同时，适当收购邻近州的机构。在与从事个人业务和中小企业金融业务的国民银行合并之后，美国银行成为加州地区个人及中小企业金融业务的主要提供商，其最大盈利也来自个人及中小企业金融业务。①

---

① 程惠霞. 中小金融机构可持续发展与金融生态［M］. 北京：北京师范大学出版社，2009.

3. 产品类型的选择方向

在产品类型的选择上，由于受到金融业混业经营与分业经营制度的制约，美国银行业提供的产品服务很大程度上也在不同时期不同制度下表现出不同特征。20 世纪 90 年代后，在产品类型方面，大型银行通常选择的是提供多样化的综合金融产品服务。如果中小银行采取跟随型市场战略，同样往综合业务类型发展，在大银行面前不仅不能突出优势，反而容易自曝其短，但如果中小银行选择专业化方向发展，则可以向打造专业精品模式努力。以美隆银行的专业化发展模式为例。1999—2001 年，美隆银行先后出售了零售、租赁、商业信用卡、抵押贷款、商业借贷与中型市场借贷业务，专心发展财富管理业务。为了强化其专业优势，还特别收购了同类型的资产管理机构，使自己在财富管理领域更具竞争力。这种专业化发展模式下，美隆银行的财务管理收费收入占总收入的比重从 1995 年的 52% 上升到 2000 年的 70%，带来了极高的收益，使美隆银行的股权回报率从 1995 年的 18% 提高到 2000 年的 25%。①

（二）美国中小银行的服务对象定位

美国中小银行在服务对象上与大型银行的选择定位有所区别。中小银行的服务对象以特定社区内的居民、中小企业、小型农场为主，这些客户通常在经济体系中属于相对的弱势群体，是典型的小客户或低端客户。对大型商业银行而言，主攻的服务对象往往是大客户或高端客户，业务拓展准则典型地受到 20% 的优质客户带来 80% 利润的"二八定律"影响，容易忽视或冷落小客户或低端客户。因此，从数据统计来看，美国中小银行的小企业贷款、农场贷款占该类银行全部贷款的比重明显地高于大银行，这充分显示出了其服务对象与大银行相区别的特点。

根据美国联邦储备体系 2003 年的小企业融资调查，商业银行是小企业主要的金融服务提供者，86.5% 的调查对象从商业银行获得了至少一种金融服务。在商业银行提供的贷款与融资租赁、流动资产账户、财务管理服务这三大类金融服务中，包括支票账户、信用和抵押贷款、设备租赁、信用卡、现金管理服务、经纪服务、信托和年金服务等多项具体服务内容。但在三大类的银行服务中，小企业获得融资性服务（包括各种贷款、融资性租赁等）的比例是最低的，只有 40.1% 的小企业从银行获得了融资支持。小企业融资困境本是一个世界性的难题，美国中小银行在为中小企业提供融资支持方面发挥着积极的作用。美

---

① 程惠霞. 中小金融机构可持续发展与金融生态 [M]. 北京：北京师范大学出版社，2009.

国通常将工商业贷款单笔 100 万美元以下的贷款划分为小企业贷款。从表 8 - 3 统计的小企业贷款市场份额来看，1996—2007 年，中小银行在小企业贷款的市场份额虽然从近 50% 的水平有所下降，但 2007 年仍然占据了 1/3 以上的份额。考虑到银行业整体规模的扩张，大型银行不断迅速增大的市场力量，中小银行在 2007 年时仅占银行业总资产份额的 10% 多，但却拥有小企业贷款市场份额的 35.58%，中小银行提供的小企业贷款占比远高于其在银行业中的资产占比，对小企业贷款的支持程度由此可见一斑。与此相对的是，资产规模 100 亿美元以上的超大银行占据了银行总资产的近 80%，却只提供了 44.26% 的小企业贷款。两者差距明显。

表 8 - 3　　　　　美国不同规模银行在小企业贷款市场的份额变化　　　　单位:%

年份	中小银行	大型银行	超大银行
1996	49.14	25.92	24.95
1997	48.04	21.88	30.04
1998	46.95	21.69	31.26
1999	44.62	20.12	35.20
2000	44.17	19.27	36.56
2001	42.41	18.92	38.67
2002	41.95	18.71	39.34
2003	41.89	19.64	38.47
2004	40.68	19.80	39.52
2005	40.13	20.69	39.17
2006	38.98	22.80	38.22
2007	35.58	20.16	44.26

资料来源：www.sba.gov。

通过统计小企业贷款占银行自身全部企业贷款的比重（见表 8 - 4），同样显示出了中小银行对小企业客户的专注。不难发现，资产规模越小的银行，其小企业贷款占全部企业贷款的比重越大，越专注于小企业贷款市场。1996—2007 年，虽然中小银行（资产规模 10 亿美元以下）的小企业贷款占全部企业贷款的比重有所下降，但降幅并不大，始终在 50% 以上比重，尤其是资产 1 亿美元以下的小银行，其小企业贷款占比高达 90% 左右。[1]

---

① 何婧，彭建刚，周鸿卫. 美国放松银行地域管制与中小企业贷款 [J]. 财贸研究，2011 (2):92 - 98.

年份	资产 <1 亿美元		资产 1 亿~5 亿美元		资产 5 亿~10 亿美元		资产 10 亿~100 亿美元		资产 >100 亿美元	
	<10 万美元贷款	<100 万美元贷款	<10 万美元贷款	<100 万美元贷款	<10 万美元贷款	<100 万美元贷款	<10 万美元贷款	<100 万美元贷款	<10 万美元贷款	<100 万美元贷款
1996	54.1	94.9	27.6	78.4	16.8	61.8	9.0	38.6	4.4	19.9
1997	53.8	94.4	26.8	78.0	16.6	61.8	8.5	37.4	5.1	21.4
1998	52.4	93.9	26.4	78.3	15.1	60.1	9.1	39.2	4.5	19.7
1999	48.5	92.8	24.5	76.9	13.6	59.0	8.4	39.6	4.8	19.9
2000	46.1	92.9	22.4	75.8	12.5	56.3	8.6	39.6	4.2	19.0
2001	43.2	92.4	21.3	74.0	13.3	57.0	8.5	38.6	5.5	21.4
2002	39.3	91.0	18.9	71.6	11.8	56.2	9.5	40.4	6.2	23.9
2003	37.3	90.4	17.0	70.7	10.5	53.1	9.2	40.8	6.3	24.7
2004	33.7	88.2	15.3	67.8	9.6	51.2	7.9	39.6	6.6	26.3
2005	37.0	90.2	16.6	70.8	10.4	53.4	8.5	40.0	6.5	35.1
2006	33.2	87.9	15.0	68.0	9.1	51.6	7.5	39.1	6.7	26.4
2007	32.0	86.9	13.9	67.1	8.8	51.9	7.4	38.1	6.1	23.9

表 8-4 美国不同规模银行的小企业贷款占全部企业贷款的比重 单位:%

资料来源:www.sba.gov/advocacy。

农业产值虽然在美国整体经济中只占很小比例,但是美国许多地区仍高度依赖于农业。根据美国农业部的界定,美国平均每4个县中即有1个县属农业依赖型,该县20%以上的就业及收入来自于农业。[1] 从经营方式上看,家庭农场一直是美国农业经营中最主要的经营形式。[2] 在获取外部资金支持上,与小企业贷款情形类似,中小银行也是农场贷款的重要提供者。农场贷款和小企业贷款一样,通常是数额小、期限短的贷款,农场主和小企业主通常缺乏抵押物,财务信息相对不透明。中小银行同样利用其在收集、处理软信息方面的比较优势,提供关系型贷款服务,与这些大银行往往忽视的客户建立并保持稳定的银企关系。FDIC 提供的数据显示,中小银行是服务农业的绝对主力。从农业不动产贷款和租赁的市场份额来看,中小银行在 2000—2010 年,平均市场份额占到了66.12%,是超大银行市场份额的3倍。在农业经营贷款方面,中小银行同样提供了平均59.66%的份额,占据显著的主导地位。特别是在小于或等于10万美

① Keeton Willianm, Harvey Jim, Willis Paul. The Role of Community Banks in the U. S. Economy [J]. Economic Review, 2003 (2): 15-43.

② 赵世勇, 香伶. 美国社区银行的优势与绩效 [J]. 经济学动态, 2010 (6): 129-134.

元的小额农业贷款中，中小银行发放的贷款超过80%。相比于中小银行在银行业的资产市场份额，足以证明中小银行在农业服务领域发挥了关键的作用。

中小银行选择专注于发展特定客户，是基于求异型市场定位战略，在客户选择上与大型银行形成差异，尽可能利用自己的比较优势发展关系型贷款业务。但随着大型银行的综合化和全能化，大型银行也开始与中小银行抢夺客户形成竞争。在中小银行以软信息优势针对特定客户发展关系型贷款业务的同时，大型银行同样也越来越关注中小企业市场。美国小企业贷款市场是充满竞争性的，因为小企业贷款的盈利性，所以包括大银行和其他的金融机构都在逐利作用下与中小银行一起参与竞争。[①] 虽然大银行在对中小企业关系型贷款方面具有相对劣势，但大银行通过不断开发新技术和统计模型以低成本地利用定量数据和财务记录等硬信息，例如小企业信用评分技术（Small Business Credit Scoring，SBCS）等。在此基础上大银行主要发展以硬信息为基础的标准统一、风险更可测的信用卡、网络银行等交易型贷款业务，同时发展更多高附加值的多样化服务，近年来也开始活跃在小企业贷款市场。由表8-2可知，大银行的小企业贷款占全部企业贷款的比重没有下降趋势，资产规模100亿美元以上的超大银行更是表现出波动上升趋势，尤其10万美元以下小微贷款的投入明显上升。有数据表明，大部分10万美元以下小企业贷款的增长来自于大银行信用卡的推广，以2000—2001年小微贷款的增长为例，其贷款余额增长4.4%，贷款笔数增长10.1%，而其中非信用卡贷款余额只增长了2.3%，贷款笔数仅有不到1%的增长。

因此，尽管小企业贷款是中小银行的核心业务，也是其发挥关系型贷款优势的阵地所在，但从现实和市场数据来看，大银行也越来越关注中小企业贷款，对中小银行的竞争威胁始终存在。从美国小企业贷款市场的市场份额分布来看，资产规模10亿~100亿美元的大银行，其在100万美元以下贷款市场的份额在20%左右波动，占10万美元以下贷款的市场份额也始终保持在14%以上。超大银行所占市场份额明显上升，其100万美元以下贷款的市场份额从1996年的24.95%增长到2008年的47.97%，10万美元以下贷款的市场份额更是从17.57%大幅增长到60.9%。当然，本身随着大型并购浪潮造成的银行业集中趋势，这些大银行的市场份额自然不断增加，2008年资产规模100亿美元以上的超大银行共100家，其占全部企业贷款市场的份额达到了66%，总资产规模的

① Kolari James E. Assessing the Profit Ability and Riskiness of Small Business Lenders in the Banking Industry [J]. Proceedings, Federal Reserve Bank of Chicago, 2003 (5): 184-199.

占比达到了 76.5%。相比于大银行的整体市场份额，其在小企业市场的占比还是相对较低的，不过以上数据足以体现，大银行并没有因为其没有关系型贷款优势而退出小企业贷款市场。整体而言，其在小企业贷款市场的所占份额占据半壁江山且逐步上升。农业贷款的发展情况与之类似，从农业贷款的市场份额变化来看，中小银行的市场份额也有所下降，超大银行的市场份额逐步上升。

（三）美国中小银行的服务区域定位

与大型银行相比，中小银行的资产规模通常较小，经营范围也较为狭窄，更适合采用集中竞争区域定位策略，将有限的资源集中于特定的目标市场，立足于当地社区。美国的中小银行大部分服务于较为有限的地理区域内的企业和存款人，资产负债业务主要发生在社区内，其吸收的资金来源于当地，资金运用也集中在本地市场，投入当地的发展和建设中。大型银行分支机构更多，经营地域更广阔，业务辐射半径更大，可以将分布在各地的网点所吸纳的资金，通过资金营运中心集中后根据效率原则实施全国甚至世界范围优化配置，与中小银行形成鲜明的反差。

美国中小银行社区性的市场定位与早期美国的单一银行制和银行地域管制有很大关系。美国的单一银行制下，早期银行机构没有分支机构，大部分银行又都是基于相对宽松标准成立的州立银行，自然形成了当地小规模经营的运作特点。即便是没有分支机构限制的加利福尼亚州，1999 年时也有 34% 的银行是资产规模在 1 亿美元以下的小银行。如此小的规模下，就算有分支机构，数量也少且基本集中在附近社区。但是随着银行业地域管制的逐步放松，银行业规模扩张和跨区域发展现象也越来越多。如果说在地域严格管制的情况下，中小银行针对社区的市场定位是不得已而为之的话，那么地域管制放松后，社区性市场定位的经营模式才是中小银行自主性的选择。

地域管制放松后，美国银行业跨州分支机构明显增加。1994 年全美只有分布于少数州的 62 家跨州分支，而到了 2002 年 6 月，有 327 家商业银行拥有跨州分支机构，其跨州分支机构数量达到了 21 415 个。2005 年跨州的分支机构数量增长到了 24 728 家，占美国国内分支机构数量的 37.28%。这其中，新设的分支数量也增长很快，1994—2005 年约有 6 000 家全新设立的分支机构，约占分支机构增加数量的 30%。[①] 由于银行普遍通过并购外地银行机构进入当地市场的途径

---

① Johnson Christian, Rice Tara. Assessing a Decade of Interstate Bank Branching [J]. Washington and Lee Law Review, 2008 (65): 73 – 127.

实现跨区域经营，因此伴随着逐步放开地域管制的过程催生了大规模的银行并购浪潮。而这些并购中只有少数是发生在资产超过 10 亿美元以上的两个银行之间的大并购，绝大多数是两个小型银行之间的并购。在 2000—2006 年发生的 1 215 起并购中，有 1 102 起的收购方是资产小于 10 亿美元的中小银行，占并购总数的 90.70%。

银行兼并浪潮中，银行根据其对经营区域的选择收购其他银行的分支机构或出售已有的分支。例如，1996 年得克萨斯州科帕斯克里斯蒂的一家小型银行——西南太平洋银行（Pacific Southwest Bank of Corpus Christi）购买了美国银行的 14 个农村网点。美国银行出售的这 14 个农村网点是其计划出售的得克萨斯州 68 个农村网点中的一部分，出售所得将作为银行在其主要市场开设新网点的投资来源。由此可见，大银行偏好的主要市场在城市地区，通常将总部或区域中心设置在大都市，从而更接近大企业等主要客户。大都市的人口众多，金融需求者遍布都市各处，对大银行的营业网点需求从便利的角度来看也要求覆盖范围更广。中小银行在大都市则相对处于劣势，因此处于大都市的中小银行通常针对大银行有所忽视的地段及客户对象提供服务。更多中小银行的服务区域定位主要集中于小城市、郊区和农村地区，这些小地方的人口较少，金融服务需求相对集中，不需要分散的银行网点，中小银行网点地理上集中的特点不会成为与大银行相比的劣势。更重要的是，小城市和农村地区的大企业稀少，中小企业和农户小额贷款需求相对更多，更有利于中小银行发挥关系型贷款优势。

以对美国得克萨斯州的银行的统计研究为例。得克萨斯州是美国人口和面积的第二大州，所辖的郡县数量最多，商业银行机构的数量全美第一，州内既有 3 个排名美国十大城市之列的大都市，又有最多数量的农场和农村地区。对得克萨斯州的银行情况的调查基本可以代表美国的整体情况。得克萨斯州的大银行的营业网点中位于大都市统计区的比例高达 92.5%，位于一个主要城市的比例为 43.7%，而中小银行的这两个比例分别只有 59.6% 和 11.9%，明显低于大银行。中小银行的分支机构集中在本地，银行总部与分支机构的平均距离 40.7 英里，中位数仅为 20.5 英里。相比之下，大型银行总部与分支机构的平均距离为 181.5 英里，中位数为 180.6 英里，远远超过中小银行的分布范围。同时，中小银行距总部 25 英里以内的分支机构占比平均约 60%，80% 的网点位于距总部 50 英里的范围之内，超过 2/3 的中小银行的绝大部分分支机构在一个县内，在一个县内的分支机构占比平均约 71%；而大银行只有 30% 以上的分支在50 英里以内，分支机构最多的县内的网点占比也不到 50%。这些数据充分说明了中小银行网点和服务的集中性。

　　放松地域管制后银行规模和地域的扩张对银行业务经营、收益和风险等都产生了一定影响。根据关系型贷款的特点，当银行跨州并购行为发生或者增设了新的异地分支机构之后，跨州的分支机构与总部之间的地理距离拉大，提高了银行组织内部的信息沟通难度，增加了软信息传递成本。同时，银行跨区域的扩张使银行层级关系更复杂，更大、更复杂可能带来的是更低效，因为代理链条长，解决代理问题的成本更高。这些都可能对中小银行的小企业关系型贷款业务带来影响。通过对小企业的问卷调查，Scott 等（2003）发现，在小企业的合作银行经历了并购后，小企业普遍反映对新银行服务和额外费用不满。由此可见，放松地域管制导致大规模银行业并购对中小企业贷款确实产生了一些不利影响。以 1994 年的美国银行业放松地域管制的州际银行法案通过为起始时点，考察自 1994 年以来美国中小企业贷款情况。根据美国小企业管理局（US Small Business Administration，SBA）1994—2008 年的小企业贷款数据，1994—2008 年，微小贷款（10 万美元以下）余额共增长了 75%，年平均增长率为 4.09%，小额贷款（100 万美元以下）余额增长了 142%，年平均增长率为 13.78%。从贷款笔数看都有 4 倍多的增长。可见，小企业贷款的贷款余额与贷款笔数均呈持续上升的趋势。从 SBA 统计的小企业贷款占比数据来看，小企业贷款占企业贷款的比重从 1995 年的 39.2% 到 2007 年的 31.3%，虽然比重下降，但降幅很小，在 2001—2004 年还呈上升趋势；小企业贷款占银行资产的比重，1995—2002 年仅略有减少，维持在 8.9% ~ 8.2%，2003 年开始降至 6.8%，但至 2007 年依然保持在 6.3% 的水平。虽然银行小企业贷款的比重略有下降，但考虑到银行贷款总额与资产的大幅增长，且小额贷款的划分标准始终是固定金额 100 万美元，比重的小幅下降并不意味着小企业贷款市场的萎缩，这一点从小企业贷款绝对数额的大幅增长变化也可以看得出来。因此，美国小企业贷款市场并未像人们担忧的那样受到银行业放松地域管制的冲击，其中一个关键原因在于，美国银行业始终存在大量的坚持本地经营的中小银行，大部分银行即使是在跨州经营管制放松后也依然选择集中当地发展，从而使其能够利用关系型贷款优势发展中小企业贷款。美国中小银行的这一区域定位自主性选择从美国银行市场结构的情况也可以看出，如本书第五章所讨论过的，美国农村地区的银行集中度相对较高，零售业务的市场集中度高于批发业务，这些现象正是美国中小银行区域选择的证明。

　　美国中小银行作为当地土生土长的银行，与当地居民建立良好的关系是中小银行发展的重要保证。美国社区银行经常与当地的商会合作，支持当地学校的发展，在发生灾害时协助当地救灾工作，拉近银行与客户间的距离。除此之外，社区银行还经常在所处的社区开展与居民互动的各种活动，如 2011 年 4 月，在美国独立银行社区组织的"社区银行月"期间，近 5 000 家社区银行为了感谢民众对社区银行的支持，在其所在的社区开展了各种各样的活动，不仅宣传了银行自身，也提高了居民的理财意识。这些活动拉近了居民与银行的距离，增进了双方的了解。

（四）美国中小银行的产品定位

美国中小银行主要提供相对传统和有限的产品类型，大型银行在美国银行管制逐渐放松的过程中越来越多地从以借贷活动为核心的业务单一化向多样化转变，在提供传统的银行服务同时，发展了众多的收费性及产生非利息收入的中间业务。在美国金融服务现代化法案正式解除分业经营限制后，大型银行的业务复杂程度随着金融创新更为突出。与之相比，中小银行则一般坚持提供较为有限的传统产品种类，主要为小企业、家庭农场主等小型客户服务，为其提供存款、贷款、支付、结算及其他金融服务，通常以小额业务为主。

一般情况下，中小银行的贷款和投资证券占总资产的比例相对于大型银行更高。从 FDIC 提供的各类银行 2010 年的资产负债表情况来看，中型银行的贷款占资产的比例最高，小型银行的贷款占比虽然低于大型银行，但明显高于超大型银行。小型银行投资证券占资产的比例最高，超大型银行最低。大型银行的交易账户资产明显高于中小银行，特别是超大型银行的资产中交易账户[①]更多，表明超大型银行倾向于利用价格变化投资证券[②]，获取短期利润。在负债方面，中小银行对存款的依赖性更强，存款占负债的比例明显高于大型银行，而且基本是国内网点的存款组成；而大型银行的存款占比相对要低，其中还有部分来自于国外分支机构，特别是超大型银行，国内网点的存款占比更低。中小银行以付息存款等核心存款为主，而大型银行的货币市场借款等批发性资金来源相对要高。由于核心存款一般受到美国联邦存款保险公司承保，中小银行的保险存款占总存款的比例明显高于大型银行，资金的安全又进一步提高了中小银行资金来源的稳定性，有利于中小银行流动性水平的维持和建立与存款客户之间稳定的业务关系。在与存款相关的业务中，中小银行还能尽量开发相关服

---

　　① 交易账户是指为从短期价格变动中获得短期利润收益而持有的有价证券和其他资产，不包括在投资证券项目下。

　　② 投资证券是指可销售证券和持有到期型证券。前者是除现金之外应付流动性需求的短期政府债券和商业票据等货币市场；后者是为了获得预期收益率而持有的证券，包括美国联邦机构发行的政府债券、公司债券和市政债券等。

务，开拓业务收入。① 中小银行的净息差水平普遍高于大型银行，与中小银行的贷款业务以针对中小企业的关系型贷款业务利率水平较高有关。

由于中小银行主要从贷款和投资中获取利息收入，因此相对于大型银行，非利息收入在美国中小银行收入中只占较低的比重。FDIC 数据显示，2000—2010 年美国各类银行中，中小银行收入中的利息收入占比平均达到了 82.6%，明显高于大规模银行，而中小银行非利息收入的占比平均只有 17.4%，大约只有超大型银行的一半。可以很明显地看出，银行规模越大，则非利息收入的比重越大。

从非利息收入的内部构成来看，中小银行更多地依赖传统的存款账户收费等项目作为非利息收入的主要来源，中小银行存款账户收费在非利息收入中的占比达 31.8%，对美国 1 亿美元资产规模以下的小银行而言，该比例高达 40.23%，而资产规模超过 10 亿美元的大型银行中的这一占比则仅为 15.7%。这充分表明中小银行在非利息收入来源的中间业务方面也以传统的存款为基础。中小银行资产证券化收入，交易账户收益，投行、咨询、经纪、承销收费及佣金等项目在非利息收入中所占的比重明显地低于大型银行。这同样反映出社区银行所开展的服务种类的相对传统性和有限性。美国独立社区协会 2009 年第一季度的报告中总结，美国社区银行总体坚持传统、保守与谨慎的经营原则，这种看似"无奈"的选择其实是与社区银行规模小和抗风险能力有限的特点相适应的，而且正是这种适宜的选择使社区银行在次贷危机中较少受到冲击，社区银行金融危机时期的总体表现优于大银行。②

在服务收费方面，美国的中小银行对中间业务收取的手续费与大型银行对相同或相似的业务所收取的费用相比通常要低。美国公共利益研究组织（Public Interest Research Group，PIRG）2001 年所作的调查统计，美国的中小银行在支票账户、其他储蓄性服务等业务的收费方面，平均比大型跨州的银行机构要低15% 左右。美国独立社区银行协会 2003 年的收费调查发现，资产规模 1 亿美元以下的小型银行在支票、转账支付命令和存款账户的收费相比大型银行可以节约18% ~42%，中型银行相比大型银行也可以节省1% ~20%的收费；其他如透支、ATM 等收费项目上，中小银行的收费都普遍低于大型银行。同时，跨州经营的银行收费也比州内经营的银行更高。PIRG 2012 年的调查同样显示，大型银行的收费更高，中小银行的免费项目更多，设定的减免手续费的最低账户余额

---

① 刘春航. 美国社区银行的经营模式及启示 [J]. 中国金融，2012 (14)：60 – 63.
② 孙章伟. 美国社区银行的最新发展和危机中的财务表现 [J]. 新金融，2009 (4).

更低。中小银行的收费普遍较低,一方面是利用其人缘地缘优势尽可能节约成本,另一方面是通过低手续费策略吸引客户,有助于提高自身的行业竞争力。例如中小银行对 ATM 跨行收费较低,2012 年 PIRG 的调查发现,25% 的中小银行对 ATM 跨行交易免费,这可以使中小银行面对大型银行遍布范围广泛的 ATM 不再处于劣势,有利于中小银行的客户开拓。

在激烈的竞争中,美国中小银行还提供有针对性的金融服务。社区银行在开展业务时,并非仅仅提供千篇一律的服务,也并非在社区里设立一个 ATM 那样简单。社区银行通过对不同的客户进行分析,对不同年龄段、不同金融要求的客户提供不同的服务,比如针对儿童设立的存钱罐理财业务以及针对老人设立的养老基金业务等,他们不提供无需求的金融服务,但同时对客户提供免费的咨询,而且由于社区银行的规模较小又服务于地方,因此社区银行的员工通常会和客户进行“一对一”的探讨,为客户量身定做适合其自身的产品。同时,社区银行也比较注重业务的创新,除了基本的存贷款业务外,还开展了信托、保险、咨询等业务,满足了不同客户的需求。社区银行依靠自身贴近百姓的亲情服务和灵活的经营理念赢得了社区内民众的支持。

三、我国中小商业银行市场定位的基本思路

从目前现实来看,中国银行市场中的银行机构已经多元化,银行市场中最关键的不是缺乏市场竞争主体,而是还没有形成一种真正的、完全的市场竞争机制,市场中更多是同质化的低层次竞争。借鉴美国中小银行在激烈的市场竞争中通过提高服务水平和突出服务特色与大型银行在竞争的市场结构下形成分层错位竞争的经验,中国中小银行也应该实施产品差异化手段。从不同地区的银行市场来看,经济发达地区的银行机构较多,经济发展相对落后地区的银行机构相对较少,那么在不同的地区的竞争格局也存在差异。同样,目前中国城市地区的银行机构较多,竞争比较激烈,而农村的金融供给相对不足,银行机构少。因此,针对市场竞争不足的地区,应该引入更多竞争主体,增加金融供给,促进银行机构效率的提高;而竞争已经充分激烈的市场,更需要银行机构形成差异化的竞争意识,避免恶性竞争。对银行业务而言,中小企业在中国国民经济中起着越来越重要的作用,过去以国有大银行为主的寡头型的市场结构是以国有大中型企业为主要服务对象的,这使得中小企业的发展难以获得与之相适应的金融体制的支持。而且,大型银行在全国或跨区域范围内调配资金,由于资金的逐利性,必然会造成落后地区的资金向发达地区转移,从而加剧了

地区发展不平衡。而中小银行具有成本低、经营灵活便捷、集中经营、人缘地缘优等方面的优势，与中小企业还具有体制上的对称性，在服务中小企业方面具有比较优势，同时，其资金来源与运用都集中在当地，有利于防止资金地区流动的"马太效应"。因此，不同规模的银行机构在市场竞争中应该形成正确的市场竞争战略，避免盲目竞争和恶性竞争，彼此之间形成差异化的分层竞争，这才是真正有效的竞争机制。国有大型银行和全国性的股份制商业银行具有网点范围广和资金实力强的优势，中小银行就不能与大型银行拼网点数量、遍布范围和扩张速度，而应该利用其当地优势，立足当地，发展当地业务，发展关系型贷款业务，尽可能利用自己的比较优势。在城市与农村不同的银行市场上，银行业竞争格局也有所区别。

中国中小银行的发展本身承担了特定的历史使命，但作为自主经营的现代金融企业，只有自身明晰了经营模式的定位，自主地根据市场定位选择具体的经营发展模式，才能在可持续发展的基础上，真正完成历史使命。根据前文的分析，总体而言，中国地方中小银行应采取求异性的经营模式，重点体现在服务对象、经营区域和收入结构三个方面。

（一）客户结构中小化

为了突出自身特色，中小银行在客户选择上，应避免与国有大型银行重叠，避免"傍大款、垒大户"，避免脱离自身比较优势与大银行争夺大客户、大项目。一是由于中小银行议价能力有限，一味地追求与大企业联姻，中小银行可能付出更高的成本和更大的代价。二是随着中国资本市场的逐步发展，资本性"脱媒"日益加剧。"十一五"期间资本市场累计融资2.5万亿元，2006年中国股市市值全球排名第13位，2011年年末全球排名第三位，仅次于美国和日本。从债券市场看，2011年年末中国公司信用类债券余额也位居世界第三。这意味着银行间接融资的市场份额面临直接融资的抢夺。大企业通过直接融资渠道相对于中小企业而言更为便利，对间接融资的依赖逐渐减弱。在这种形势下，中小银行服务大企业的议价能力越来越低，中小企业更应成为中小银行的主要服务对象。三是随着中国经济的快速发展，中小企业在经济发展中的作用也越来越突出，将逐渐受到银行机构的重视，更应该是中小银行的主流客户。中小银行应该注重培养稳定的具有忠诚度的客户，毕竟优质的大客户也可以是由小企业发展壮大而来的。如果中小银行通过关心初创期的小企业，扶持成长期的小企业，可以与小企业共同成长，经过同舟共济、相互支持，有利于形成更稳固和持久的银企关系。"小企业金融服务"将会成为中国银行业越来越关注的重点,更应该是中小银行选择的"大未来"。同样,对于以服务农村地区为主的农村中小银行而言,专注服务"三农",培养忠诚客户,才是理想选择。

(二) 经营对象地方化

美国社区银行经营模式的最主要特点就是专注于为有限区域内的企业和居民提供服务,其资金主要来源于社区,也运用于当地。社区银行这种扎根当地、服务地方市场的特点,有利于其建立较为稳定的客户关系,也对当地的经济发展起到了推动作用。实践证明,这种经营模式是可持续性的、充满生命力的。当前,中国经济发展中表现出典型的二元经济结构特征,加快改变二元经济结构是21世纪中国经济发展的重大战略任务。社区银行模式能够很好地弱化二元经济结构,促进经济发展。而且,中小银行利用地缘优势打造成真正的社区银行,才能够有效地积累和充分地利用当地信息,发挥关系型贷款优势,低成本地克服信息不对称,从而降低逆向选择和道德风险发生的概率。建议中国中小银行充分借鉴美国社区银行发展经验,不要盲目求大求快求全,不要超越风险控制能力追求跨区域经营和远距离设立村镇银行,而应脚踏实地,着眼地方,找准定位,做精做细做实,走符合自身实际的特色化、差异化、精细化发展之路。

(三) 产品服务个性化

长期以来,中国中小银行的盈利模式较为单一。尽管净手续费及佣金收入份额不断增加,但净利息收入总和在营业收入总和中的占比依然保持绝对的高份额,规模较小的银行对存贷款规模增长的依赖性更强。各家银行之间就只有规模的差别,而无盈利模式的差异。金融危机后,银监会已着手从资本要求、杠杆率、拨备率、流动性等方面厘定最新的监管标准,旨在科学引入《巴塞尔新资本协议》中的新监管指标。新的资本充足率监管标准对核心一级资本、一级资本和总资本三个最低资本要求更加严格,并要求所有银行都设置超额资本以抵御经济周期波动。新的监管标准表明,今后中国商业银行过度依赖于存贷利差的盈利模式是不可持续的,中小银行也必须加快业务结构调整,实现收入结构多元化。此外,中国金融"十二五"规划已经明确表明将加快利率市场化进程,原来靠利率管制政策盲目追求粗放式发展是不可持续的。在利率市场化的初期,银行业所受到的冲击最大,净息差水平将会有明显的下降。在净息差大幅收窄之后,大型银行可以"以量补价",但中小银行在资产规模和机构网点方面都没有优势,无法与大型银行拼规模,更不可能"以量取胜",这就势必促进中小银行主动进行创新和发展模式的转变，在努力提高贷款收益水平的同时，不断拓展收入来源，开拓有针对性的个性化服务领域，实现收入结构多元化。从资本消耗型业务向资本节约型业务转变，进一步优化业务结构，提升零售业务、中间业务、新兴业务占比，将是未来中国中小银行转型的必由之路。受制于规模实力和技术条件，中小银行在产品开拓和业务创新方面不能与大型银行比丰富程度，而应该充分认识到人性化和面对面的服务是美国中小银行受客户欢迎的关键。在大型银行借助技术优势发展电子化、自动化业务的同时，中国中小银行也应该注重交流的人性化，利用个性化的贴心服务赢得客户。

第九章 中小商业银行的应对策略：
与电商平台合作

与电商平台的合作，对银行而言，从客户角度可以利用电商平台的海量客户群，匹配后台产品，按照网络客户分群模式，重新划分金融产品的客户细分模式，在此基础上设计相应的金融产品并利用即时通讯的优势精准推送给客户。同时，与电商平台系统的后台数据进行交叉分析开展交叉销售，为商户设计更加个性化的金融产品，同时利用电商平台客户数据积累的优势，能够大大提高网络产品和网络销售的风险控制管理水平。商业银行借力互联网平台，可以拓展客户规模，精准客户匹配，提高风控能力，降低运营成本。而对电商平台的金融布局而言，和商业银行的合作，一方面可以提升其现有会员的客户价值，同时拓展其体系外的客户，实现客户增值；另一方面，更加重要的是，可以通过交叉销售、金融合作，避免监管上的盲区。①

传统金融业不能仅仅满足于生产金融产品，必须探索走向金融前端，建立自有渠道，获得海量客户和数据。资本实力雄厚的大型银行可自建互联网金融平台，中小商业银行可以通过控股、收购等方式实现载体构建。中小商业银行应以开放平等的姿态和互联网电商平台开展多方位的合作，不断创新合作方式、内容和范围，实现银行和非银行互联网金融的双赢。对中小商业银行来说，由于资金实力有限，不大可能采取兼并或建立自己网站的形式，而适宜采取与软件公司合作的方式来开展网络金融服务。对中小商业银行来说，与软件公司合作可以获得后者在技术上的支持，可以节省开发成本，更快地拓展网络金融业务，从而与大型银行在竞争中维持均衡态势，确保在目标客户市场中的份额。对众多从事国际互联网服务的软件公司来说，它们则希望能通过商业银行来展示它们的成果。

中国银行业协会与普华永道共同发布的《中国银行家调查报告（2013）》显示，面对互联网公司的挑战，近八成银行家表示将与电商合作开展互联网金融

---

① 巴曙松，谌鹏．互动与融合：互联网金融时代的竞争新格局［J］．中国农村金融，2012（24）：15－17.

业务，超过九成的银行家认为信息科技对业务发展与经营管理有积极作用，移动互联技术也成为信息技术新发展中银行家关注的首选，其中包括运用大数据技术与云计算等。①

一、合作开展网络信贷业务

电商平台拥有庞大的客户基础和客户数据，网络信贷业务能很好地满足客户"金额小、放款快、周期短"的融资需求。但是受资金来源和地域限制，贷款规模难以扩大。中小商业银行应当利用自身的资金实力和电商平台合作开展网络信贷业务，联手开发适用于互联网环境的信贷产品。

网络信贷是相对于传统贷款而言的，是指建立在网络中介基础上的客户与银行等机构之间的信贷活动，其发展的基础和关键因素是信息透明化。一般而言，传统贷款的基本流程包括贷款申请→贷款调查→对借款人的信用等级评估→贷款审批→签订借款合同→贷款发放→贷后检查→贷款归还八个环节。根据各环节操作的系统化、自动化、无纸化程度的不同，网络融资包括狭义和广义两个范畴。从狭义角度讲，网络融资是基于互联网和电子商务的信贷业务，其实质是供应链金融在互联网渠道的应用。银行通过与电子商务企业或第三方支付平台的业务合作和系统对接，可以自动获取电子商务客户交易信息、电子交易凭证等，并以此作为信贷审批依据，实现快速审批、放款；客户可以足不出户获得银行信贷资金。从广义角度讲，贷款申请、信用评级、贷款审批、签订借款合同等核心环节全部或部分实现在线处理即可称为网络融资。如部分银行目前正在大力推进的融资网络化，即以网上申请、在线预评估等环节为突破，以改变传统的客户申请方式，提高申请效率为重点。

由银行与外部机构（包括电子商务企业、第三方支付企业、政府、行业协会等）合作开展网络融资业务。银行可通过外部机构获取客户资源及企业信息数据，降低与客户间的信息不对称；外部机构则可借助银行金融服务的支持，进一步发展壮大，两者实现共赢。根据合作机构的不同，该模式可细分为两种：银行 + 网络机构与银行 + 网络机构 + 第三方机构。其中网络机构包括三类：金融信息服务平台、电子商务平台和第三方支付平台。金融信息服务平台为资金供求双方发布借款/贷款信息的平台，但不涉及具体经营活动和网上交易行为。

---

① 中国银行业协会. 近八成银行家有意与电商合作. http://money.163.com/13/1225/07/9GU26AQ600253B0H.html.

电子商务平台则为客户提供在线交易平台，并记录客户交易及信用评级信息。第三方支付平台是电子商务买卖双方在交易过程中的资金"中间平台"，一般与大型电子商务网站进行捆绑。第三方机构则包括地方政府、工商税务机关、行业组织、担保公司及保险公司等，这些机构主要提供信息支持或担保等。

（一）建设银行"e 单通"、"e 保通"等产品①

1. e 单通

建设银行推出网络银行"e 单通"业务，着力破解中小企融资难题。与传统的融资物流相比，"e 单通"业务模式实现了银行网上授信与贷款、物流信息系统、金银岛网上交易平台三方全面无缝对接，彻底解决了中小贸易企业的融资难题。该业务是指建设银行与网络交易平台金银岛、网络物流平台中远物流三方系统对接合作，整合三方资源，为大宗商品交易上下游客户提供的新型融资服务。该模式为中小企业融资带来了实质性的突破，不但降低了准入门槛，减少了公关支出，且授信过程不再漫长和烦琐；新系统实现用款全流程在线操作，包括合同签署、贷款支用、还款赎货等方便快捷，加上银行利息和物流费用，总体成本仍然很低。

"e 单通"业务包括网络仓单融资和网络订单融资，属供应链融资系列产品之一。其中，网络仓单融资指借款人持建设银行认可的专业仓储公司出具的电子仓单进行质押，向建设银行申请融资的信贷业务。网络仓单融资业务能够有效解决借款人生产经营过程中所需的临时性资金周转需求，特别适合经营周转快、短期资金需求大的客户群体。而网络订单融资指借款人凭借金银岛确认的电子订单（借款人作为买方）向建设银行申请融资的信贷业务。网络订单融资业务能够很好地解决借款人购买原材料、支付货款的临时性资金周转需求。

通常企业需要以下条件才能办理该业务：①经营年限≥18 个月；②金银岛网络信用记录良好，在金融机构无不良信用记录；③目前暂未在建设银行各分支机构有贷款余额；④具备 1 年以上交易记录的金银岛会员；⑤建设银行认为必要的其他条件。

办理该贷款首先需要向建设银行申请授信，申请材料准备齐全交给金银岛后，由金银岛向银行递交材料，T + 7 个工作日可办理好银行授信。货物入库，监管方确认监管后，T + 0 个工作日即可放款，随借随还，循环使用。

---

① 中国建设银行网站，http：//www.ccb.com/cn.

2. e 保通

网络银行"e保通"业务指建设银行与电子商务平台公司敦煌网合作推出的基于客户网络交易记录及信用的在线融资服务。

敦煌网卖家无须实物抵押，无须第三方担保，凭借在敦煌网交易的实时记录及累积的信用即可申请，额度一经审核，在额度有效期（1 年）内，卖家可以随时查询自己的交易账单并发起融资支用申请。该产品单笔支用最高不超过应收账款金额的 80%，无须提供抵质押物，最长不超过应收账款到期日后 30 天且不超过放款日后 60 天。

该产品的特点是全程网络化，应收账款信息电子化，保理预付款最高额度可以循环使用，能有效为平台客户加速资金周转，提高销售收入。"e保通"本质上是一种订单贷。卖家每生成一笔订单，就可以在已经申请好的授信额度内使用一次贷款。授信额度可以循环使用。可以看做是阿里金融"循环贷"和"订单贷"的结合。

如图 9 - 1 所示，"e保通"产品的优势在于：①针对性强，特别适合经营稳定、周转快、短期资金需求大的客户；②流程简便，建设银行网站报名申请，通过建设银行企业网银进行合同签订，全流程电子化操作，在家、在办公室即可轻松实现贷款；③支用快捷，经平台公司确认的应收账款最快可在 T + 0 到 T + 1 个工作日内完成放款，并可在保理预付款最高额度内循环支用；④还款灵活，系统自动操作归还款项交易；⑤应收账款管理，建设银行同时为客户提供全面的应收账款管理，使客户能轻松掌握应收账款信息。

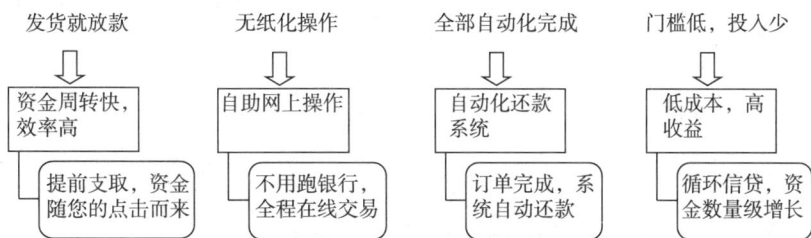

图 9 - 1 "e 保通"的优势

3. e 贷通

"e贷通"是建设银行与阿里巴巴公司合作推出的电子商务信贷产品，其结合建设银行网上银行渠道、信贷业务系统和电子商务的网络信用，为类似于阿里巴巴"诚信通"第三方支付平台上的中小企业客户提供批量信贷支持。由于采用网络联保等一系列手段降低中小企业信贷准入门槛，其也成为解决中小企业融资难的一款崭新金融产品。

"e 贷通"产品针对不同中小型企业的特点推出三款产品，包括网络银行电子商务联贷联保业务、网络银行电子商务大买家供应商融资业务、网络银行电子商务"速贷通"业务。网络联贷联保是指 3 家（含）以上借款人，通过网络自愿共同组成一个联合体，联合体成员之间协商确定授信额度，向建设银行联合申请贷款，由建设银行确定联合体授信总额度及各成员额度，每个借款人均对其他所有借款人因向银行申请借款而产生的全部债务提供连带责任。网络供应商融资是供应商在正常经营过程中，以其持有的经建设银行和大买家确认的，尚未履行交货义务，相应款项尚未收付的购货订单为依据，向建设银行申请融资的信贷业务。网络"速贷通"是对借款人不进行信用评级和一般额度授信，依据客户提供的足额有效的抵（质）押担保，并结合客户第一还款来源及网络信用而办理的信贷业务，并对网络信用好的电子商务客户给予一定比例的追加贷款额度。

通过"e 贷通"这种贷款方式，小企业不仅可以凭网络信用获贷，而且贷款的全部流程——申请、调查、审批、发放、监控、回收等均通过网络完成。如果贷款后出现坏账，阿里巴巴和建设银行还将在网上联合公布用户的不良信用记录。每个小企业贷款额度在 50 万元以内，申请企业最好有 3 年以上良好网上信用记录。首批 4 家获得贷款的企业均为阿里巴巴的诚信通会员，均为百人以下的小企业。

建设银行与阿里巴巴公司的合作打破了原本横亘在银行与小企业之间的鸿沟，将网络信用度作为贷款的参考标准之一，从而使企业不单纯依靠固定资产、企业担保等来突破资金层面的束缚，实现进一步成长。

（二）工商银行的"易融通"产品①

"易融通"网商贷款即中国工商银行为解决网商融资难题，针对广大网商的资金需求特征，开发的一系列网络平台融资产品的总称。

由于网商一般经营规模较小，又缺乏有效的抵押物，在发展的资金瓶颈期往往很难申请到贷款。同时，由于其融资需求面广，资金使用频率也很高，传统的银行信贷并不能很好地适应其"短、频、急"的融资需求。工商银行专门针对这一领域推出了"易融通"网商微型企业贷款，为依托第三方电子商务平台从事经营活动的微型企业和个体工商户解决了融资方式上的难题。"易融通"

---

① 中国工商银行网站，http://www.icbc.com.cn/.

是工商银行利用网络系统自动评级授信和利率定价模型，为第三方电子商务平台上经营的网商企业提供自助申请贷款、提款和还款等服务功能的短期小额流动资金贷款业务。

　　只要经营正常、收入稳定的网商，都可以根据自身情况，采用信用、第三方保证、联保和抵（质）押等灵活的担保方式，通过第三方电子商务平台阿里巴巴、慧聪网平台或工商银行网上银行等网上操作，自助提出"易融通"网商微企贷款申请，工商银行的系统将自动处理网商们提供的信息，依据客户融资需求量、还款资金来源及其可靠性等因素确定贷款额度，实现贷款发放。该额度最高可达 500 万元。此外，与传统银行信贷业务相比，"易融通"网商微企贷款开创了银行业网上签订借款合同的先河。

　　除了首次办理业务需要面签合同外，网商均可通过工商银行的网上银行预签电子借款合同，同时从贷款的申请环节开始到调查审批、提款还款等环节均借助网络手段进行简化和优化，极大地提升了融资业务的自助化和便利性，并有效降低了小企业贷款的运作成本，增强了融资业务的灵活性。

（三）中国银行、中信银行等与"生意宝"合作的"贷款通"平台

　　"贷款通"由"生意宝"于 2010 年创建，是携手多家银行针对中小企业的第三方在线金融服务平台。通过类似于 P2P 平台的方式，将"生意宝"会员的融资需求与合作银行的放贷意愿相撮合。"贷款通"在提供贷款信息平台的基础上，通过增加企业信息认证、银企配对等功能，对贷款信息进行整合处理、精确定位，帮助银行提升授信审核效率，增加企业获得贷款的成功率。

　　"贷款通"是依托于"小门户 + 联盟"模式建立的"生意宝"电子商务平台。该平台精准定位于行业中的中小企业，目前已经拥有 500 余万名中小企业注册会员，其中包含庞大的潜在贷款需求。中小企业通过"贷款通"平台能便捷地提交贷款需求；"贷款通"的信息认证使企业信息在银行间有效流通，进而帮助企业缩短获款时间；"生意宝"的行业数据中心帮助银行了解企业原材料、产品、半成品及生产设备等潜在抵押物最新估值；"贷款通"后台数据中心根据地域、金额、企业状况等信息进行整理归纳，按照各银行的具体要求进行银企间的精准对接。

　　银行通过"贷款通"对中小企业成功发放贷款后，不仅在贷款业务上取得收益，同时也是累积有忠诚度的存款客户的途径，并且在参与企业信用体系建设、订单贷款的过程中，渗透整个行业的产业链，获取更多的潜在客户。受到银行支持的中小企业则有望快速发展壮大，成为银行未来的优质客户。当然，

"贷款通"并不是一款严格意义上的网络贷款产品，只不过是利用"生意宝"的行业联盟来批量获得客户。

（四）邮储银行与 1 号店合作的供应链金融[①]

2014 年 3 月，1 号店与中国邮政储蓄银行举行了战略合作签约仪式，双方合力打造的供应链金融产品于 4 月下旬正式上线。根据合作协议，双方联合推出电商供应链金融产品，并将其作为 1 号店商必赢平台的核心产品之一，为 1 号店的供应商、入驻商家及第三方合作伙伴提供成本低、可靠度高、无担保抵押的融资解决方案，产品涵盖"小微贷"、"信用贷"和"金融团"等多个金融品种。

1 号店平台下数以万计的中小企业在快速发展的同时有着巨大的融资需求。而 1 号店已投入大量技术力量开发金融产品平台，完善信用模型和风险控制体系，与中国邮政储蓄银行合作，将成为吸引海量合作商的新"利器"。1 号店将为长期稳定合作、信誉佳的供应商提供融资解决方案，推动其持续快速增长，进而促进整个平台经营实现良性循环和竞争力提升。

目前，1 号店供应链金融业务分为四大模块，分别为 1 号店的供应商、入驻商户、第三方合作伙伴和顾客提供全方位金融服务产品。中国邮政储蓄银行是首家和 1 号店携手推进供应链金融产品的合作银行。

未来，1 号店的金融平台将结合 1 号店的开放物流平台、大数据平台、商家管理体系、顾客管理体系等优势，继续向商家端及消费者端延伸，打造全面金融服务。据悉，2014 年以来 1 号店就已经联合邮储银行为近百家优质供应商进行了授信，推动了合作商家业绩的快速成长。与此同时，1 号店供应链金融服务得到了中国邮政储蓄银行的重点关注，并被列为 2014 年的小微金融创新重点项目。

邮储银行面对互联网金融的新竞争格局，将积极运用大数据的理念和技术，携手 1 号店开拓银行与电商合作新格局。数据显示，邮储银行已累计发放小微企业贷款 1 600 多万笔，金额达 2 万亿元。而 1 号店 2013 年销售额实现 115.4 亿元，拥有 6 000 万注册会员，在线销售近 400 万种商品。当前，1 号店有 2 万个入驻商家，2014 年年末入驻商家数预计将达到 4 万家。1 号店的供应链金融产品 2014 年年内将面向上万个 1 号店合作商提供小微贷及综合金融服务，总体融资

---

① 1 号店签约邮储银行推供应链金融服务 产品 4 月下旬上线．http://tech.ifeng.com/internet/detail_ 2014_ 03/17/34854840_ 0. shtml.

额度超过 40 亿元。

　　传统和现代中小企业纷纷进入电商渠道，在获得销售成长的同时也时常面临资金压力，单靠自身能力较难在银行获得大额融资，而通过 1 号店供应链金融，可获得银行更高额度的信贷，享受更优惠的融资成本。供应链金融服务也将成为 1 号店新的盈利增长点。

二、共同开展信用支付业务

　　中小商业银行可以联手电商平台共同开展信用支付业务。一方面是为平台客户提供信用支付的额度，另一方面是为电商平台提供信用卡业务的专业风险管理服务。另外可考虑联名发网络信用卡，共享客户资源。

　　信用支付是一种在交易过程中，货款由实力雄厚、公信度良好的第三方（如国有大银行）托管和监管的支付方式，信用支付保障了买卖双方在交易过程中的公平和安全。它通过银行充当信用中介来保证买卖双方交易资金的安全：买卖双方在网上从事交易活动时，买方的货款先交给银行中间账户暂存监管，待双方货物交割完毕后，由银行再将货款交给卖方。该业务可避免传统支付模式交易过程中货物或货款可能被欺骗而造成的损失，买方不必担心付了钱收不到货，卖方不必担心发了货收不到钱。银行在交易过程中承担资金监管的责任，并根据买卖双方对交易的确认结果办理资金清算，可实现订单支付、查询、退款、仲裁等功能，从而有效保护交易双方的权益。

（一）多家银行与淘宝合作信用支付

　　继支付宝推出碎片化理财产品余额宝后，信用支付是阿里金融在金融领域的又一创新。即用户使用支付宝付款时无须再捆绑信用卡或者储蓄卡，能够直接透支消费，额度为最低 1 元，最高 5 000 元，贷款资金全部由合作银行提供，阿里巴巴旗下重庆商诚担保公司提供全额担保并承担全部风险。值得注意的是，用户得到信用支付额度后，只能在淘宝、天猫等阿里系购物网站消费，并非全网。同时，该服务最初将首先选择几个省市试点，随后才向全国推广。

　　阿里金融通过用户在淘宝的消费额、退货次数等多项维度来确定用户的透支额度。信用支付手续费由商户或客户自行承担，费用在 0.8% ~ 1%；信用支付拥有 38 天的免息期，逾期后实行基准利率 50% 的罚金。如果出现逾期，阿里金融首先短信通知，然后语音催收，最后是人工催收甚至上门催收，催收一年之后仍不还款，阿里金融将自行核销，逾期一年以上的客户将被注销支付宝账户。

由于 2012 年支付宝通过中国银行业的手机银行完全支付的成功率是 38%，即 62% 的交易创建后支付不成功。因此阿里金融推出小额信用支付就是为了帮助用户网购消费更加方便。与银行的透支额度相比，信用支付提供的透支额度更小，甚至可理解为手机预付功能。

阿里金融推出信用支付思路与余额宝一脉相承，都是用互联网思维做金融。余额宝是碎片化理财，但并不影响用户在银行基本储蓄、购买大笔基金等行为；信用支付透支，阿里金融提供的最大额度也就 5 000 元，比起银行信用卡的最大额度要少很多。这对于银行信用卡是个补充，而且仅限于在淘宝系网站购物，并不会对传统信用卡造成冲击，而且对于合作银行来说，可以因此获取淘宝的用户。

（二）中国银行与淘宝网推联名信用卡

中银淘宝信用卡是中国银行联手阿里巴巴集团旗下淘宝网、支付宝共同推出的联名信用卡。通过在支付宝网站激活卡通支付功能便可在线支付。中国银行还有分期轻松购、遍及全球的优惠商户网络等服务。中银淘宝信用卡拥有众多服务，其中较有特色的是卡通支付与积分计划。

卡通支付是指客户将名下信用卡及支付宝账户签约绑定后，无须通过网上银行而直接登录支付宝账户，凭支付宝支付密码，即可通过绑定的信用卡支付功能，简单、安全、快速地使用支付宝网上支付。积分计划是指中银淘宝信用卡持卡人自动加入中国银行"中银积分 365"消费积分奖励计划，客户可以使用信用卡积分兑换礼品。

客户在任何商户持卡消费满 1 000 元人民币，即可致电中银信用卡 24 小时客户服务热线申请分期付款。该服务不限地点，不限商户，先消费，后还款，享有最长 50 天免息还款期，中国银行特为中银淘宝信用卡持卡人提供相应的短信服务。短信内容包括实时交易通知、自动还款结果提示、可疑交易确认等。另外，中国银行提供网上银行还款、网点柜台还款、自助设备还款、自动转账还款等多种还款方式。

三、通过电商平台销售金融产品

中小商业银行可探索通过第三方支付平台销售理财产品。针对平台账户资金金额小、流动性要求强的特点开发出合适的理财产品，盘活第三方支付的沉淀资金，这是对可能出现的利用平台资金购买保险和基金的直接应对。也可利用电商平台开设网店，利用社交网络进行产品营销等。银行在与网络平台开展合作的过程当中，最为关键的是要改变传统的以抵（质）押为基础的风控模式，充分认识到网络平台所拥有数据资产的价值，以开放平等的姿态进行合作。

（一）交通银行淘宝旗舰店

2012 年 7 月 23 日，交通银行与阿里巴巴共同宣布推出"交通银行淘宝旗舰店（jtyh. tmall. com）"。这是国内银行业首度登陆淘宝。通过"交通银行淘宝旗舰店"，用户可以直接购买交通银行提供的各类产品及服务，实现金融产品的网上交易。

"交通银行淘宝旗舰店"首期开放的内容包括贵金属、基金、保险、个人/小企业贷款、贵宾客户服务、借记卡等 6 个频道。用户可在线浏览交通银行各类贵金属产品，并通过支付宝下单购买。此外，用户可通过"交通银行淘宝旗舰店"中的淘宝旺旺进行在线咨询，并立即获得交通银行客服中心工作人员的在线解答。如有进一步的专业问题或需求，用户还可使用"在线预约"功能，交通银行客户经理将及时跟进服务。

目前"交通银行淘宝旗舰店"只有贵金属是支持支付宝账户购买的，其他产品包括基金、保险、理财产品等暂不支持。在交通银行旗舰店内可以查询到交通银行的基金营养组合套餐，但客户想要购买还是需要通过交通银行营业厅、交通银行个人网银、电话银行等渠道交易。

目前电子渠道已占据交通银行日常交易量的六成以上，未来交通银行将构建营业网点、电子银行和客户经理三位一体的新型服务模式。目前银行业仅在整合其自身的技术力量和产品服务上取得了突破——各家银行都搭建了自己的电子银行体系，但鲜有银行与其他电子商务企业合作，整合双方的技术、客户及产品服务资源，搭建更大的提供金融产品服务的电子商务平台。交通银行首吃"螃蟹"，可谓抢占先机。

"交通银行淘宝旗舰店"所出售的贵金属产品跟其官网的网上商城中出售的贵金属产品基本是一致的，价格也一样，并且很多商品也都是在部分地区才有货。除了商品难与网上商城体现差异化外，在交易的规则上，"交通银行淘宝旗舰店"却与淘宝有"碰撞"。例如，淘宝商城承诺 7 天无理由退换货，然而"交通银行淘宝旗舰店"在线购买的贵金属，一旦付款后将无法退款退货。

交通银行对于该旗舰店的定位是一个没有实体店面的大型综合性银行网点，有各类专业银行客户经理为客户提供一揽子的金融服务，在线满足客户的金融需求。银行"试水"电商的目的就是借助其低成本的电商平台，整合企业、个人客户资源，而接入其最为擅长的支付、结算和融资等业务。淘宝巨大的访问量正是银行所需要的，相关数据表明，目前淘宝网注册用户4亿多人，并且全部是核心消费客户，每天的固定访客数高达1亿人。

交通银行的网上商城是客户找银行，而在淘宝上开店就是银行找客户。与电商的合作可以转变服务模式，提升零售银行核心竞争力，还可以创新服务模式，降低营运成本。银行业进军电商是其多元化发展的必然要求，放低身段也是赢得客户的重要手段之一。

交通银行此举并不是期望淘宝店能够为其带来多少收益，但交通银行当掌柜的方式，可以起到非常好的宣传作用，也能够吸引更多人更从容地关注交通银行的理财产品以及服务。"交通银行淘宝旗舰店"通过阿里巴巴电子商务平台为客户提供个人财富管理服务和金融产品销售的新型模式，会多方面满足客户、阿里巴巴和交通银行三方的需求，实现相关方的共赢。对交通银行来说，该模式在利用阿里巴巴现有客群的基础上，为其外拓客户扩大销售提供了广阔的平台。

（二）多家银行上线微信银行

随着移动互联网的快速发展，拥有4亿以上注册用户的微信成为新媒体营销的重要平台之一，也成为各大银行抢滩移动金融服务的重要阵地。许多银行微信平台纷纷从"订阅号"转战"服务号"，从单纯的信息推送转型向用户提供周到细致的掌上金融服务。微支付、微理财、微取款、移动支付、扫一扫、公众平台……金融领域和微信也结合得愈发紧密。在推出微信银行、微信支付之后，很多银行还推出了微信理财服务。通过微信，用一部手机即可实现大部分银行的非现金业务，这极大地方便了客户办理金融业务。

目前，包括浦发银行、工商银行、中国银行、建设银行、招商银行、中信银行、广发银行等在内的多家银行，都推出了各自的微信银行。

1. 浦发银行闪电理财

浦发银行的微信银行具有闪电理财功能，客户通过浦发微信银行，只需1秒钟即可完成资金在活期账户和开放式理财产品"天添盈"之间的转入或转出。

浦发银行首推的微信闪电理财功能，使客户申购、赎回理财产品均可在指令输入后瞬间完成，极大地提升了资金调度效率，是对理财产品申购、赎回传统模式的巨大突破和创新，更加贴近客户需求。而借助闪电理财和微取款、微支付功能的无缝对接，浦发微信银行为客户建立起资金调度的第一个闭环，让客户既可自由支配资金，也可坐享较高理财收益。而理财产品赎回后，资金实时到账并可实时提取，较目前同类型互联网金融创新产品更具竞争优势。

近期该行还将推出微信汇款功能，完成微理财、微取款、微汇款、微支付、微融资的微信银行全功能布局，搭建全面覆盖线上线下各项业务的超级微信银行。

2. 建设银行信用卡服务

全新推出的建设银行微信银行可以为客户提供包括"微金融"、"悦生活"和"信用卡"在内的多项人性化功能和服务。客户可以通过微信银行第一时间获得账户变动提醒，在"微金融"板块下，还能查询自己的账户余额，实时掌握金融资讯，购买理财产品，与微客服"小微"进行在线互动。使用"悦生活"板块让客户轻松缴纳话费、水电费、宽带费、物业费等日常费用，还可以购买影票、机票、彩票，为游戏点卡充值，帮助客户轻松查询建设银行网点信息。"信用卡"板块能够让客户更便捷地进行信用卡申请，查询信用卡账单信息，进行账单分期、信用卡还款，查询信用卡额度和积分，"小微"还能随时为客户提供信用卡方面的服务。

建设银行微信银行主要运用了人工智能、语音识别、GPS 定位等先进技术，结合客户可用性测试等方法，为客户提供在线客服、金融服务、信用卡服务、生活服务等微信银行服务，满足客户多样需求。

建设银行微信银行为客户提供统一的微信服务平台，客户不需按业务种类分别添加多个银行服务号，通过关注建设银行统一服务号"建行电子银行"即可享受全面的微信银行服务。客户可通过点击页面菜单，或向"小微"发送文字或语音指令，即可在线办理银行业务。通过微信绑定储蓄账户或信用卡后，可享受免费的账户变动通知与快捷的账户查询服务。通过一站式生活缴费休闲出行服务，让客户可以免去排队、跑断腿等缴费、购票的困扰。不仅如此，建设银行微信银行还向客户提供同业最灵活便捷的周边网点查询服务，客户通过微信定位功能，将位置发送给"小微"，即可获得周边建设银行网点排队情况以及建设银行自助银行、ATM 等信息。建设银行通过精心设计和部署，让微信银行为客户提供更好的客户体验。

3. 招商银行无卡取款

关注招商银行微信银行并绑定银行账户，可享受免费的账务变动通知、贷款还款、理财产品到期等重要提醒，还有 24 小时智能客服、账户查询、无卡取款、转账汇款、贷款申请、网点查询等众多功能可在手机上实现。当客户完成转账汇款、ATM 取款、网上支付、POS 消费、代发代扣等交易，智能客服"小招"会第一时间将客户的账务资金变动情况通过微信通知客户;当客户即将出现理财产品到期、贷款还款、转账计划、基金智能定投到期等个人金融事件时,智能客服"小招"将提前通过微信提醒客户。客户也不用担心忘带银行卡取不了现金,只要通过智能客服"小招"申请无卡取款,即使银行卡不在身上也可以通过 ATM 取款。

四、银行与电商平台合作的建议

(一) 优化系统分析能力

整合网上银行、手机银行、短信银行等前端渠道,构建高效的中台、后台网络融资平台,通过提供基础支付与结算业务,获取客户关键交易数据。在此基础上,构建客户信用评价指标体系,实现系统的交易数据快速挖掘与标准化分析能力,最终实现网络融资业务的批量化、流程化与自动化。

(二) 实施渠道迁移与渠道同步

借助渠道迁移,将线下授信类金融服务移至在线金融服务平台进行在线销售,拓展已有银行产品的在线服务功能,进一步提升品牌知名度。同时,通过渠道同步创新模式,加快研发网络融资创新产品,不断优化完善银行创新产品体系,积极开拓新市场。

(三) 深化外部合作

在银行自身客户交易数据缺失、系统平台架构不完善的情况下,可积极寻求与电子商务网站、第三方支付企业以及电信运营商等机构的沟通与交流,充分利用外部机构的客户资源与数据信息资源,进一步开拓新目标客户群,扩大外部市场占有率,实现短时间内网络融资业务的跨越式发展。同时,以此加快推动客户基础交易数据的累积与系统平台的构建。

(四) 强化风险管控

网络融资业务风险点及风险缓释措施与传统信贷业务存在较大差异,需要建立专业化的业务风险管控体系,打造高素质的网络业务风险管理团队;提升数据分析与科技风险管理能力,有效识别和防控网络融资业务风险;在合作机构选择等方面建立严格审核机制,并构建突发事件快速反应机制,为业务快速发展提供基础保障。电子商务巨大的市场规模和发展潜力为网络融资业务提供了无限的发展空间。作为市场跟随者，无论是客户还是同业都不会给银行更多的时间去选择，因此，必须深刻理解当前技术驱动的网络金融创新，把握时机、果断决策，尽快搭建技术平台和业务架构，力争在新兴网络融资领域能够取得一席之地，为银行战略转型和业绩提升提供新的动力。

第十章　中小商业银行的应对策略：
搭建自有平台

除了与电商平台合作外，有条件的商业银行可致力于打造属于银行的各类平台，通过平台来获得客户、信息和业务，将平台数据掌握在自己手中，牢牢把握产业链的主导权。一是借鉴建设银行和交通银行，打造银行自己的电子商务平台。鉴于搭建综合电商平台需要投入大量的资源和精力，而且电子商务和银行业务的基因并不相同，因此此种方式适合大型银行尝试，中小型银行则可探索建立特定行业的电商平台，比如二手车交易、二手房交易等。二是借鉴平安银行，建立供应链金融平台，通过对相关各方经营活动中所产生的商流、物流、资金流、信息流的归集和整合，提供适应供应链全链条的在线融资、结算、投资理财等综合金融与增值服务。三是借鉴兴业银行的银银平台，探索搭建金融同业机构的在线交流平台，促进机构间的信息交换和同业金融产品营销。四是探索牵头搭建小贷公司联盟平台，利用银行成熟的风控体系和庞大的网点资源，以类似于P2P的模式撮合贷款资源和需求。还可考虑通过债权转让的方式引导小贷资金的跨区流动。

一、电子商务平台

商业银行应认识到，互联网金融不仅仅是技术和渠道的革新，而且是颠覆商业银行传统经营模式的全新业态。未来商业银行将建立以物理网点作为支撑，以互联网作为平台，围绕"客户＋数据"为经营中心的新型经营模式。

与过去仅将网上银行作为电子渠道来经营不同，互联网金融的发展要求商业银行在经营模式及业务流程上锐意变革，着力打造尊重客户体验、强调交互式营销、主张平台开放等新特点的新型经营模式，将互联网技术与银行核心业务深度整合。商业银行应直面网络金融的挑战，真心拥抱互联网，以更交叉和全方位的视角看待问题，变得更具"互联网思维"。

大型银行可以搭建综合性的电商平台，中小型银行则可探索建立特定行业的电商平台，比如二手车交易、二手房交易等。

（一）银行系电商平台：善融商务

与阿里巴巴在网络小额信贷方面的合作终止之后，建设银行就着手建立了自己的电子商务平台——善融商务，并于 2012 年 6 月正式上线。善融商务是建设银行推出的以专业化金融服务为依托的电子商务金融服务平台，融资金流、信息流和物流为一体，为客户提供信息发布、在线交易、支付结算、分期付款、融资贷款、资金托管、房地产交易等全方位的专业服务。在电商服务方面，善融商务提供 B2B 和 B2C 客户操作模式，涵盖商品批发、商品零售、房屋交易等领域；在金融服务方面，将为客户提供从支付结算、托管、担保到融资服务的全方位金融服务。善融商务平台以资金流、结算、信贷、支付为核心，试图对传统电子商务模式有所创新。

善融商务个人商城定位于 B2C 平台，面向个人消费者。善融商务个人商城目前共出售服饰、箱包、图书、电器等 14 个品类的商品。其采用模式是通过加盟商家向消费者提供产品，目前共有 218 家店铺入驻了个人商城。如海尔集团、银泰百货、美孚、壳牌、深特汽配、玫瑰人生等知名品牌厂家直接入驻。消费者在购买商品的时候可以直接分期支付或者申请贷款支付，也可采用信用卡积分兑换券进行支付。善融商务企业商城定位为独立 B2B 平台，面向企业用户。包括专业市场、对公融资、资金托管三大部分。而"房 e 通"是善融新增加的业务，主要是新房、二手房等的贷款业务，帮助客户在网上就可以便捷地申请到建设银行的贷款业务，还有住房基金等多种业务。

建行电子银行部称，截至 2012 年 12 月 26 日，上线半年来，善融商务平台上的交易额已经突破了 30 亿元。

1. 建设银行打造电子商务平台的原因

银行特别是大型银行做电子商务的本质目的是，以自己的客户资源和品牌资源为依托，让自己的个人客户和企业客户在自己的平台上完成电子商务交易，这样所有的资金流动就会在银行自己系统里完成，产生的金融服务收入就是银行追求的利益。由银行提供平台来完成电商全流程服务，撮合交易、买卖交割、物流、售后，并在整个过程中，把自己的金融服务渗透进去。所以，银行搭建的电子商务平台严格来说不是一个通常概念的网上商城，而是一个金融服务平台。举个简单的例子，用户在这里面买一部价格为 4 000 元的手机，实际上买的是一笔 4 000 元的贷款。银行挣的是贷款利息，而不从电商交易中赚商品差价、赚店租。这对银行来说等于是改善服务，第一不违反银行法，第二跟本身金融业务没有任何冲突。

另外，银行对电商的参与，可能在几年内将市场规模扩大 2～3 倍，而社会交易成本却下降到以前的 1/3 甚至 1/4。目前，整个互联网的人口红利期正在过去。对互联网公司来说，对已经上网的客户群体的网购需求开发已经接近饱和，网购人数在 2 亿人这个水平缓慢增长。用户流量主要集中在阿里巴巴、百度、腾讯等一线网站上，互联网创新越来越困难。移动互联网和电子商务的真正结合点，也还没有真正出现。这导致电商网站获取流量的成本越来越高，交易成本也越来越高。而银行介入后，能带来大量新客户。那些没有网购习惯、没有上网习惯的用户均是银行的客户。如果由银行来释放他们巨大的消费潜力，就有可能让现在的网购用户规模在两三年内扩大 2～3 倍。

而客户需求释放之后，银行无法从渠道中赚钱（《银行法》规定，银行不能经营任何非金融服务）。这样，银行的介入，可以促使电商交易成本降到以前的 1/3 甚至 1/4，那么以前被互联网巨头压制、很难发展但又有创新能力的二三线 B2C 企业，就有了发展的空间。

现在的电商不管是 B2B 还是 B2C，都还是简单交易，但银行要真正深入的是供应链，这是众多电子商务企业尚未关注的市场。

2011 年 B2B 的交易达到 4.9 万亿元，占整个国民经济的 11.4%。也就是说银行里面 88.6% 的交易额并未上线。比如，建设银行在善融商务平台上开设某大型电子产品品牌商的旗舰店，不收任何租金，也不占用其资金。而这家品牌商的后端供应链上还有大量元器件供应商，建设银行也鼓励品牌商将他们引入平台，在平台上完成 B2B 的采购。在这中间，建设银行既给品牌商授信，同时也向供应链的企业提供授信贷款。

同时，建设银行还可以上线更多贷款产品，比如仓单质押、保理业务等。现在有了电商金融服务平台，就是银行的机会。

2. 善融商务与传统电商的区别

（1）善融商务是金融服务平台。银行做电子商务，完全不是为了与互联网公司、电商企业竞争，从长远来说，未来所有的电商从业者，都是银行期待的客户，银行要做的是，在电商环境下，以电商的方式，为价值链的各方提供金融服务。

银行的优势是有全金融牌照，可以在符合银监会规定的同时，向有资质的企业发放贷款，并让它们在平台上经营。初期这些企业贷款需要抵押，中期时凭企业在电商平台的信誉积累，就可以无抵押获得贷款。而同样做电商平台，阿里巴巴的做法是用 10 年累积 2 000 万个小微企业数据，再沉淀出 150 万家比较优质的部分，向它们发放贷款。

（2）服务对象为中小企业。建设银行的服务对象严格意义上来说不是 500 万元规模以下小微企业，而是中小企业。虽然它在电商平台上将门槛降低到了 300 万元，但它还要求想开网店的企业要带着营业执照到建设银行柜台办理。所以银行系的电商平台，跟以阿里为代表的传统电商平台应该不会形成太大竞争。

3. 善融商务发展中存在的问题

（1）电商平台知名度不高，推广力度不大。无论是从户外宣传还是网点宣传的角度分析，电商业务受众面较窄，知道建设银行善融商务平台的客户并不多，实际交易过的客户则更少。据调查，在随机选取的 120 户企业客户、500 位个人客户中，有 8.33% 的企业客户、6.6% 的个人客户知晓建设银行有善融商务平台，而 90% 的企业客户、78.4% 的个人客户知晓淘宝网。另外，仅有 0.83% 的企业客户、2.2% 的个人客户在善融商务平台上做过交易，而有高达 33.3% 的企业客户、64.4% 的个人客户在淘宝网做过交易。[①]

（2）电商平台商品不全，选择余地较小。截至 2012 年年末，善融商务平台日成交额已达 1 700 万元。入驻商户已超过万户，交易额突破了 35 亿元，融资规模接近 10 亿元。但与淘宝网相比，约为淘宝入驻商户的 1/600，差距明显较大。同样，在建设银行电商平台上，客户能够选择同一商品的种类、卖家数量等与淘宝网相比，差距也很大。客户在淘宝网上的选择余地更大。

由此可以看出，国内银行电商平台尚处于起步阶段，无论是采用 B2B 还是 B2C 的方式，电商平台均存在流量不高、人气不足的问题，尽管商户入驻成本很低，但银行系电商平台设置的进入门槛偏高，同时缺乏有效的数据监管及数据分析体系，客户信用评价与管理体系有待完善。

（二）传统电商平台：阿里巴巴

中小型银行需要借鉴传统电商平台的做法，可探索建立特定行业的电商平台，比如二手车交易、二手房交易等。阿里金融能不断渗透银行业务的核心成功因素有三个。

1. 平台上搭建平台，培育新客户体验

阿里巴巴的发展路径，从阿里巴巴（B2B 平台）→淘宝网（C2C 平台）→支付宝（线上支付平台）→天猫（B2C 平台）→阿里小贷和"余额宝"（网络金融平台）→未来的"聚宝盘"（网络金融和银行平台），一直围绕着"平台搭平台"战略发展。随着平台的发展，客户规模不断扩大，客户黏性不断加强，

---

① 王勇. 关于建设银行电商业务发展的几点思考 [J]. 财经界，2013（15）：35.

其业务创新和扩张能力又进一步增强。

目前淘宝网拥有 5 亿多注册用户，支付宝拥有 8 亿注册用户，强大的客户和平台资源为新平台业务的开展提供了有力支持。

与许多推崇和凭借技术优势进军第三方支付产业的企业不同，阿里巴巴在平台建设中始终以客户需求为核心，以支付宝为例，它解决网络购物中的信用缺失问题。因此，满足客户需求、提升客户体验成为支付宝在经营和发展中所面临的最核心问题。而反观一些第三方支付机构则过于强调技术优势，反而很少关注客户需求和体验。如果科技不能以人为本，那么它自然无法摆脱被淘汰的命运。其后，支付宝在其业务进化中也始终围绕着客户需求 + 应用场景（平台）+ 解决方案（金融、技术）。首先，挖掘客户现有的和潜在的需求；其次，探究在怎样的应用场景（平台）下这种需求可以被实现；最后，通过金融和技术手段满足这种需求。

2. 差异化策略：依托平台和互联网，集合小微客户

小微市场空间巨大。传统银行主要从事批发银行业务，服务的是大客户。而反观互联网金融："余额宝"户均余额 2 600 元，阿里小贷每笔贷款仅 1.7 万元，主要服务小微和个人客户。而我国目前有小微及个体商户 8 400 万户，占到企业比例的 99% 以上，但获得贷款支持仅占经营性贷款的 24%，市场潜力巨大。

传统金融机构难以满足小微需求：小微企业及网店店主融资金额小、时间短、频率高，单次融资收益低，难以覆盖银行成本；中小企业触达渠道少，银行无法投入大量人力市场拓展；中小企业通常财务信息透明度较差，银行无法对之进行有效的资信评估和风险控制。

互联网金融依靠平台优势获得小微客户，其边际成本几乎为零，适用于小微客户小额、短期、高频的理财和融资需求，电子金融化解决了传统银行交易成本和信息成本的问题。依托电子商务平台和支付平台，实现资金流和信息流的闭环运行，从而解决信息不对称问题。依托阿里云计算能力，能够更好地对商户的经营信息进行收集、整合和分析，帮助进行风险控制分析。

未来金融服务的业态将分化：一方面是以高素质的客户经理和高规格的网点场所为高净值客户提供个性化、差异化服务。另一方面是以电子化手段为支持的标准化、大众化、规模化服务。而互联网金融对于第二种业态更具优势。

3. 创造新规则，切入传统金融领域

银行和银联是传统金融领域的规则制定者。在传统金融领域，传统金融机构是市场的主体也是标准和规则的制定者，网络金融机构作为新兴主体难以切入其中。以线下支付为例（如图 10 - 1 所示），银行和银联控制了发卡和交易流

程，并占据了主要利润来源（发卡和转接机构要收取刷卡手续费的80%以上），因此第三方支付生存空间十分狭小。

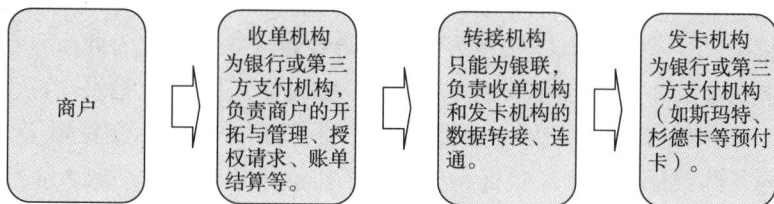

图 10 - 1　线下支付的流程

但阿里金融依靠电子商务和虚拟账户，创造了新的市场，并改变了游戏规则，成为新市场的主体。电子商务的发展创造了新的应用场景，由于买卖双方无法进行面对面的交易，传统的 POS 机刷卡无法在新场景中得到应用；而支付宝依靠虚拟账户不但解决了电子商务交易中的信用问题，并且摆脱了线下支付中对于银联和银行结算系统的依赖，彻底掌握了客户和账户。

以阿里巴巴为代表的网络平台商不仅仅是产业链的核心参与者，更是一个产业生态环境的缔造者和规则、标准的制定者。一方面，平台商可以制定更有利于自身的规则，降低互联网金融活动中的交易和信用成本；另一方面，由于平台效应和规则的不同，平台参与者（小微企业和个人）有很高的转换成本，因而不会轻易违约。

二、供应链金融平台

中小商业银行也可借鉴平安银行，建立供应链金融平台，通过对相关各方经营活动中所产生的商流、物流、资金流、信息流的归集和整合，提供适应供应链全链条的在线融资、结算、投资理财等综合金融与增值服务。

供应链金融的产生有其深刻的历史背景和市场需求，它发端于20世纪80年代，是由世界级企业巨头寻求成本最小化全球性业务外包衍生出供应链管理概念。全球性外包活动导致的供应链整体融资成本问题，以及部分节点资金流瓶颈带来的"木桶短板"效应，实际上部分抵消了分工带来的效率优势和接包企业劳动力"成本洼地"所带来的最终成本节约。供应链金融并不是一项简单的金融服务技术，它蕴含了在全球化的产业组织变革背景下银行业服务创新的破题之解。这一领域涉及一系列金融、物流和IT的前沿课题，比如中小企业融资、金融业变革、产业竞争模式等。

（一）平安银行：供应链金融"1＋N"

2000 年前后，平安银行率先试水供应链金融服务。2003 年，平安银行在业内率先提出"1＋N"模式，初步形成供应链金融理念，这成为此后日益完善的国内供应链金融的雏形。简言之，"1＋N"模式中，"1"就是供应链上的核心企业，"N"则是链条上的中小企业。以"1"的信誉和实际交易担保"N"的融资，不仅给银行带来的风险低，更有利于将原来仅仅针对一家大企业的金融服务"上拓下延"，实现金融服务"横到边、竖到底"，以资金血液激活"产—供—销"链条的稳固和流转畅顺。平安银行也因此成为不断创新该项业务的"试验田"。

那些处于供应链条上的原料供应商、制造商、分销商、零售商等众多的中小企业，可以以"预付"、"应收"和"存货"三类作为融资方式。显然，银行牢牢抓住一个核心大企业，甚至一条产业链上所有企业的物流和资金的动向，为供应链上的中小企业提供"团购式贷款"的风险比做单个企业小得多。

如宝马汽车金融（中国）有限公司（以下简称"宝马汽车金融"）在成立之初就与平安银行结成战略合作关系。至 2010 年年末，在中国大陆的宝马集团新车销售管理系统与平安银行供应链金融系统协同，为经销店库存融资的产品业务带来新的变革。平安银行供应链系统的实行对整个宝马品牌经销店的运营带来切实的便利和好处。首先，业务效率极大提高，包括业务和资金的协同；其次，提升了业务交易的透明度和准确性；更为重要的是宝马品牌经销店库存融资有了业务上的进一步发展。

（二）平安银行：供应链金融 2.0

如果把平安银行 2003 年在业内率先推出的"1＋N"供应链融资模式看做是一次"从点到链"的金融创新，那么，2012 年推出的供应链金融 2.0 更像是一场"从链到面"的拓展。

在 Web 2.0 时代，以用户为中心通过网络应用促进网络上人与人之间的信息交换和协同合作已成大势。同时，Web 2.0 带来的不仅仅是一场虚拟空间的互动变革，而且将企业管理引入一个全新模式，即企业管理 2.0。在传统模式下，企业囿于内部的"自上而下"式管理。而在全新的企业管理 2.0 模式下，"自下而上"与"协作"则成为管理的关键词。同时，不仅仅是企业内部的"自下而上"与"协作"，更需要关注企业外部的"自下而上"与"协作"。

从另一个角度分析，当今社会分工已经从传统产业间的分工到产业内分工，发展到全球范围的产品内分工，社会分工越来越细，协作越来越多。社会分工的新发展促使企业开始关注企业供应链上下游的合伙伙伴。

市场需求催生了供应链金融的升级换代，平安银行提出供应链金融 2.0 这一全新理念。较之传统的实物供应链管理和供应链融资方案，供应链金融 2.0 的核心是银行、核心企业以及核心企业供应链上下游企业三者之间的互动、协同与多方信息的可视。

平安银行全面推广其线上供应链金融业务，打造 SCFP（Supply Chain Finance Platform）供应链金融 2.0 平台。利用成熟互联网和 IT 技术构建平台，连接供应链的上下游及各参与方，包括核心企业、中小企业、银行、物流服务商等，实现各方信息交互、业务协同、交易透明，并通过对相关各方经营活动中所产生的商流、物流、资金流、信息流的归集和整合，提供适应供应链全链条的在线融资、结算、投资理财等综合金融与增值服务。平安银行供应链金融 2.0 可实现金融服务的在线可得与多方信息的清晰可见两大功能。一是在线整合与衔接各方流程，建立商务、资金服务与物流服务衔接的工作通道，让融资在线可得；二是整合与共享银行、核心企业、上下游企业以及物流伙伴之间割裂的分散信息，银行通过企业在平台上留下的信息，为企业整合所需信息，提供增值服务，让供应链管理与服务清晰可见。线上供应链金融借助核心企业的信用担保，向其上游提供贷款，同时向其下游提供流动资金。在此过程中再整合物流、资金流、信息流等其他资源，服务整个供应链上下游。由于掌握了上下游中小企业的核心经营信息，银行可以轻松地进行信贷风险的评估，从而批量化地完成小额贷款的网上发放。

供应链金融 2.0 更加灵活和实用，可以更好地支持企业的可持续发展。与供应链金融 1.0 相比，2.0 模式拥有三方面的特点。首先，反映了供应链管理的发展趋势，即多方协同互动及信息的可视化；其次，供应链 1.0 是单向的，主要模式是银行向客户提供产品，而供应链 2.0 则是商流、物流、资金流和信息流的整合；最后，针对供应链各个环节，银行以多方协同的方式为供应链参与方提供资金支持和增值信息服务，将提高供应链管理的效率并有效降低管理成本。

如一家从事铜买卖的企业，无论是核心企业还是上下游企业，或者是销售型企业，都需要了解外部的信息。平安银行通过信息整合，以铜价格走势图的形式，显示当前全国各个区域铜的价格，或者提供企业需要的整个产业链的价格走势分析，或者帮助企业进行套期保值，以便为企业的生产经营活动提供更有效的可视信息。同时，平安还可以为企业提供上下游企业在平安有多少授信额度、还有多少库存、销量流转如何等信息，有助于企业采购、排产、销售。

同时，线上供应链金融系统核心企业协同也是增强其风险防范能力、提升供应链管理效率及供应链整体竞争力的一把"利剑"。比如，一家汽车生产厂商内部 ERP 系统（建立在信息技术基础上，以系统化的管理思想为企业决策层及员工提供决策运行手段的管理平台）与平安银行线上供应链金融系统（SCF）对接，将经过贸易背景审核的经销商融资需求数据发送给 SCF 系统；平安银行在此基础上通过全电子化的数据进行出账审核，半个小时即可发放贷款；厂商即时得到出账结果，据此安排生产计划。

当经销商赎货时，同样通过网银提交申请，线上划转资金；平安银行据此审核，全电子化流程，5 分钟即可通知厂商（或者监管方）放货。该厂商以此助力经销商获取融资，扩大销售规模，从而提升自身的产销量，稳定供应链运作。

简而言之，供应链金融 2.0 的核心思想在于整合客户以及客户上下游企业的过往信息，通过挖掘这些"信息金矿"，为企业提供增值服务、创造价值。在供应链金融 2.0 模式下，核心企业、上下游企业、银行（甚至物流公司等所有相关方）同在一个由银行牵头搭建的平台之上，银行可以通过企业在平台上留下的信息，为企业进一步整合所需信息，提供完善的金融解决方案与增值服务。

三、银银平台

兴业银行已经大获成功的"银银平台"也可以看做是通过打造线上和线下平台全面提升银行同业业务的典范。"银银平台"通过整合兴业银行自身资源，建立专业、完整、灵活的产品与服务体系，从个人柜面通、代理接入现代化支付系统业务开始起步，目前已发展成为涵盖支付结算、财富管理、科技管理输出服务、资本及资产负债结构优化服务、外汇代理服务等八大业务板块的完整金融服务解决方案。

（一）兴业银行：银银平台

金融要普惠，这是监管层对于未来金融发展的要求，也是股份制银行谋求可持续发展的必经之路。近年来，银行业经营承压，转型力度也随之逐渐增大，业务"下沉"成为发展大势。在这样的背景下，直销银行、村镇银行、社区银行和智能银行的概念不断涌现，在让金融普惠的同时，对于股份制银行来说，此举的意义还在于解决长期以来网点数量与大行差距巨大的尴尬。

银银合作并不是一个新的概念，但这一业务的渠道作用不容忽视。通过合作，创新水平、服务水平领先的股份制银行和农信社、农商行，一方网点数得到了极大的变相补足，另一方也获得了全国互联的网络和先进水平的服务，最重要的是，数量巨大的客户获得了方便的金融服务，而这正是普惠金融的意义。目前，兴业银行的"银银平台"柜面互通连接网点已达 25 600 个，通过这一方式，该行与广大农信社、城商行、农商行建立合作关系，实现全国性网络布局。借由 25 600 个节点，兴业银行让客户可以轻松连接全国，从局域走向宽阔的金融天地。而这萌发于一个朴素的合作理念。

2004 年，作为全国首批股份制商业银行的兴业银行，在完成更名与新一轮引资后，迫切希望拓展全国性服务网络。尽管以自身力量难以形成与国有大型银行抗衡的网点格局，但兴业银行发现，广大中小银行（城商行、农信社、农商行）在其所在地拥有丰富的营业网点，却缺少在异地的网络支撑。由此，兴业银行提出"联网合作、互为代理"的"银银平台"发展构想，并于 2007 年在上海成立了银行合作服务中心，专职负责银银合作的产品创新与业务推广。同年 12 月，该行正式发布银银合作品牌"银银平台"，业务领域进一步扩展，涵盖支付结算、财富管理、科技管理、服务输出、融资服务、代理国际结算、资本及资产负债结构优化、资金运用、培训交流等八大板块，产品和服务体系更加完善。

更为重要的是，"银银平台"开始实现发展理念的蜕变与升华，建设成为兴业银行与广大中小银行共建、共有、共享、共赢的综合金融服务平台，而不再局限于兴业银行一家独有。为了实践这一理念，柜面互通、理财门户等创新产品应运而生，"银银平台"开始从"互为代理"升级为"互联互通"。

截至 2013 年年末，兴业银行"银银平台"签约的合作银行客户已达 446 家，柜面互通连接网点已突破 25 600 多个，信息科技建设与托管合作银行突破 110 家。该行已成为中国规模最大的支付结算网络之一和最大的商业银行信息系统提供商之一。

（二）银银平台的优势

1. 借力互补，期待更强大的服务平台

农村金融机构与商业银行之间广泛的互补性，为兴业银行"银银平台"的发展创造了契机。

首先，由于历史原因，农村金融机构与国有、股份制银行相比，在资本规模、资金实力、业务资格、风险管理、技术系统、网点布局、人才培养等方面

劣势明显。对农村金融机构来说，借助兴业银行的"银银平台"，既可以扩展网络，节约研发的成本，更能满足客户的第三方存管、理财产品等金融需求。而兴业银行也借助农村金融机构的农村市场资源，为自己博得更多的客户资源，开创了资源互补、合作共赢的新局面。

其次，农村金融机构虽然网点众多，但各居一隅，其客户一旦离开其所在地域就难以得到高效优质的服务支持，"银银平台"的柜面互通网络也连接了大量城市商业银行，如果双方合作，就能形成遍及城市与乡村的强大支付结算网络。

再次，通过双方合作，农村金融机构可以培育自身的客户群体，锻炼销售队伍，提高理财产品研发与管理的能力，并能最终实现业务模式的转变。

而对于兴业银行来说，在农村地区开展柜面服务的成本远远大于与农村金融机构合作的成本，因此目前"银银平台"的合作是双方最和谐的表现，且这种状态将长期保持下去。

2. 共生共赢的"技术输出"

"银银平台"打破了银行间竞争多于合作的传统格局，通过自身先发优势帮助中小银行提升经营管理水平、丰富产品线、提高市场竞争力，开创了共生共赢、共同发展的新局面。

兴业银行改变传统商业银行以企业客户和个人客户为主的经营模式，将包括中小银行类金融机构在内的金融同业也作为重要的客户群体开展营销和服务。将管理、科技、业务流程等作为可输出的产品，为各类合作银行提供全面的金融服务解决方案，既开拓了全新的业务领域，也是实现业务发展模式和盈利模式转变的大胆尝试。同时，"银银平台"通过技术创新，将兴业银行的创新金融产品源源不断地输送到与"银银平台"联网的金融机构，如第三方存管、贵金属交易、第三方支付等。

为了有效提升服务水平，保护客户信息安全，兴业银行积极创新组织管理体制。兴业银行在总行银行合作服务中心内嵌了信息科技团队，负责"银银平台"产品研发、科技输出项目实施和运行维护，有效提升开发效率和服务水平。此外，为了保障科技研发成果能够顺利转化成为"银银平台"产品，并保持科技输出的先进性以及为"银银平台"提供强大技术支持后盾，兴业银行还在总行信息科技部专门设置了"银银平台"支持团队。

由于参与"银银平台"合作的都是银行类机构，彼此之间难免存在网点、客户与业务的交叉，上述组织机构的设置也使得"银银平台"的客户信息、数据与兴业银行自身的客户信息能够做到严格隔离，有效地保障了客户信息安全，赢得了广大中小银行的信任。

四、联盟平台

商业银行可探索牵头搭建小贷公司联盟平台，利用银行成熟的风控体系和庞大的网点资源，以类似于 P2P 的模式撮合贷款资源和需求，可考虑通过债权转让的方式引导小贷资金的跨区流动。还可探索搭建金融同业机构的在线交流平台，促进机构间的信息交换和同业金融产品营销。

加强商业银行之间的合作，降低客户资金跨行流动成本，促进银行账户之间的互联互通，从源头上降低第三方支付对客户的吸引力。客户之所以选择第三方支付来进行跨行还信用卡和跨行转账等业务，主要原因是第三方支付的方便和便宜。为改变这一局面，商业银行应当加强合作，促进银行账户之间的互联互通，从而降低客户资金跨行流动的成本，降低第三方支付对于客户的吸引力。短期来看，这种做法会减少商业银行赚取的中间业务收入，但在面对金融脱媒和技术脱媒的双重压力下，这样可以增加银行业作为一个行业整体的竞争实力，提高客户资金的黏性，从长远来看是有利于商业银行发展的。民生银行成立的亚洲金融合作联盟（Asia Financial Cooperation Association，AFCA）在这方面进行了非常有益的尝试。

亚洲金融合作联盟由民生银行、包商银行、哈尔滨银行、华安保险共同倡导发起，33 家中小银行、保险、租赁等金融机构积极响应，成立于 2012 年 4 月 24 日。

亚洲金融合作联盟，是亚洲范围内以国内中小银行为主的金融机构合作组织。联盟成员在联盟合作协议框架下开展双边或多边合作。亚洲金融合作联盟主要将致力于研究金融业发展问题，反映联盟成员合理诉求。同时，更加强调成员间具体业务层面的合作，促使联盟成员间优势互补、风险共担、合作共赢，帮助联盟成员突破发展瓶颈，提升客户服务水平。

（一）亚洲金融合作联盟成立的原因

促使民生银行、包商银行、哈尔滨银行和各家城商行发起成立亚洲金融合作联盟的原因主要是国际国内经济金融形势的变化。

第一，世界经济金融形势的变化改变了金融机构的生存环境。经济一体化一方面扩大了全球市场，另一方面也使得危机呈现加速放大效应。2008 年以来的危机不断传播，从地产危机到金融危机，从金融危机到财政危机，下一步甚至可能从财政危机演变到到货币危机。当前美国经济增长乏力,欧洲则陷入债务危机,中国则正经历艰难的经济转型时期。危机改变了世界,促动了变革。亚洲不能独善其身,中国也不再长袖善舞。

第二,当前金融机构发展面临重重挑战。竞争的激烈、监管的严格、经济的低迷、民众的质疑都将极大地改变今后银行的生存环境。同时在这个过程中,还要经历利率市场化、人民币国际化和互联网金融等重大市场挑战,科技系统等问题也时刻困扰着银行应对各项挑战的努力。在此背景下,为了更好地实现健康可持续发展,亚洲金融合作联盟应运而生。

(二) 亚洲金融合作联盟的合作领域

亚洲金融合作联盟成员在战略规划、风险管理、科技开发、运营管理、公司零售、小微金融、金融市场等领域上开展业务合作。

1. 战略管理

联盟成员从重点关注的中小金融机构及小微金融发展战略等具体课题研究入手,联合研究、共同发布小微企业主信心指数,不断扩大在金融机构的战略管理、组织体系、管理模式、管理方法、技术工具等方面的全面交流与深度合作,建立科学高效的战略执行体系。同时,共同推进管理咨询和研究,共享经验,提升成员单位整体管理水平,走特色化经营的路线。

2. 风险管理

联盟成员在风险管理领域建立灵活有效的风险协调和分担机制:搭建联盟成员间风险管理的交流磋商、技术共享和业务协作平台;提升联盟成员共同抵抗风险和危机处理的能力;通过建立快速融资、风险转移和资本支持工具实现短期、中期、长期的风险应急管理联动机制,以支持联盟成员快速应对流动性危机,保持稳健发展;成立风险合作基金,形成风险协调和分担机制,提升防范风险和处置风险的能力。

在条件具备时建立资产管理公司,以市场化运作方式加快不良资产处置,实现资产结构优化,提高资本充足率。

3. 科技开发

联盟成员在科技开发领域发挥联盟集团优势,建立集中招标采购机制,建立“IT采购联盟”,共同探讨适合联盟成员的最优采购价格,降低系统开发和采购成本,提高科技效率;联盟成员在建设异地灾备中心方面开展合作,以租赁、托管或交换机房空间等方式创造闲置机房空间生产力;联盟成员以项目方式共同进行IT系统开发合作;联盟成员可以免费提供核心银行系统,供其他联盟成员使用；联盟成员间建立统一的支付平台，实施互联互通工程，并首先开通柜面通业务；联盟成员间建立统一网上第三方支付工具接入点，共同降低接入费用，扩大联盟影响力。

4. 运营管理

联盟成员在资源共享、服务互补、管理互助的前提下，遵循重要性、可行性、简便性原则，在运营要素集中采购、运营风险信息、运营风险预警和案例分析等方面实现资源共享；建立"柜面通"系统平台，实现联盟成员间个人账户通存通兑、公共事业代收代缴费、对公账户通存以及信用卡还款业务的互联互通；加强运营管理方面合作交流，提供运营流程再造、运营风险管理以及运营培训等方面的咨询服务。

5. 公司零售

联盟成员建立有效沟通渠道和业务交流平台，在条件具备时开展公司零售业务，重点在财务顾问、并购贷款、私募融资、资产证券化、企业年金与托管业务、财富管理、信用卡、私人银行等领域加强合作。共享"高端客户服务"，提供特色产品与服务，合作开拓高端客户市场。

6. 小微金融

联盟成员共享小微企业服务的主管机构及协会等政府资源，合作提升小微企业金融服务水平，为小微企业客户提供一揽子的金融服务方案，积极支持小微企业发展。开发"联名卡"，通过"联名卡"实现系统资源、客户资源、品牌优势、还款渠道的互利共赢。

7. 金融市场

联盟成员计划在银行间市场债券承销、债券交易、资金融通等业务方面开展互惠合作；加强理财资产管理、投资运用合作，优先加强投资标的为债券和货币市场类资产的理财产品投资合作；在一定条件下为其他联盟成员提供资本支持便利，在特定情形下相互给予授信额度及紧急资金支持，并根据业务合作需要，秉承互惠平等原则，支持成员单位村镇银行的业务发展。共同致力于探索与创新金融市场业务，在市场上形成合力。

第十一章 中小商业银行的应对策略：
直销银行

　　中小银行面对互联网金融浪潮时，应致力于打造真正意义上的网络银行，依托互联网直接进行金融产品的销售，探索银行产品和银行服务的虚拟化，为未来作出长远布局。借鉴 ING Direct 的模式，探索通过网络直接销售金融产品，全力突破远程开户和网络授信核查等关键技术难关，打造适用于网络销售的独特的金融产品体系，以"简单的产品，优惠的价格，直接的渠道，精准的营销，高效的运营"来突破传统网点对银行经营的限制，在网上再造一个商业银行。直销银行在近 20 年的发展过程中，经受了互联网泡沫、金融危机的锻造，形成了相对成熟的商业模式。

　　从长远来看，随着数据化和网络化的全面深入发展，金融服务将向虚拟化方向发展，包括产品的虚拟化、服务的虚拟化、流程的虚拟化等，从而全面颠覆商业银行的管理理念和运营方式。近年来中国银行推出的虚拟信用卡、交通银行推出的 3D 网银系统等都可以看做是在这方面的有效探索。商业银行应当转变思想观念，加强在产品和服务虚拟化方面的探索，同时加强 IT 支持能力、数据分析能力等配套能力建设，为电子化和虚拟化的未来作出长远布局。

一、直销银行的含义

　　所谓直销银行，是指几乎不设立实体业务网点，而是通过信件、电话、传真、互联网及互动电视等媒介工具，实现业务中心与终端客户直接进行业务往来的银行。尽管传统银行已经广泛采用了信件、电话、互联网等营销手段，设立了"电话银行"、"网上银行"等业务模式，但是这些营销方式对于传统实体银行而言，仅是其庞大实体网络的辅助和补充，并没有脱离实体网络而独立存在。而直销银行则是具有独立法人资格的组织，其业务拓展不以实体网点和物理柜台为基础，因此具有机构少、人员精、成本低等显著特点，而且通常能够为顾客提供比传统银行更优惠的利率和费用更低廉的金融产品及服务。[①]

直销银行从组织架构到营销策略的整个商业模式都与实体银行的网络渠道有着本质的区别，使其成为金融领域的"改革者"。作为颠覆传统银行经营模式的直销银行，并不能取代实体银行的地位，但将为金融业带来一个全新的细分市场。

直销银行是依托于互联网直接进行金融产品销售和客户服务的。它采取的是针对互联网网民一族，主要利用互联网渠道（包括移动互联网渠道），并结合其他自助银行渠道如电话银行、ATM 提供银行产品和服务的新型业务模式。直销银行的用户体验、营销方式、产品设计等更贴近互联网用户，迅速获得了客户认可。1995 年 10 月，全球首家直销银行"安全第一网络银行（Security First Network Bank）"诞生于美国。随着互联网的持续发展，这样的业务模式逐步在全球范围内取得了不同程度的成功。

二、国外直销银行成功案例

（一）荷兰国际直销银行

直销银行在国际上有很多成熟的范例，其中最著名的是荷兰国际直销银行（ING Direct）。荷兰国际直销银行是荷兰国际集团（International Nederlanden Groep N. V.，ING）于 1997 年在加拿大成立的全资子公司。荷兰国际集团是在 1991 年由荷兰国民人寿保险公司和荷兰邮政银行集团合并组成的综合性财政金融集团，其总部位于阿姆斯特丹，在全球 50 多个国家有分支机构，业务涉及保险、资产管理、批发银行、传统零售银行和直销银行等。

ING Direct 是一家纯粹的网络银行，所有的业务都通过网络、电话和邮件开展。它没有任何的分支机构和网点，只在一些大城市设有少量的咖啡馆用于品牌宣传和满足客户接触银行实体的心理需求。ING Direct 只提供包括储蓄、支付账户、住房抵押贷款、理财产品代理等少量的金融产品和服务。其核心经营理念是以低廉的价格出售简单的"金融日用品"。经过十几年的发展，ING Direct 已经成为全球最大和最成功的网络银行。其业务范围已经覆盖加拿大、西班牙、澳大利亚、法国、美国、意大利、德国、奥地利和英国。

在 ING Direct 成立之前，荷兰国际集团已经在欧洲和北美的保险业务和对公

---

① 韩刚. 德国"直销银行"发展状况的分析及启示 [J]. 新金融，2010（12）：23–26.

银行市场上占据了一定份额，但由于网点设置不足以及品牌较弱，尚未大范围涉及零售业务。因此 ING Direct 成立的初衷是拓展零售业务，支持母公司的业务发展。发展初期，ING Direct 在网上仅销售储蓄账户等简单产品，后来才在部分市场向全功能银行转型。在战略选择上，ING Direct 的切入点是满足成熟银行市场上客户对于便利银行的需求并以低成本提供这种服务。ING Direct 以长远眼光经营海外市场，通常是目标国家市场的首位直销银行，三年左右即实现盈亏平衡。

1997 年在加拿大成立后大获成功，ING Direct 将规模迅速做大，并成为最成功的直销银行。但由于 ING 集团在 2008 年金融危机中经营困难，被迫将其在美国、加拿大、英国的直销银行分别以 69 亿欧元、24 亿欧元出售给 Capital One、Scotiabank 和 Barclays。但 ING Direct 从最初偏居一隅，被认定将会破产，到遍布欧美，成为全球最大的直销银行，保持客户及产品的简单化以及强化营销是其胜出的关键，这也是国内中小银行值得学习的地方。

1. 保持客户与产品的简单性

ING Direct 从客户筛选到产品设计方面，均严格遵循简单化的策略，从而减少客户对于银行服务的需求以及降低银行成本支出。

（1）目标客户的单一性

传统银行的目标客户常常是尽量实现对客户的全覆盖。而 ING Direct 则强调客户的单一性。在竞争激烈的成熟市场中，传统银行的固有客户群体一般较为稳定，新的进入者常常需要创建自己的商业模式，给客户一个选择自己的理由。经过调研，ING Direct 将目标客户确定为：30～50 岁受过良好教育的中年人士，善于使用网络和电话渠道获取金融服务，平时与实体银行网点接触较少，对银行的要求十分简单——较高的收益率回报以及简化的交易过程。而这些正好是 ING Direct 可以做到的，也是其独有的核心竞争力。为此，ING Direct 并没有遵循"二八定律"吸引最有钱的客户，而是把重心放在了相对利润率最高的客户身上，提供他们最需要的产品，用便宜、简单的产品占领市场。例如，公司发现目标客户群工作忙碌，休息时间宝贵，因此很少通过电话银行强力营销，正是这种简单所创造的新的需求和细分市场，反而使得客户趋之若鹜。

一般情况下，一个传统银行要花费 350 美元去发展一个新客户，但是 ING Direct 只需要 90 美元。而且由于目标客户对网络较为熟悉，其每个月花在银行网站上的平均时间为 16 分钟，而美国银行的该项数据是 60 分钟，这也大大降低了 ING Direct 维护网络的成本。从 ING Direct USA 的发展情况看，从 2003 年到 2008 年中期不到 5 年时间里，客户数量由 140 万人上升至 710 万人（见图 11 -

1)，复合年均增长率为31%，其客户遍布美国主要州及大型城市。

百万家

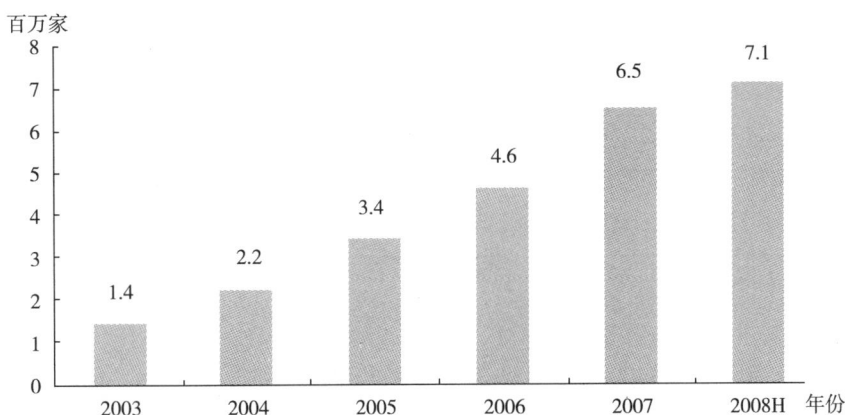

资料来源：ING Direct，长江证券研究部。

图 11 - 1　2003—2008 年 ING Direct 美国客户数量

（2）金融产品简单

由于没有实体网点，ING Direct 必须将产品做得标准化并且简单明了，这样可以减少客户对理财经理和电话银行的依赖。同时简单的产品也减少了客户投诉的次数以及纠纷等问题。如果说传统银行的客户需求更为多样化和个性化，需要一对一的人工服务。那么 ING Direct 在目标客户的筛选中已经将此类人群进行了排除。ING Direct 将产品线严格控制在储蓄存款账户、房地产抵押贷款以及若干货币市场基金身上。依赖营销技术，简单的产品线在初期能够被潜在客户迅速接纳并完成规模扩张。ING Direct 的产品战略主要有三个特点（见表 11 - 1）：①只选择适合直销渠道的产品并控制数量。ING Direct 的出发点就是作为客户的第二银行，也就是说并非客户的主要存款账户银行。选择简便易懂的直销产品便于客户接受并提升公司品牌形象。②不设最低存款要求。美国传统银行会对存款余额较低的账户每月收取小额账户管理费，而 ING Direct 免除最低存款金额要求，让客户不必担心购买产品会产生额外费用。③全网络化"自助"完成。这也是直销银行发展战略的精髓所在。同电商一样，ING Direct 将所有金融产品的特点、费用、收益情况陈列出来，消费者可以通过网络直接管理、整合以及交易，将投资与支付账户跟存款账户关联，甚至可以在不同的银行和账户之间转移资金，而所有操作均在网上自助完成。

表 11 – 1　　　　　　　　　　　ING Direct 与花旗支票账户的区别

类别	ING Direct EO 储蓄账户	花旗 EZ – Checking 储蓄账户
低费用	无最低账户要求	最低存款 1 500 美元
	没有月账户管理费	7.50 ~ 9.50 美元管理费
	没有支票手续费	支票手续费每次 0.5 美元
高收益率	最高 3.40% 的利率	0% 的利率
简便易用	电子支票簿	需要付费的纸质支票簿
	简单、透明、全电子化	传统（有多张存联）

资料来源：ING Direct，长江证券研究部。

2. 控制成本，让利客户

牺牲了客户的全面覆盖，直销银行换来的是较低的运营成本。ING Direct 不提供纸质支票或纸质账单，也没有网点的运营支出，通过电子途径，ING Direct 尽可能地减少了与"人"和"纸"有关的业务，最大限度地降低成本。这样做的代价就是需要抵制产品线扩张的诱惑。在规模增加带来客户提升的同时，金融需求也会相应提升，客户的要求不会再像当初那样简单，如果盲目地扩张业务结构，加深与客户之间的"关系"，就会带来整个组织架构的复杂化，从而需要银行"多样化"的管理模式，进而导致成本的上升。

从 ING Direct 实际运营情况看，其客户资产余额所对应的非息支出要远低于荷兰 ING 总部银行。除去 2001 年规模刚刚开始壮大时较高的费用支出外，ING Direct 成本支出呈现持续下降的趋势，到 2011 年第三季度，其非息费用占比仅为荷兰 ING 总部的 57%。

正如 ING Direct 的宣传语"It's your money we are saving"，对客户而言，牺牲理财经理"一对一"服务换来的是较高的产品收益率。尽管 ING Direct USA 被 Capital One 收购，更名为 Capital 360，但其保持了 ING Direct 的商业模式和高收益率的产品。在大中型银行中，ING Direct 一年期的 CD 存款利率排名靠前（见图 11 – 2）。

由于采取"薄利多销"的经营策略，负债成本相对较高，ING Direct 的净息差水平要低于集团平均。同时由于产品线相对简单，交叉销售及高附加值的金融服务及产品欠缺，ING Direct 的非息收入占比长期低于集团 10 个百分点以上。不过成本控制也体现在其低于集团水平的费用支出上。

3. 积累客户资源转型全能银行

保持简单的经营理念可以主动吸引大多数目标客户，但受众有限、产品线单一也容易成为规模扩张的瓶颈。实际上，单个银行很难长期保持市场最高的

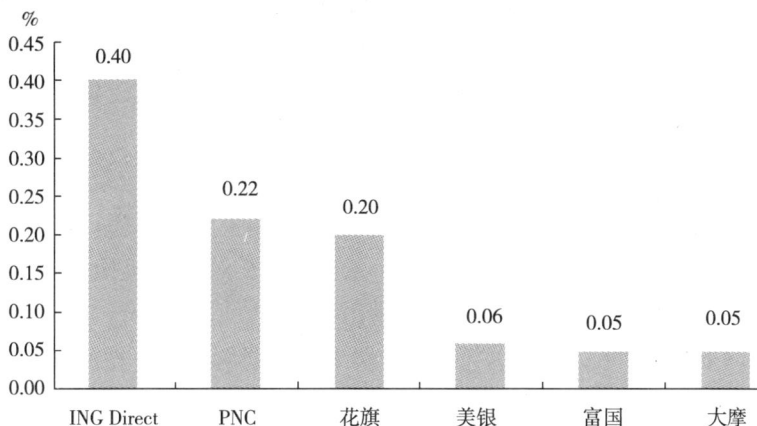

资料来源：公开资料，长江证券研究部。

图 11 - 2 2013 年美国主要银行一年期 CD 存款利率

产品收益率，"薄利多销"容易带来流动性风险和信用风险的集聚。因此想要持续发展，发掘客户的广度与深度，则需要直销银行在发展到一定阶段之后向全能银行转型。

ING Direct 提供了一个十分清晰的转型路径，这得益于它在欧美主要国家的布局和发展时间差。在英国和法国，ING Direct 作为直销银行的初级阶段，依赖成本优势，提供较高的收益率，通过网络和电话的直接渠道向客户销售储蓄产品。随着客户黏性的提升，ING Direct 开始提供低风险的个人住房抵押贷款业务、经纪账户等，从而提高交叉销售，但仍主要为客户的第二选择银行。在意大利和德国，布局较早的 ING Direct 已经逐渐成长为完整的零售银行和客户的主银行。此时销售渠道也从线上向线下扩展，通过开展"一对一"的服务提供全产品链，并且对公业务已经开始贡献利润，银行的资产负债结构也有向全能银行调整的趋势。

4. 基于数据分析的产品营销策略

传统银行的营销方式较为粗放，效率较低。目前我国包括银行、券商等金融机构普遍采用"金融超市"的做法，即银行用许多产品，去主动选择合适的目标客户群进行营销，甚至不甄别客户需求，全面铺开销售，类似超市的货架供客户挑选。这样做简便自不必言，但粗放、利润率低的缺点同样明显。

而 ING Direct 的营销方式则更多基于数据分析，简单来说，即替客户选择最适合他们的产品。从客户的消费、交易数据中选择适合的产品，经过过滤之后，按照每个产品对公司利润的贡献程度来进行排序，在精准营销的同时保证了公司的收益率。这一点看似简单，却是传统银行难以做到的。一方面在于其客户群体的数量和复杂性增加了精准营销的难度，而流行的"超市模式"较为容易。另一方面在于传统金融集团组织架构庞杂，产品线极为丰富，各部门之间均有考核压力并且银行也较难从中选择出单个的产品。

ING Direct 在品牌建设上强调与集团和传统银行业分离，以大胆、新鲜、活泼的姿态吸引注意，打破客户对传统金融刻板的印象。其广告宣传由独立于集团外的广告代理机构负责，将 ING Direct 主动置于传统金融机构的"反面"，采用幽默、新潮的基调突出直销银行简单易用的特质。总体来看，ING Direct 的营销特点有以下三个"抓住"：①抓住客户痛处，强调所想即所得的服务理念。作为传统行业的"反面"，ING Direct 抓住客户对银行手续烦琐、收费高的不满，突出公司开户便捷（5 分钟即可完成全过程）、无最低存款金额限制、账户转换方便、收益率高于传统银行、有 FDIC 作安全保障的特点。②抓住客户猎奇心理，积极应用互联网新技术。ING Direct 通过人们对于新生事物好奇心理的把握，将适合的互联网技术运用到查询、交易、支付、转账等多个环节。在方便快捷的同时也能带来更优化的客户体验。在移动互联网时代，ING Direct 技术领先的形象也提高了品牌口口相传的影响力。③抓住公众舆论，制造可供谈论的话题。除去传统的线上广告、邮件等直复营销方式，ING Direct 同样善于制造公共话题打开知名度。在进入美国市场时，ING Direct 扮演"改革者"的形象，采用开户送现金、乘地铁免票、手续费用全免等方式吸引舆论关注，甚至引发对传统行业模式的讨论。正是依靠这种"改革者"的形象，以及卓越的客户体验，ING Direct 在客户中赢得了很好的口碑，客户满意度达到 90%，有 40% 的新客户由老客户推荐而来。也许对 ING Direct 营销方式的介绍依然较为抽象，但实际上可以看到，国内成功的互联网企业如小米、余额宝的阿里都遵循了上述营销策略。

余额宝便是这一营销策略的最佳本土实践者，与直销网站有本质区别。同是互联网企业，大多数平台型直销网站还是采取了传统金融机构"金融超市"的做法，将所有产品展示出来，客户需要面对种类繁多、不加甄别的金融产品作出选择。对于没有金融基础的客户而言，这样做无疑让他们无所适从。失去"简单"基因的直销网站除去费用优惠之外，没有其他主动吸引客户的方式，其发展前景不如传统银行的网络渠道。而以余额宝为代表的"替客户挑选"营销方式，逐渐被百度在内的其他互联网企业所采纳。与 ING Direct 类似，余额宝也是在开端的时候抓住目标客户金额小、资金需求灵活、畏惧复杂金融知识、风险偏好低但要求有高收益率的消费需求，从金融产品线中精选一种货币基金进行销售，完成"替客户挑选"。经过网络宣传，甚至没有花费很高的营销费用，便能主动吸引客户。假设未来阿里金融获得银行牌照，短期内其仍将维持"简单"的经营理念，控制产品数量。

因此，传统银行发展直销银行，优势在于已经成熟的网络技术，但如果不从组织架构、人员背景、业务模式和营销策略上按照互联网企业简单便利的经营模式，则将沦落为"四不像"企业，最终得不偿失。

5. O2O 线下布局增强客户体验

作为一家互联网银行，ING Direct 除了通过线上开展业务，也积极布局线下网点。但与传统银行的分支机构不同，ING Direct 的线下网点是以位于大型城市（如美国纽约、芝加哥、费城、洛杉矶、旧金山等）的咖啡馆形式存在的。从外观上很难将之与银行联系起来。对此，ING Direct 表示："虽然保持低的营运成本很重要，但我们也不大相信没有有形的设施而仅通过互联网办理业务的银行。为了赢得老客户的信任并吸引新客户，设立一些有形的东西还是很有必要的。"这种带有理财顾问功能的咖啡馆，为 ING Direct 提供了更切实的存在感。在氛围轻快的咖啡馆里，客户可以在员工的帮助下注册银行账号，也可以开展金融理财、生活娱乐、文化艺术等话题的讨论，但没有柜台，也不能办理现金业务，通过这种消费者与银行的"接触点"，增强客户体验。ING Direct 轻松温馨的网点与传统银行严谨高端形象"背道而驰"，反而与社区银行布局不谋而合，二者在物理渠道的构建思路上达成一致，互相融合，使得互联网银行也具备了服务社区的能力。

（二）德国信贷银行

德国信贷银行（Deutsche Kreditbank，DKB）是拜仁州立银行（Bayern LB）的子公司，银行总部坐落在柏林。该银行成立于 1990 年 3 月，是前民主德国成立的第一家非国有银行，后于 1995 年被拜仁州立银行收购。

该银行目前分支机构很少，目标顾客群体包括个人客户、公司客户和政府机构，其中个人金融业务几乎全部由"直销型"网络银行来办理。持有该行信用卡的客户可在全球任何标有 VISA 标志的自动取款机上免费提取现金。此外，它还有一些下属子公司从事专门的个人金融业务。比如，在东德 15 个城市设有分支机构的不动产金融公司；再比如，专门为顾客提供证券投资组合服务的全资子公司——萨尔州信合银行（SKG BANK AG）。根据总资产排名，德国信贷银行在 2008 年的德国银行百强中名列第 27 位。

截至 2009 年 12 月 31 日，该行银行职员 1 177 人，资产总额为 508 亿欧元，人均资产达到 4 316 万欧元，所有者权益为 19.6 亿欧元，合并报表后的净利润为 1.13 亿欧元。2000 年，该行仅有个人客户 2 万人。至 2008 年 5 月 26 日，该行个人客户数目首次突破 100 万人，并以每月 3 万人的速度在持续增长。至 2009 年年末，该行个人客户数为 178.5 万人，存款余额达到 253.6 亿欧元（如图 11 - 3 和图 11 - 4 所示）。①

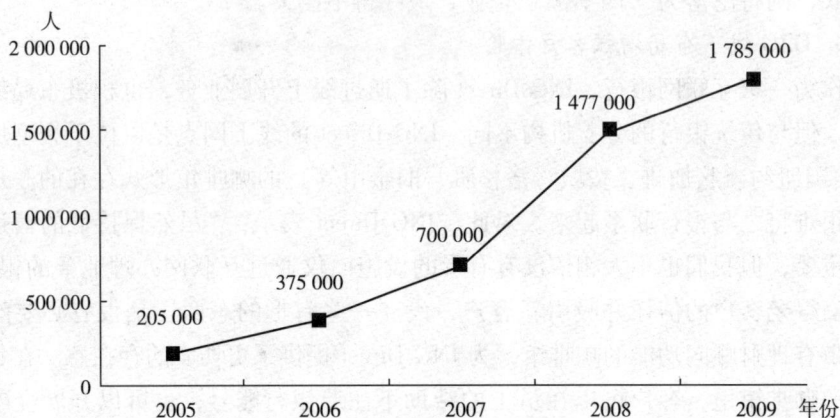

资料来源：德国信贷银行（DKB）2009 年年报。

图 11 - 3　2005—2009 年德国信贷银行个人客户数变化

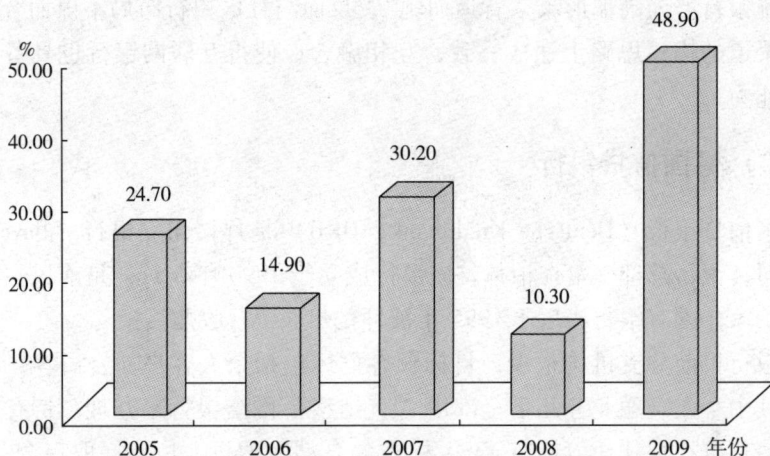

资料来源：德国信贷银行（DKB）2009 年年报。

图 11 - 4　2005—2009 年德国信贷银行存款状况变化

---

① 韩刚. 德国"直销银行"发展状况的分析及启示 [J]. 新金融，2010 (12)：23 - 26.

（三）网通银行

网通银行（Netbank）在德国的"直销银行"中规模很小，但发展独具特色，是欧洲第一家纯粹的互联网银行。该银行于 1998 年由 7 家斯巴达银行（Spada – Bank）发起创建并于 1999 年 4 月起正式开办业务。2007 年 5 月起，柏林市立银行（Landesbank Berlin）成为该行的最大股东，约占 75% 的公司股份。与斯巴达银行不同，网通银行不是合作社性质的银行，而是德国银行联邦协会成员的私有制银行，为其客户提供无风险存款保证（No – Risk – Garantie）。

截至 2009 年年末，网通银行仅有员工 33 人，资产总额为 11.71 亿欧元，客户人数 13.8 万人，存款余额 11.44 亿欧元。该行拥有银行全部牌照，具备全能银行资格。核心金融产品是免费的活期账户，客户可以通过此账户进行投资理财、证券交易、信用卡结算等。自 2006 年 1 月 1 日起，该行成为自动取款机联盟"现金池联盟（Cash Pool）"的成员，其客户可以使用网通银行的借记卡（EC – Karte）在德国境内超过 2 300 个自动取款机上免费取款。此外，持有该行普通信用卡的客户可以在全球标有"Mastercard"标志的取款机上每月免费取款 5 次，持有白金信用卡的客户则没有取款次数限制。

该行不设立分支网点，银行职员与顾客的交流主要是通过银行网页和电子邮件进行。当网络交流方式因为银行的技术原因而无法实现时，客户还可使用免费电话或传真方式与银行进行沟通。从 2003 年 9 月起，网通银行在全德国率先推出了无障碍互联网银行服务，这一措施为德国超过 65.5 万的盲人及视力障碍者独立通过个人电脑办理银行业务创造了便利条件。①

三、直销银行的发展特点

（一）大多由银行集团控股

直销银行绝大部分是银行集团的全资或控股子公司。目前，在世界上开展直销银行业务的银行很多，比较著名的直销银行见表 11 – 2。

---

① 韩刚. 德国"直销银行"发展状况的分析及启示 [J]. 新金融，2010（12）：23 – 26.

表 11-2   世界著名直销银行及所属金融集团

直销银行	类型	所属金融集团	所在国家、地区
ING Direct	金融集团下属直销银行	ING Group	澳大利亚、奥地利、德国、法国、意大利、西班牙
Moneyou	金融集团下属直销银行	ABN AMRO	比利时、荷兰、德国
RaboDirect	金融集团下属直销银行	Rabobank	比利时、爱尔兰、德国、波兰、澳大利亚、新西兰
HSBC Direct	金融集团下属直销银行	HSBC	加拿大、韩国、中国台湾
First Direct	金融集团下属直销银行	HSBC	英国
NIBC Direct	金融集团下属直销银行	NIBC	荷兰、比利时、德国
UBank	金融集团下属直销银行	NAB	澳大利亚
SmartyPig	独立直销银行		美国、新西兰
Ally	独立直销银行		美国
Simple	独立直销银行		美国
Flagstar	独立直销银行		美国

资料来源：窦郁宏，潘彦. 直销银行构建，IT 先行 [J]. 银行家，2013 (11)：79-81.

从表 11-2 中罗列出的直销银行来看，绝大多数的直销银行从属于传统的银行集团，如 ING Direct、RaboDirect 等。设立直销银行是传统银行为了应对互联网金融需要的最主要手段。依靠传统银行的信誉、雄厚的资金实力和品牌效应，这些传统银行下属的直销银行取得了巨大的成功，是直销银行的主流。

同时，也有一大批独立的直销银行如 Simple、SmartyPig 等，它们从创立之初，就以为网民服务为宗旨，其业务模式和用户体验更贴近互联网用户的习惯。这些独立的直销银行通常由互联网公司和互联网从业者创立，有些独立获取银行牌照，有些选择与传统银行合作以传统银行作为资金托管方。这一类的独立直销银行，有其更浓厚的互联网基因，通常在用户体验和市场银行方面，更能吸引年轻的个人用户。[①]

（二）组织结构扁平化

直销银行在组织结构设置方面，充分体现了"直销"特点。绝大部分银行都极少或根本没有实体分支网点，银行后台工作人员直接与终端客户进行沟通和业务往来。与相似资产规模的传统银行相比，直销银行的员工一般较少，人

---

① 窦郁宏，潘彦. 直销银行构建，IT 先行 [J]. 银行家，2013 (11)：79-81.

均资产及人均存贷款数额比一般的传统银行要高得多。有的银行甚至只有区区二三十人就足以维持银行的良好运转，如网通银行。组织结构扁平化为银行节约了大量的运营费用和成本，从而可能为客户提供更优质的金融产品和服务。

欧美传统金融机构开立的直销银行，通常是独立的法人或者独立的事业部，在品牌上、运营上和 IT 上与总行相对独立。这样的组织架构确保直销银行独立的经营策略、独立的财务核算、独立的产品体系和独立的定价策略。这几点使直销银行可以确保成本可控，从而提供有吸引力的高收益、低价格的金融产品和服务，这是直销银行商业模式的根本。正是由于这样的组织架构，通常直销银行采用了与总行不同的战略。

（三）主要开展个人金融业务

直销银行主要为个人客户提供标准化的金融产品。由于业务办理方式的限制，直销银行很难为顾客提供个性化的金融服务。目前，直销银行主要提供以下服务：活期存款及转账、储蓄存款、消费分期付款、网上交易支付、信用卡业务、有价证券投资、房地产融资等。

欧美直销银行面向的主要是全新的、有鲜明特点的（如对价格敏感、年龄在 20~40 岁）个人零售客户群，而不像传统银行需要照顾对私、对公等各种类型的客户。另外产品方面，欧美直销银行提供的产品也与传统银行产品体系有区别，通常提供的产品要比传统银行的收益更高，费用更低，更具互联网特性（如基于社交的金融产品等），甚至与电子商务企业进行直接的交叉销售。从渠道策略角度来讲，直销银行的移动端和 PC 端，需要体现出更具互联网特点的特征（如与电商的结合，与社交媒体的结合）和更优异的用户体验，这样的要求通常是现有渠道无法达到的。另外，作为互联网金融的产品，直销银行在营销层面体现的要求也与传统银行有所区别，直销银行完全通过互联网和其他媒体面对客户，而不采用面对面营销的方式，这样的营销要求对数据分析依赖巨大，体现出强烈的互联网特点，对精准程度要求很高。

（四）充分依托虚拟网络和外部实体网络平台

直销银行的业务开展主要是基于互联网平台，大部分金融服务都可以通过互联网来实现。除了依托互联网这一虚拟网络以外，直销银行也会积极借用其他实体单位的网络渠道来处理业务。比如，在储户开户的过程中，直销银行对储户实名制和户口的审查就是借助于遍布各地的邮局网络渠道，委托当地邮局营业厅来完成的。另外，为了满足顾客现金支取的需要，仅有个别较大的直销银行设立了自己的自动取款机，如荷兰国际直销银行，而大部分直销银行都是借助于其他金融机构网点的自动取款机来满足顾客的取现要求，它们要么是加入自动取款机联盟，如"现金群联盟（Cash Group）"或"现金池联盟（Cash Pool）"，要么是为客户提供能够免费取款的 VISA 或万事达信用卡。①

（五）吸引顾客方式灵活多样

由于不设立实体店面和分支机构，所以直销银行能够将节约下来的成本和费用开支让利于顾客，让顾客得到更多的"实惠"。直销银行主要依靠以下方式来吸引顾客：（1）为客户的储蓄存款支付更高的利息，通常可以达到传统实体银行的 2~3 倍或更高（见表 11-3）；（2）不收取顾客的银行账户管理费和信用卡年费；（3）许多银行对新开户客户都有价值约 50 欧元的礼物或礼券发送，有的银行还直接送账户开办启动费；（4）许多银行提供可以在全球免费取款的信用卡，方便顾客出行；（5）推行"顾客变顾客"的营销活动，老顾客在推荐新客户开户成功之后均可以得到积分或礼物奖励；（6）通过一些门户网站、电子商务网站等进行银行营销活动，以此吸引顾客。②

表 11-3　　　　德国主要直销银行与传统实体银行储蓄存款利率比较　　　单位：%

德国直销银行	年利率	德国主要全国性银行	年利率
科塔康索斯银行	4.00	邮政银行	1.10
荷兰国际直销银行	2.00	裕宝银行	1.05
商业直销银行	1.75	商业银行	0.50
德国信贷银行	1.65	德累斯顿银行	0.50
1882 直销银行	1.60	德意志银行	0.35
网通银行	1.25		

注：1. 相关数据来源于各银行官方网站，统计截至 2010 年 9 月 30 日。

2. 德国各银行的个人储蓄账户一般根据存款金额设定递增利率，为便于比较，本表仅统计了存款至 5 000 欧元档次的年利率。

（六）追求便捷性和安全性的统一

相比传统实体银行固定的工作时间，直销银行可以利用互联网、移动通讯等方式为客户提供 365 天 24 小时不间断的网上金融服务，这为客户进行网上交

---

① 韩刚. 德国"直销银行"发展状况的分析及启示 [J]. 新金融，2010 (12)：23-26.
② 韩刚. 德国"直销银行"发展状况的分析及启示 [J]. 新金融，2010 (12)：23-26.

易和支付提供了极大的便利，而且直销银行通常都设有 24 小时服务热线，为客户在网上交易和账户管理中遇到的问题提供帮助。另一方面，各直销银行都非常重视网络安全和信息保密，在客户进行网上转账和支付时，都设置了多重安全屏障，比如个人密码认证、交易码（TAN）认证、电子口令等。直销银行一直致力于在为客户提供便捷服务的同时，最大限度地保障客户资金安全。①

四、我国商业银行对直销银行的探索

（一）民生直销银行：简单的银行

2014 年 3 月民生银行直销银行正式对外提供服务，首期推出了"如意宝"、"随心存"、"轻松汇"三款产品，不仅为客户提供了更加方便快捷的服务渠道，还带来更加贴心个性的服务体验。

在中国，直销银行仍是新生事物，作为中国银行业改革的试验田，民生银行自 2013 年 7 月宣布启动计划以来，迅速赢得用户认可，交易市场份额占比达 10.9%，位居同业前列。此次上线直销银行，意味着民生银行已经建立起功能强大、产品丰富、用户体验好的综合化互联网金融服务体系。

1. 直销银行的运作模式

民生银行的直销银行几乎没有线下业务，从开户开始几乎是纯线上、纯移动的方式提供金融服务，客户经理和客户不再见面，客户经理甚至可以 SOHO 办公。民生直销银行的八个关键点，区别于诸如北京银行与 ING 合作的直销银行模式。

（1）直销银行目前无法领取牌照成为独立的银行，但在民生银行内部将视其为独立的银行；（2）强调特定渠道，包括互联网、移动技术、第三方合作（例如电子商务、第三方支付、电话银行），不考虑有形渠道；（3）将采取全新的销售驱动，基本没有销售人员；（4）提供简单的产品——数量和设计都力求简单；（5）全新的风险技术——更多引入事前审批，不搞事事审批，通过运营流程的风险管理来控制风险；（6）强调数据运用，通过数据分析对于客户的行为进行分析；（7）讲求合作——民生银行和民生直销银行的合作将与民生直销银行同其他银行合作一样；（8）坚持创新、简便、成本优势和利于客户，不完全依赖阿里。

---

① 韩刚. 德国"直销银行"发展状况的分析及启示 [J]. 新金融，2010（12）：23 - 26.

在国外，直销银行都是独立的银行，因此，民生银行也是朝着独立的模式在发展和运作。民生直销银行部仅仅作为电子银行部下面的二级部门来设置，配置的人员并不多。未来，电子银行只是一个工具，服务于银行的各个业务板块。

开通直销银行不是简单的渠道拓展，而是构建一种全新的业务模式。民生直销银行的定位为"忙、潮、精"客户。"忙"客户，是指收入高、生活节奏快的群体；"潮"客户，是习惯使用网络银行手机银行的群体；"精"客户，是容易被优惠和免费活动所吸引、有货比三家心态的群体。为此，民生直销银行建立了专属网站、手机银行APP、微信服务号（微信银行）等服务渠道，还与基金公司、电信运营商、电商公司等开展跨界合作，为更广泛的客户群提供优质服务。

2. 金融产品集众之所长

首先，在当前"三足鼎立"的市场格局中，互联网公司率先发力，推出一系列低门槛、高收益的货币基金产品，一路攻城略地，其中最凶猛的是支付宝与天弘基金合作推出的余额宝，在短短8个月中资金规模已经超过4 000亿元，而百度理财平台推出的"百度百发"、网易推出的"添金计划"也都吸引了大量客户。其次，工银瑞信、汇添富基金、南方基金、国泰基金等也纷纷推出新产品，掀起了一轮货币基金直销热潮。再次，依托资源优势、安全优势和经验积累，商业银行纷纷同基金公司开展合作，交通银行、广发银行、工商银行、平安银行等相继推出了货币基金，巩固了自身的客户基础。

民生银行直销银行针对客户"余额理财"、"余额增值"需求，设计了一款货币基金产品——如意宝。这是由民生直销银行与民生加银基金、汇添富基金合作推出的一款产品，可谓"博采众长"——具有购买门槛低、申购无限制、单日最高赎回500万元、实时支取、日日复利的特点，提供网站、手机APP、微信等渠道7×24小时服务，任意一张银行卡均可购买。

直销银行是民生银行发展转型的一项重大战略，立足于客户多样化、个性化的金融需求和商业银行的独特优势，持续不断地推出优质的产品和服务。围绕存、贷、汇等基础金融服务，民生直销银行首期还推出了"随心存"和"轻松汇"。"随心存"是一款人民币储蓄增值产品，具有低起存点、高流动性、无风险、保证存款收益等显著特点。客户签约"随心存"业务后，如其电子账户活期存款达到起存条件1 000元，便自动生成期限1年的随心存账户，在此存期内可随时支取本金，系统根据存款期限按最大化结转利息，保证客户存款收益。"轻松汇"是直销银行提供的一项基础资金汇划功能，满足了客户电子账户和绑定银行卡间的资金汇划需求。该功能融合了民生银行先进的跨行资金归集、跨行通等资金汇划手段。

（二）北京银行直销银行：O2O 式的直销银行

2013 年 9 月 18 日，北京银行宣布在与其境外战略合作伙伴荷兰 ING 集团深度合作的基础上，正式开通直销银行服务模式，此举标志着国内第一家直销银行破土萌芽。

北京银行直销银行通过变革服务方式，利用互联网、移动互联网技术以及形式多样的电子自助设备，有效突破传统服务限制，将客户引入、业务办理等各银行业务环节全部囊括在内，形成一种可覆盖客户全生命周期的新型服务模式，通过在服务理念、服务时间、服务空间、服务价格、服务流程、服务内容、服务渠道、服务方式、服务价值等九个方面的优势，为客户带来更加优质高效、便捷时尚的全新金融服务体验。目前北京银行已在北京、西安、济南等地推出 6 个试点直销门店。

1. 引入国际先进经验

自 2005 年与 ING 签署战略合作协议以来，北京银行始终将引入直销银行模式作为重点技援项目，每年都选派专业团队赴设在德国法兰克福的 ING – DiBa 学习，ING 也从产品设计、系统建设、组织架构、营销模式等各个层面给予具体指导和长期支持。因此，北京银行在创建直销银行过程中，始终得到了 ING 的直接技术援助和开发支持，ING 是帮助北京银行创新直销银行的坚强后盾。

在中小银行面临互联网金融和利率市场化挑战的时刻，特别是在中国金融体制改革不断深化的时代背景下，北京银行借鉴国际经验，成功地将直销银行模式引入国内。在这一模式下，银行的业务拓展不以柜台为基础，打破时间、地域、网点等限制，主要通过电子渠道提供金融产品和服务的银行经营模式和客户开发模式，能够为客户提供实惠、简捷、透明、安全的产品，具有显著的市场竞争力和广泛的客户吸引力。

2. 全新的 O2O 式用户体验

北京银行直销银行的模式并非简单复制，而是结合我国特点进行了大量探索创新。借助互联网技术深刻变革传统金融服务模式，让实体网络和虚拟网络互补结合，让便捷性和安全性有效统一，为客户提供更好的服务体验。北京银行开通直销银行，不是简单的渠道拓展，而是围绕当前银行竞争的核心——提升服务，构建的全新业务发展模式，并打造形成九大服务优势。

（1）在服务理念上，北京银行围绕客户寻求更便捷金融服务、获得更好体验的核心诉求制定直销银行服务理念，其目标就是要让曾经专业化的金融服务变成可由客户自己搞定的普通服务。

（2）在服务时间上，北京银行直销银行能全天候、不间断提供银行产品，真正实现7×24小时金融服务。

（3）在服务空间上，北京银行直销银行融合互联网空间概念，不被传统渠道营业空间约束，金融服务链接百姓日常生活，实现银行随身而行。

（4）在服务价格上，北京银行直销银行可提供实惠、简捷、透明、安全的产品，借助技术创新降低银行运营成本，客户可得到更多优惠。

（5）在服务流程上，北京银行直销银行服务实现客户全流程在线自助操作，借助互联网实现"face‐to‐face"面对面远程支持，银行呼叫中心会在客户操作遇到疑问时以多种形式为客户提供及时的后台支持服务。

（6）在服务内容上，北京银行直销银行既为客户提供"标准化"和"专属化"的金融产品，也为客户提供更加开放的互联网支付和移动支付平台。直销银行以实惠、简捷、透明、安全的产品作为服务主打，在直销银行购买理财产品、使用转账服务，操作更轻松，价格更亲民，真正将实惠带给客户。

（7）在服务渠道上，北京银行直销银行采取"互联网平台＋直销门店"相结合的渠道服务模式，满足客户全面、立体、多样的金融需求。线上渠道由互联网综合营销平台、网上银行、手机银行等多种电子化服务渠道构成；线下渠道采用全新理念建设便民直销门店，其中布放VTM（智能银行机）、ATM、CRS（自动存取款机）、自助缴费终端等各种自助设备，以及网上银行、电话银行等多种自助操作渠道。以"互联网平台＋直销门店"构建立体化服务体系，满足客户不同应用场景下的金融服务需求。

（8）在服务方式上，北京银行直销银行服务方式更加灵活。基础业务全流程自助操作，实现效率最大化；深层次业务提供"在线操作＋远程人工支持"的服务方式，实现价值最大化。

（9）在服务价值上，北京银行直销银行不依赖于传统网点，发挥直销银行在经营区域和客户引入领域的开放性优势，同时以多样化的、更具吸引力的营销策略吸引客户，真正实现银行和客户"双赢"，服务体验亲切，服务价值提升。

北京银行直销银行具有"服务时间长、不受空间局限"的特点，打破了传统网点在服务提供时间和区域辐射范围方面的限制，在服务方式上更加直接开放，在服务时间和服务空间上与客户需求更加接近，在服务内容上更加简单透明，使客户享受更好的金融消费体验，做到无限贴近客户使用需求，全天候、不间断提供金融服务，真正成为"您身边不下班的银行"。

3. 未来发展方向

北京银行直销银行目前已经从经营区域、产品设计、系统建设、组织架构、直销方式、客户群体等多个维度做好了充分准备，并已率先在北京、西安、济南等地建立了多家直销门店，拟上线推出实惠、简捷、透明、安全的专属金融产品，为客户提供全流程、多方位的优质服务体验。北京银行直销银行以低成本服务作为重要优势，并将节约下来的成本和费用开支让利给客户，让客户得到更多的价值和"实惠"，吸引更多客户通过直销银行办理业务。同时，北京银行通过直销银行将银行、信用卡、消费金融、保险等金融服务资源进行全面整合，通过突破时空界限的直销金融服务渠道，全面提升客户服务水平，特别是为中轻年客户群提供符合其习惯、满足其需求的金融服务。

未来，北京银行直销银行将坚持面向广大的大众零售客户和小微企业客户的服务定位，努力破解传统银行在资源方面的束缚，为这部分客户群体带去更有价值的服务：一是充分利用直销银行模式的效率优势和成本优势，为客户提供更加实惠、价格更亲民、操作更轻松、更具吸引力的金融产品和服务，包括收益更高、购买更方便的金融理财等产品，真正让客户受益于效率提升和成本节约带来的实惠；二是进一步加快直销门店在北京和外埠分行的建设步伐，优先支持服务需求旺盛、服务供给薄弱的地区，在 2013 年底前后已陆续建成 10 家左右的直销银行门店，提高直销银行服务模式的覆盖能力，将先进的服务带给更多的市民百姓和小微企业；三是进一步加快产品创新，实现市场需求与先进模式的有效结合，上线推出更多符合客户需求、体现模式优势、具有竞争力的专属金融产品，打造更加完备的直销银行产品服务体系。

五、对中小商业银行的启示：经验借鉴

在中国，银行规模扩张更多依赖于物理网点扩张的"攻城拔寨"，传统银行已经积累了整套成熟的关于物理网点的新设、运营的技术经验，能够较好地控制成本并及早盈利。因此可以看到，在实际操作中，监管层对于网点的分布有较为严格的隐性要求，如与资本充足率挂钩、在发达地区与欠发达地区必须同时增设等。这一点对于新晋者而言是相对陌生且学习曲线较长的，而选择互联网技术，脱离网点和物理柜台的束缚能够使平台型互联网公司成立的直销银行规模在较短时间内迅速扩张。

同时，从国外发展的例子来看，直销银行通常具有机构少、成本低的特点，

能够提供比传统银行更优惠的费用，以弥补缺乏实体网点的不足，达到"四两拨千斤"的效果。对中国银行业而言，直销银行更加现实的意义在于脱离电子银行部的附属，借助集团的客户资源，在互联网的领域独立地与其他企业展开竞争。当然，传统金融集团下的直销银行未来不一定能够在规模上战胜阿里腾讯们的银行，但是插足对方的核心领域还是做得到的。并且传统银行的网络技术也较为成熟领先，实现成本较低，同时也规避了监管对于网点设置的约束。此谓"四两拨千斤"之二。

现在流行的观点是：银行目前所有的业务在未来都可以实现全网络化运作，在大数据时代不再需要线下网点。这一论点得到认同的核心原因在于：除非人类改变根本的学习和认知方式（看、读、写），否则一切纸面的数据和文字均能以电子化的形式呈现出来，这也是"互联网什么都可以做"的原因。但无论纸质还是电子化都只是表达形式，而企业处理方式的不同才是互联网金融与传统银行的根本区别所在。互联网的基因在于简单高效，业务的复杂化却必然会导致组织架构和风险管理的思维方式向传统银行靠齐，从而成为披着互联网外壳的传统金融核心，即金融互联网。因此，直销银行作为互联网金融的产物，更多的意义在于开发一个新的细分市场。

（一）直销银行可以成为银行业务拓展和区域扩张的重要方式

目前，中国的主要股份制银行和众多区域性中小银行都在积极寻求业务拓展和区域扩张。但是，这些银行的规模增长已经不可能去复制四大国有商业银行原先所实施的全国布局模式，而必须进行发展模式的创新和变革。直销银行给中小商业银行的一个重要启示是可以充分利用现代信息技术，借助虚拟网络和外部实体网络，摆脱物理网点的束缚和区域限制，在全国范围内进行快速布局，吸引客户，开办业务。

直销银行在中国的产生已经具备以下有利条件：一是互联网普及后，人们对基于互联网的电子商务和网上交易并不陌生，网上银行支付、证券交易、基金理财、保险购买等形式已经实实在在地进入百姓生活，有利于直销银行在中国的创建和推广；二是现在大型商业银行机构的网上银行、电话银行、手机银行等业务已经相对成熟，许多中小型银行也在搭建自己的网络平台，因此，从技术准备上看，主要基于互联网的直销银行的创建条件已经具备；三是国外直销银行经过几十年的发展，已经形成了一套比较成熟的商业模式，有许多经验和教训可供中国银行业借鉴。当然，直销银行在中国的发展也还存在着一些障碍，比如，中国银行业的互联互通工作还须大力推进，否则直销银行就难以共享现有金融机构的网络资源。

（二）突出"直销"特点，为顾客提供安全优惠及时的金融服务

直销银行重在"直销"，即银行后台能够直接与终端客户建立业务关系，提供金融服务。因此，直销银行必须依靠现代媒介工具，依托现有金融网络资源，以最低的成本，满足客户对金融产品和服务的需求，实现规模报酬递增和边际成本递减，从而创造出更多的价值。

直销银行对客户提供的服务必须体现出安全、优惠、及时的特点。首先，安全性是直销银行的生命线。如果社会公众给直销银行打上了"不安全"的标签，那么直销银行肯定无法生存和发展。其次，直销银行要能够给客户提供比传统银行更为优惠的金融产品，否则难以吸引客户。再次，直销银行要突破时间和空间的限制，为客户提供及时的金融服务，体现出超越传统实体银行的优势。

第十二章 中小商业银行的应对策略：移动支付

移动支付作为一种跨界的业务形式，其业务的开展已经有相当长的时间。但由于其产业环境复杂，产业链较长，业务横跨多个行业，参与各方利益难以平衡，在全球范围的普及推广一直未形成规模。在中国，移动支付产业链的各方利益协同长期受到行业政策的影响，加之客户基础较为薄弱，业务的开展只能在区域范围较小的规模上摸索运营。然而在当今智能手机与 3G 网络日渐普及、移动互联网应用极大丰富的背景下，移动支付取得了迅猛的发展，在交易额、交易笔数、行业覆盖等方面都实现了实质性的突破。在中国，金融机构、运营商和第三方支付等主要参与方均已在移动支付领域发力，规划移动支付战略，研发并推出移动支付的多种应用，积极开拓移动支付市场，整体呈现出一片蓬勃发展的景象。

业界普遍认为，未来 3 年将是中国移动支付产业发展的重要阶段。而对于中小商业银行而言，则面临着诸多的决策与挑战：如何选择合作伙伴；如何在未来的业务发展中规避风险应对挑战；如何在竞争与合作中占据主导地位，拓展更多的应用场景，开发新产品，提升企业竞争力并保持可持续发展；如何搭建移动支付生态系统，互惠共赢，积极稳健有序推进产业化进程等。

一、移动支付：产生与发展

从 2007 年起，美国乃至全球陷入了大萧条以来最为严重的金融危机，全球金融行业甚至实体经济一蹶不振。但在移动硬件设备、3G 无线网络技术与支付应用程序的巨大突破推动下，支付行业却迎来了新一轮的发展。移动支付脱颖而出，成为支付行业新的增长点。

（一）移动支付的定义

由于移动支付仍处于发展形成阶段，因此其定义尚不统一。美联储将移动支付定义为通过手机购物、支付账单、进行慈善捐款、向他人付款，以及其他任何利用手机开展的支付活动。[①] 支付过程可以通过手机上网功能进入账户网页完成，也可以通过发送短信、下载应用软件等其他方式达成。欧洲中央银行（European Central Bank，ECB）则指出，移动支付是电子支付的一个分支，指通过手机或其他无线通信设备登入银行账户并使用支付服务的过程。[②] 有学者认为，移动支付指利用无线通信及其他通信技术，通过移动设备（如非智能手机、智能手机和 PAD 等）对商品、服务及账单进行支付的行为。移动支付适用于多种支付用途，既可以用于购买数字内容（铃音、音乐、在线游戏等），也可用于购买门票、车票，支付停车费或账单，还可以在实体店通过终端机（POS）购买实体商品。[③] 德勤（Deloitte）则认为，移动支付是指用户使用移动终端，接入通信网络或使用近距离通信新技术完成信息交互，实现资金从支付方向受付方转移从而实现支付目的一种支付方式。[④]

（二）移动支付的分类

按交易对象，移动支付可以分为"个人对个人"支付（Person－to－Person Payment，P2P Payment）以及"个人对企业"支付（Customer－to－Business Payment，C2B Payment）；按通信方式，移动支付可以分为远程支付（Remote Payment）和近场支付（Proximity Payment）。

远程支付主要指通过手机等移动设备远程转移资金的过程，按用途的不同又可具体分为移动转账与移动付款两类。移动转账包括国内转账与海外转账两种，较多应运于个人之间的资金转移。其中，国内转账在发展中国家与发达国家都取得了较大发展。在金融服务较为落后的国家，银行账户普及率较低，但手机使用率较高。这种特殊情况决定了通过手机预存资金并进行转账的方式更具可行性。而在发达国家，通过手机进行小额转账也方便了人们的生活，受到了手机用户的欢迎。海外转账的主要用例是海外劳工向国内亲属的汇款操作。

---

① Board of Governors of the Federal Reserve System. Use of Financial Services by the Unbanked and Underbanked and the Potential for Mobile Financial Services Adoption. Available at：http：//www. federalreserve. gov/pubs/bulletin/2012/articles/MobileFinancialServices/mobile－financial－services. html.

② European Central Bank. E－Payments Without Frontiers. Issues Paper for the ECB Conference on 10 November 2004. Available at：http：//www. ecb. int/events/conferences/html/epayments2004. en. html.

③ Dahlberg, Tomi, Niina Mallat, Jan Ondrus & Agnieszka Zmijewska. Past, Present and Future of Mobile－Payments Research：A Literature Review. Electronic Commerce Research and Applications, Vol. 7, Issue 2（July, 2008）：165－181.

④ 德勤. 2012—2015 年中国移动支付产业趋势与展望. http：//www. deloitte. com/view/zh_ CN/cn/ind/gfsi/adb506c8aaaf8310VgnVCM3000001c56f00aRCRD. html.

需要指出的是，移动转账对硬件的要求并不十分严格，非智能手机经过事先配置也可以实现移动转账的功能。如南非手机金融服务提供商 Fundamo 开发的一套系统就专门服务于非智能手机用户。移动付款是利用手机网络或无线网络，通过移动设备进行远程付费的过程。根据购买内容及支付数额的不同，所采取的支付方式也有所不同。在购买手机铃音、音乐、游戏、应用软件、电子书籍等数字产品的小额支付场景中，支付通常可以利用移动网络运营商现有的收费渠道，通过短信资费或 WAP 资费的方式完成。而在购买实体商品等涉及数额较大的支付场景中，支付一般通过以下三种方式达成：①信用卡/借记卡。访问安全的 WAP 支付界面，输入信用卡或借记卡信息进行支付。②移动钱包。移动钱包是安装在移动设备上的一种支付应用程序。用户下载该应用程序后可在程序内储存多张信用卡或借记卡信息并进行配置，在需要支付时选择希望使用的卡片、输入密码进行认证后即可完成。除储存卡片信息外，移动钱包中还可储存电子代金券、折扣卡、会员卡相关信息，因此与现实世界中的钱包十分相似。③储值账户。储值账户指用户事先设立，并利用银行卡进行充值的一种支付账户。充值后储蓄账户将存在一定余额，用户需要进行支付时无须再使用信用卡或借记卡信息，直接利用移动设备从该账户内进行资金划转即可。①

市场研究机构 Juniper Research 对目前市场中较为常见的远程移动支付方式进行梳理后，提供了一种更为详细的分类方法（见表 12-1）。

表 12-1 远程移动支付分类

远程移动支付分类	支付方式	描述
远程数字内容购买	手机话费扣除	由移动网络运营商提供，主要目标是购买数字内容的小额支付
远程数字内容购买	增值短信（premium SMS）	购买数字内容或互动电视节目参与
远程数字内容购买	访问移动网站并进行 WAP 支付	利用移动设备，通过无线网络访问数字内容网站，通过 WAP 方式支付
远程数字内容及实体商品购买	移动钱包或预设账户	基于 SMS 技术，通过预设账户或移动钱包支付
远程转账	个人之间转账	利用 SMS 技术在两部手机之间进行转账，转账过程既可以通过短信（SMS）完成，也可以通过下载到手机中的应用软件、开设移动支付账户或通过手机浏览器完成
远程实体商品购买	访问移动网站并进行 WAP 支付	通过手机等移动设备网络浏览器访问网站，并进行 WAP 支付

资料来源：Juniper Research, Getting the Right Balance - Money Transfers on the Mobile.

① 张鹏. 20 世纪 60 年代以来美国金融创新及其主要外部动因 [D]. 北京：中国社会科学院，2013.

近场支付又可细分为无接触支付（Contactless Payment）与移动受理。就无接触支付而言，近场通讯（Near Field Communication，NFC）支付是目前较为主流的一种形式。NFC 是一种由无线射频识别技术（Radio Frequency Identification，RFID）发展而来的无线通信技术，能够使电子设备在一定距离内相互交换信息。在移动电子设备中安装智能芯片后，该设备就能够安全存储支付应用及消费者账户信息，从而被改造为与 EMV 支付卡片相同的支付工具。目前 NFC 技术使用的智能芯片主要有三种形式：SIM 卡、设备内置安全元件和 SD 卡。除 NFC 技术外，移动支付市场中还存在二维码扫描、手机贴片等无接触支付形式。随着 iPhone、iPad、安卓手机等智能手机与其他智能移动电子设备的大量涌现，支付行业近几年来还出现了一种移动支付受理的新趋势。通过在上述智能移动装置耳机接口处外接一种小巧的刷卡设备，就可以将其转变成为移动 POS 机接受支付。在刷卡完成后，买方可以通过手写方式在卖方设备上签名，证明对此笔交易的授权。而支付结束后，买方又可以在自己的手机或平板电脑等移动设备上接收并查看电子收据。目前，移动支付公司 Square 推出的移动受理设备已在美国取得了较大成功。

（三）移动支付的发展

近年来，由于受到来自消费者移动支付需求增长的刺激以及电子商务、移动互联网的兴起与快速发展等因素的推动，移动支付在全球范围内得到各方越来越多的关注并呈强劲增长态势。Gartner 最新数据显示，截至 2012 年年末，全球移动支付用户数将达到 2.12 亿人，是 2009 年的 0.7 亿人用户数的 3 倍，年复合增长率达到了 44.73%，预计未来几年，增长态势还将继续，到 2015 年全球移动支付用户总数将达到 3.84 亿人（见图 12 - 1）。用户数增长的同时，全球移动支付交易金额也在不断增长，截至 2012 年年末，全球移动支付交易金额将达到 1 715.20 亿美元，而 2009 年全球移动支付交易金额仅有 255.59 亿美元。2015 年，全球移动支付交易金额将达到 4 728.05 亿美元，这意味着平均每个用户 1 年的移动支付交易额将超过 1 000 美元。[1]

移动支付之所以快速兴起，并得到各方关注，主要是因为移动支付所具有的特质可以为各个参与方带来不同的附加价值。对用户而言，移动支付将提升其支付的便利性和安全性。一方面，移动支付简化了交易流程，非接触式支付较传统刷卡会更为便利，同时通过电子钱包可以整合多张卡、票、证、券，减

---

[1]　Gartner. Forecast：Mobile Payments，Worldwide，2009—2016，2012 - 05.

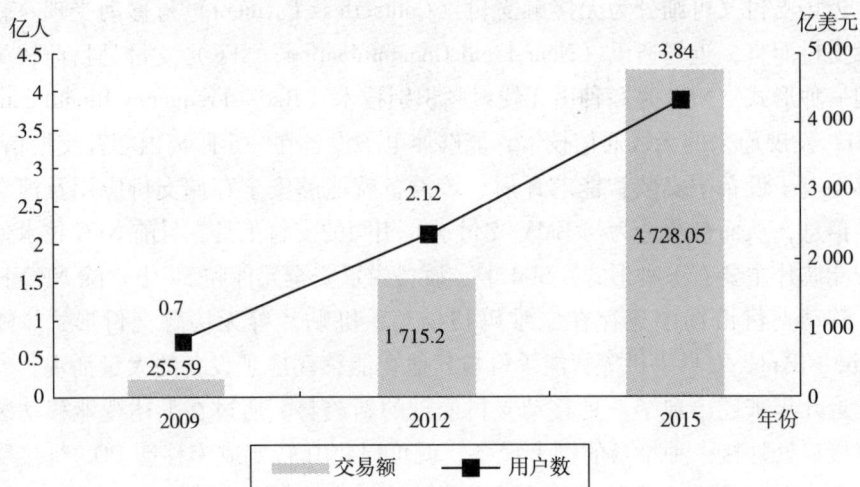

资料来源：Gartner. Forecast：Mobile Payments，Worldwide，2009—2016，2012 - 05。

图 12 - 1　全球移动支付用户数及交易金额

少用户携带多张卡片的麻烦，并且实现卡、票、证、券的可视化管理；另一方面，智能芯片的使用可以实现身份验证的功能，提升支付的安全性。对金融机构而言，发展移动支付提升用户的支付便利和安全，将会在激烈的竞争中制造差异化优势。对运营商而言，移动支付会为其带来新的收入增长点并且帮助其减少客户流失。运营商面临传统话音业务和短信业务下滑带来的收入下降等问题，而快速增加的数据流量需求不仅降低了运营商的利润率，还造成了运营商网络的巨大负荷，通过发展移动支付业务，运营商进入移动电子商务、金融等服务领域，获得更多收益。同时，为用户提供移动支付服务可以增强用户黏性，从而减少运营商的客户流失。对商户而言，移动支付使用户消费行为数字化，消费信息得到完整记录，而商户也可以有针对性地进行积分、发放优惠券等客户忠诚计划，从而提升客户忠诚度。

在中国，移动支付同样面临前所未有的发展机遇，中国的移动支付产业正呈现快速增长的势头。中国人民银行的相关数据显示，截至 2011 年年末，我国移动支付客户数达到 1.45 亿户，与 2010 年的 0.9 亿户相比，增加了 0.55 亿户，增幅达到了 61.11%。① 移动支付客户数快速增长的同时，伴随的是移动支付业务量的快速增加，2011 年全年发生业务 2.47 亿笔，业务笔数与 2010 年相比增

① 中国人民银行移动支付客户数据来源于各银行业金融机构支付业务报表，与 Gartner 全球的移动支付用户数据在采集口径上不一致。

216

长了 109%。[1]

与此同时，政府在各个层面上不断加大政策扶持力度。《"十二五"规划纲要》中提出："要积极发展电子商务，完善面向中小企业的电子商务服务，推动面向全社会的信用服务、网上支付、物流配送等支撑体系建设。"作为移动电子商务重要基础设施的移动支付，将受益于政府推动电子商务发展的举措。在之后陆续发布的《软件和信息技术服务业"十二五"发展规划》、《通信业"十二五"发展规划》等重要文件中均有涉及鼓励移动支付发展的相关表述。联系到中国庞大的手机用户基数以及潜在的金融支付需求，可以预见的趋势是，移动支付大潮也将席卷中国市场，并呈现后来居上的态势。

二、世界各国移动支付发展概况

不同国家和地区移动支付业务的发展水平及普及程度仍然存在差异性，各自根据自身的情况选择了不同的技术实现方式和商业模式。从产业链主要参与方的角度来看，金融机构、运营商、第三方支付、移动支付技术与方案提供商和设备制造商的互动与博弈推动着各国家和地区移动支付产业的发展。从全球移动支付发展程度来看，日韩的移动支付发展最为成熟；而西欧各国及美国近场支付发展相对缓慢；发展中国家如印度等也在积极推进移动支付；在非洲，移动支付在推动发展相对落后地区的金融普惠上发挥了很大作用。[2]

由于移动支付过程的复杂性，整个流程涉及包括移动设备与芯片生产商、移动网络运营商（Mobile Network Operator，MNO）、金融机构、支付卡网络、移动技术解决方案提供商以及商户在内的大量参与者。而在移动支付行业业态尚未最终形成的情况下，不同类型参与者之间及同类参与者内部均存在着激烈的竞争。各方都努力开发以自身为中心的行业生态系统，从而在迅速崛起的移动支付世界里占据主导地位，获得高额利润。

目前，移动支付市场中已经出现了银行和信用卡组织主导、移动网络运营商主导、独立支付服务提供商主导、大型零售企业主导以及合作模式等多种潜在行业生态系统形式。

---

① 数据来源：中国人民银行 . 中国支付体系发展报告（2010）. 2011.

② 德勤 . 2012—2015 年中国移动支付产业趋势与展望 . http：//www. deloitte. com/view/zh_ CN/cn/ind/gfsi/adb506c8aaaf8310VgnVCM3000001c56f00aRCRD. html.

（一）日本：运营商主导模式

日本是移动支付业务推广最好的国家之一，远远超过美国和欧洲，已具有较成熟的商业模式。该国的 3 家移动运营商 NTT DoCoMo、KDDI、软银分别于 2004 年 7 月、2005 年 7 月、2005 年 11 月推出了移动支付业务。2010 年 12 月，日本市场有大约 9 800 万用户使用移动支付业务，其主流的移动支付技术是日本索尼公司研发的非接触式感应技术——FeliCa。在以移动网络运营商（MNO）为主导的模式中，MNO 利用其现有的手机用户群及通信基础设施独力推广移动支付应用程序和增值服务，通过话费扣除、预付账户或移动钱包等方式实现移动支付。移动运营商 NTT DoCoMo 占据了日本移动支付业务市场的主导地位，它依托其巨大的客户群，通过混业经营、参股银行和信用卡公司扩展对上下游产业链的控制，获得巨大成功。日本 NTT DoCoMo 推出的手机钱包（Osaifu - Keitai）及沃达丰（Vodafone）、T - Mobile、Orange、O2、Three 等大型电信运营商在英国联合推出的 Payforit 小额移动支付服务都是 MNO 进军移动支付市场的典型案例，下面以日本为例深入分析运营商主导模式。

1. 运营商通过注资金融机构主导产业链发展

由于日本主要采取移动运营商主导模式，因此，该国移动运营商普遍采取注资金融机构的方式主导整个产业链的发展。NTT DoCoMo 于 2005 年 4 月注资 1 000 亿日元获得三井住友信用卡公司 34% 的股份；2006 年 3 月又注资 10 亿日元获得瑞穗金融集团关联企业 UC Card18% 的股权。这些整合产业链的举措是 NTT DoCoMo 成功推广手机支付业务的关键。[①] 从实际的发展来看，NTT DoCoMo 的这一举措得到了不小的回报。三井住友银行和 NTT DoCoMo 联合推出的 ID 借记卡业务使得 NTT DoCoMo 的移动支付业务突破了小额支付的界限。DCMX 信用卡业务使 NTT DoCoMo 的移动支付业务渗透到消费信贷领域。

NTT DoCoMo 采用 FeliCa IC 技术的移动支付业务品牌为 Osaifu - Keitai，该品牌下又分三类子业务：

（1）Osaifu - Keitai 手机钱包业务。该业务是最普通的手机钱包业务，没有银行的介入。用户在 NTT DoCoMo 申请一个手机钱包账号，并预存一部分金额就可以使用。用户使用该服务购买商品所付的款项直接从手机钱包中预存的账号里扣除，使用该业务无须输入密码。

（2）ID 借记卡业务。NTT DoCoMo 和三井住友银行合作推出 ID 借记卡，借

---

① 刘刚. 电子商务支付体系构建与应用研究 [D]. 武汉：武汉大学，2011.

记卡信息将储存在 FeliCa 芯片中。用户须事先在借记卡中预存一些金额才能消费。ID 借记卡能与三井住友银行的普通信用卡相连，用户可以从三井住友的普通信用卡向 ID 借记卡转账。一般情况下，使用 ID 借记卡业务无须输入密码，但如果用户购买商品金额超过借记卡中的余额，则需要输入密码。NTT DoCoMo 通过 ID 借记卡业务搭建了一个移动信用卡平台，以吸引金融机构加入。目前，加入此移动信用卡平台的金融机构有三井住友银行和瑞穗银行。

（3）DCMX 信用卡业务。该业务真正将移动支付业务渗透到消费信贷领域。用户使用该业务无须在信用卡中预存金额就可以透支消费。DCMX 分两种透支额度：一种是 DCMXmini，可透支 1 万日元，用户消费时无须输入验证密码；另一种是 DCMX，透支额度为 20 万日元，单笔消费 1 万日元以上须输入验证密码。[①]

2006 年 4 月，三菱东京 UFJ 银行和电信公司 KDDI 合资成立了 Jibun 互联网银行。KDDI 公司的移动电话用户可以使用手机支付购买产品和服务。非 KDDI 用户之间的资金转账将需要发送者用手机输入接收者的电话号码和资金金额。存款或取款时，客户使用设置在东京三菱 UFJ 银行、SevenBank 和日本邮政银行的自动柜员机。银行卡组织为发卡机构 Credit Saison 和美国运通，在软银（Soft-Bank）的电信网络中测试了在安卓手机上的基于 SIM 卡的 NFC 支付。

2. 移动支付定位于小额支付市场

在日本，非接触式手机支付定位于 60 万亿日元的小额支付市场，4 万家便利店是主要消费场所。日本政府出于对传统商业的保护，在《大店法》中规定大型店铺的开张均须征得当地零售业者的同意，这促使了连锁方便店的展开，伊藤洋华堂、大荣、西友等几大集团纷纷投入连锁便利店市场，连锁便利店不仅仅提供普通超市的服务，也为网络商家代收货款、代收代转货物。根据 ComScore 发布的 2010 移动年综述报告，2010 年 12 月有 980 万日本手机用户使用手机钱包进行支付，其中就有 760 万用户是在零售店或者便利店发生的使用行为，约占 77.6%；其后才依次为自动售货机（320 万户）、公共交通工具（270 万户）、杂货店（260 万户）、餐厅（150 万户）。[②]

目前，日本非接触式移动支付受理点约 11 万个，在使用 FeliCa 手机的用户中，大约 60% 的用户每周至少会使用一次支付功能。经过几年的推广与发展，移动支付业务在日本有了相当的规模，用户可以使用手机现场购买自动售货机

---

① 刘刚. 电子商务支付体系构建与应用研究［D］. 武汉：武汉大学，2011.

② http：//fibcr. of \ vcck. com/2011－02/ART－210013－8420－28460100_ 2. html［2011－02－21］.

或者便利店的产品，还可以购买电影票。①

3. 运营商提供的移动支付极大地简化了操作流程

NTT DoCoMo 提供的 NFC 移动支付业务最大的优点就是极大地简化了移动支付业务的操作流程烦琐性，方便了用户的使用。NTT DoCoMo 手机公司联合索尼和东日本旅客铁路公司在移动电话上开发使用了 FeliCa 技术。这项名为 FeliCa 的非接触式技术是索尼在 20 世纪 80 年代晚期开发的。这项技术在东日本旅客铁路公司的充值卡上采用之后，在日本变得十分普及。商人也可以通过使用东日本旅客铁路公司的卡在火车站附近的便利店买东西。地铁乘客和很多周边商家客户加入了最初的使用群体，这为附近的商家提供一个良好的移动支付的环境。经过一些小范围试验，DoCoMo 公司在 2004 年全面引进了这项技术，销售启用 FeliCa 技术的手机，并且在每台手机上都预装了一款"电子钱包"应用程序。这样，消费者的预付费账户最初便和自己的手机相关联。接下来，在 2005 年年末，DoCoMo 公司开发出一套系统让消费者可以使用自己的信用卡，而在 2006 年，DoCoMo 公司自己进入了消费信贷业务。在 DoCoMo 的带领下，2005 年日本其他主要移动运营商也实现了 FeliCa 技术并采用了移动支付系统，共同做大移动支付这块市场蛋糕。②

4. 日本模式的缺点：移动支付技术与国际主流技术不兼容

日本移动支付产业所采取的 FeliCa 技术与国际主流 NFC 支付方式不兼容，在日本以外不能使用。为解决此难题，移动运营商联合成立了移动支付联盟，并希望能与移动设备制造商和代理商合作，在日本普及 NFC 标准，来突破日本移动支付"孤岛"困境。

（二）韩国：运营商和银行联合主导

韩国的移动支付发展也比较成熟，并已形成一定规模。根据 ROA 研究报告数据，截至 2011 年年末，韩国手机用户数达到 5 310 万人，平均每人拥有一部以上的手机。2010 年 12 月到 2011 年 12 月，韩国的智能手机用户大约增长了 1 630 万人，2013 年智能手机用户占比将达 94%。目前 70% 的电子支付由手机来完成，手机支付用户占比 60%。③

---

① 刘刚. 电子商务支付体系构建与应用研究［D］. 武汉：武汉大学，2011.

② Marianne Crowe, Marc Rysman and Joanna Stavins. 2010. Mobile Payments in the United States at Retail Point of Sale：Current Market and Future Prospects［J］. Public Policy Discussion Paper No. 10 – 12.

③ 刘刚. 电子商务支付体系构建与应用研究［D］. 武汉：武汉大学，2011.

韩国的三大移动运营商 SKT、KTF、LGT 分别于 2004 年 3 月、2004 年 8 月和 2003 年 9 月联合金融机构采用红外线技术开通移动支付业务，后因移动运营商与金融机构相互之间的不信任而合作破裂。2007 年，两者再度携手，SKT 联合 Visa，KTF 联合 MasterCard 重新推出移动支付业务。该业务的应用程序将被存储在运营商为 3G 网络而发行的 USIM 卡上，并可与近场通信技术（NFC）兼容。这些业务在 2008 年 3G 推广后将得到更广泛的应用。

1. 移动支付可实现手机结算与 ATM 取现

在韩国，使用移动支付业务不仅可以在商场用手机进行结算，还可以在内置有红外线端口的 ATM 上提取现金、在自动售货机上购买饮料。2007 年 6 月末，韩国 3 家移动运营商都把由韩国智能卡有限公司发行的 T – money（交通客票应用程序）放在它们的非接触手机上。3 家运营商的用户可以使用手机支付地铁等交通费用，无须携带专门的信用卡，且同样可以得到发票。在韩国，有几万家餐馆和商店拥有能够从手机通过红外线读取信用卡信息的终端，使顾客能够通过手机进行消费。

首尔是世界上最大的非接触交通卡试点场所，有大约 1 400 万张卡在流通，许多都带有非接触芯片的信用卡。目前，几乎所有的韩国零售银行都能提供手机银行业务，每个月有 30 多万人在购买新手机时会选择具备特殊记忆卡的插槽，用于储存银行交易资料，并进行交易时的信息加密。移动用户只需将具有信用卡功能的手机智能卡安装到手机上，就可以进行手机支付了。韩国 70% 的电子支付（即超过 10 亿美元的交易额）都是由手机支付完成的。韩国移动运营商对移动支付进行了整合，建立了清晰的移动支付业务体系，并针对每个发展阶段制定了非常明确的发展目标。如 SKT 的移动支付总业务品牌为 MONETA，其名下又分为 MONETA Card（红外线近距离非接触支付）、MONETA Pass（乘车卡）、MONETA Bank（金融机构信息查询、转账等）、MONETA Stocktrading（股票交易）、MONET Asign（身份认证）、MONETA Bill（在线购物）等。SKT 将自身的移动支付业务分为几个发展阶段，每个阶段都有不同的发展目标：第一步是初步建立移动支付系统；第二步是成功开展移动支付业务；第三步是向其他金融业务领域扩展；第四步是向移动商务领域扩展。①

2. 移动支付得到韩国政府大力支持

韩国移动支付快速发展的主要原因是政府对移动支付业务的高度重视和支持。政府出台了一系列政策为移动支付产业的发展创造了良好条件。同时，移

---

① 冯伟涛，韩李枚. 国外移动支付业务发展现状 [J]. 通信企业管理，2008（7）：63 – 65.

动支付产业的发展也得到了多方的积极参与。

（1）移动运营商积极推动。韩国的三大移动运营商（SKT、KTF、LGT）牢牢控制着移动支付产业链，占据产业链的主导地位。目前三大移动运营商都提供具有信用卡和基于 FeliCa 标准预付费智能卡的手机。除了 SKT 的 MONETA 移动支付品牌以外，KTF 推出了 K–merce，LGT 推出了手机银行业务。为了配合 3G 业务的发展，韩国运营商普遍采取定制手机的策略。SKT 最早采取手机定制策略，对终端环节有很强的引导和控制力度。SKT 下属公司 SKT Teletech 专门生产 SKT 手机供应用户。SKT 根据用户的使用习惯和数据业务的特点，对移动手机制式提出建议，并在新业务开发和规划中重点研究对手机的要求，以引导其他手机厂商的生产。SKT 的终端供应商主要为三星、3COM、LG 和 SKT Teletech。SKT 与终端厂商的合作主要采取三种模式：一是实行补贴，让用户用较少的钱购买有新功能的新型号手机，但用户必须在 SKT 网络上使用；二是提前在 SKT 子公司生产的手机中推广一些新的应用；三是通过 SKT 代理店销售手机。这些都为 SKT 数据业务的普及和发展提供了有力的支撑。

（2）银行对移动银行业务高度重视。因为手机处理银行业务所需要的花费仅为面对面处理业务费用的 1/5，因此银行纷纷投资移动支付业务，期盼手机用户更多地使用移动银行，为银行节省大量成本。目前韩国的主要金融终端均可识别手机信用卡。[①]

3. 银行与运营商共同推动移动支付发展

该模式中的主要参与金融机构为韩国国民银行（Kookmin Bank）。该银行在几年前就推出了"KB Star Banking"服务，开始通过智能手机向用户提供综合的个人银行服务。2012 年，韩国国民银行推出了只使用智能手机号码就可以直接进行支付的服务。用户通过移动客户端 UBPay 注册银行账户，就可以使用该服务完成支付。

在韩国，电信公司同样是移动支付业务发展的重要推手。2004 年，韩国的移动用户普及率就已经达到了 76%。2002 年，韩国两大电信公司推出了互不兼容的支付系统，但并不成功，部分原因是它们采用的红外线技术使用不便。此外，商人要使用不同的支付手段，就得分开处理不同的读卡器。此时韩国第三大电信公司——LG 电信和国民银行合作，在 2003 年推出以 NFC 为基础的系统。该系统应用于公共交通系统和 ATM，而不是零售商，而且只允许在国民银行的

---

① 德勤 . 2012—2015 年中国移动支付产业趋势与展望 . http：//www. deloitte. com/view/zh_ CN/cn/ind/gfsi/adb506c8aaaf8310VgnVCM3000001c56f00aRCRD. html.

账户撤销付款。该系统最终获得了成功，它促进了较大的电信公司通过与众多的银行合作来推广它们自己的 NFC 系统。非接触式卡的高使用率也促成了韩国移动支付的过渡。[1] 2011 年，韩国电信（KT）推出了 iCarte 的 iPhone 套，可以使 iPhone4 和 iPhone4S 具备 NFC 手机功能。2011 年，韩国电信（KT）的用户总计使用了 3 000 万次 NFC 预付费交易服务，交易金额达到 950 万美元。SK 已经发行了 150 多万张 NFC SIM 卡，其移动支付产品"Smart Wallet"拥有 400 万用户。

万事达与 VISA 在 2006 年引入了 SIM 卡应用，消费者在他们的手机上插入一张特殊的卡以支持支付。但是，如果消费者想改变支付的应用，比如说要转到用于支付交通费的账号，他必须在手机上换一张 SIM 卡。直到 2007 年，移动运营商才开始采用能方便地在多种支付卡之间转换的设备。[2] 韩国电信（KT）的电子钱包服务以及 Olleh 平板电脑支持万事达的 PayPass 和 VISA 的 PayWave 技术，用户可以使用 BC 卡、新韩银行卡（Shinhan 卡）、韩国国民银行卡（KB卡）以及 Lotte 卡完成支付等相关行为。

（三）美国：多方参与模式

美国作为科技创新的领先国度，近两年的移动支付产业发展尤为迅速。作为一种新兴的支付方式，移动支付在日韩推行较为成功，在美国则有待进一步推进，主要由于美国信用卡支付早已抢占大部分支付市场，再者由于美国并未统一移动支付的标准，整个移动支付生态系统中的主要利益相关方对于移动支付的发展和实施存在分歧，限制了移动支付在美国的快速发展。移动支付在美国的发展时间尚短，产业链上各方竞相涌入，第三方支付商、金融机构、运营商、零售商等都在积极扩大市场份额，争取更多的商家与用户。在激烈竞争环境下，一些市场参与者也逐渐认识到了合作的重要性，开始联手挖掘移动支付市场潜力。2011 年 5 月，谷歌就与花旗集团、万事达卡（MasterCard）、First Data、Sprint、VeriFone 及移动网络运营商联手推出一款移动钱包应用程序——谷歌钱包（Google Wallet）。这正是金融机构、MNO、支付卡网络等各种市场参与者通力合作的结果。[3]

① 刘刚. 电子商务支付体系构建与应用研究［D］. 武汉：武汉大学，2011.
② 刘刚. 电子商务支付体系构建与应用研究［D］. 武汉：武汉大学，2011.
③ 德勤. 2012—2015 年中国移动支付产业趋势与展望. http：//www. deloitte. com/view/zh_ CN/cn/ind/gfsi/adb506c8aaaf8310VgnVCM3000001c56f00aRCRD. html.

美国拥有很高的手机渗透率，并且智能手机用户占比也高于全球其他地区。Score 的数据显示，截至 2011 年年末，美国智能手机用户超过 9 800 万人，占比达到 42%。此外，移动电子商务在美国发展迅速。相关数据显示，2011 年美国移动电子商务零售市场规模达到 67 亿美元，相比 2010 年增长率高达 91.4%，强劲的增长预计将一直持续到 2015 年，届时移动电子商务市场销售额将达到 310 亿美元。智能手机的高普及率和移动电子商务的发展推动着美国移动支付产业的演进，尤其是远程支付的发展。2011 年，美国第三方支付公司 PayPal 的移动支付（远程支付）交易总额超过 40 亿美元，相较于 2010 年的 7.5 亿美元，增长 433%，而 2009 年 PayPal 移动支付交易总额仅为 1.41 亿美元。

在近场支付方面，产业链参与方也在积极行动。例如，美国三家主要的移动运营商 AT&T、Verizon 无线和 T – Mobile 与信用卡公司 Discover 金融集团和巴克莱集团合资成立的 ISIS 公司，正试图囊括更多参与方加入，共同开发非接触式移动支付服务；2011 年 9 月谷歌与花旗、万事达等合作正式推出手机钱包（Google Wallet）NFC 移动支付业务。

从近两年的发展来看，美国的远程支付发展迅速，但近场支付相对缓慢，尤其是在 NFC 推广上遇到了一定困难。由于美国的信用卡消费十分广泛，NFC 等近场支付手段短期内对于用户的便利性还无法得到体现。不过，通过外接读卡器利用智能移动终端实现 POS 功能模式的科技公司 Square 却取得了快速的发展，其年支付交易金额达到了 50 亿美元。这种模式的优点在于不受收银机的束缚，也不用再支付固定专用 POS 机所需的设备和连接费用。然而，在目前阶段，下载的 POS 系统安装后要与手机其他程序共享一个操作系统，其安全性成为推广的主要障碍。目前，在用户层面限制美国移动支付发展的最主要障碍仍是用户对于支付安全的担心。美联储发布的相关数据显示，42% 的受访者表示担心移动支付的安全。根据 Javelin Strategy & Research 发布的对美国 1 006 名商家的调查数据发现，支持移动支付的商家中欺诈造成的损失占总营收的 1.13%，而在只采用网上支付及多支付渠道的商家中这一比例分别为 0.83% 和 0.86%。[①]

而具体就 NFC 在美国的推广和普及而言，则面临四个主要的障碍：基础设施改造成本高、非接触式支付发展缓慢、消费者和商户固有的支付习惯难以改变以及收入和商业模式的不确定。

该模式参与的金融机构是美国运通。美国运通公司在 2009 年以 3 亿美元的价格收购了网络支付公司 Revolution Money，开始在网络支付领域进行积极的布

---

① 刘刚. 电子商务支付体系构建与应用研究 [D]. 武汉：武汉大学，2011.

局，2011 年，推出了"Serve"。Serve 是一款与 PayPal 相似的网络支付产品。用户注册 Serve 账号后，与银行账户、信用卡账户或借记卡账户进行绑定，或者使用 MoneyPak 预付费卡进行充值，即可以在通过 Serve 的移动客户端进行账号管理和远程支付。用户在注册 Serve 账户后，还会收到一张可以充值的预付费卡，在全美任何一个支持美国运通卡片的地方均可以进行消费，用户也可以在 ATM 上取现。相关的银行卡组织为 VISA。VISA 采取了积极的策略，收购了可信服务管理平台（Trusted Service Manager，TSM）Fundamo 与 Monitise。Fundamo 从 2000 年开始提供移动金融服务平台，是全球较早开展此业务的公司，目前在全球有约 55 个移动金融项目在使用 Fundamo 提供的技术平台。Monitise 也是一家提供移动支付技术和商务网络的公司，在美国有 250 多家金融机构使用 Monitise 的服务，其服务的全球用户超过了 600 万户。同时，VISA 还专门开发了 VISA 移动平台，便于终端设备制造商、移动运营商和金融机构接入，通过移动终端提供远程支付、非接触式支付等。此外，VISA 的非接触式支付技术 PayWave 也可以兼容 NFC 终端，实现近场支付。参与的电信运营商是 AT&T、Verizon 无线和 T – Mobile 与信用卡公司 Discover 金融集团和巴克莱集团合资成立的 ISIS 公司。该公司进行针对智能手机和 NFC 技术的移动支付产品的研发。目前，HTC、LG、摩托罗拉、RIM、三星、索尼等公司都表示将推出支持 ISIS 标准的 NFC 终端。用户使用该终端即可在支持 ISIS 的商户进行近场支付，并利用 ISIS 移动客户端管理账户。模式下的主要科技公司是 Square，Square 公司成立于 2009 年 2 月，是一家专门提供通过智能手机接收信用卡和银行卡支付的移动支付服务供应商。Square 刷卡终端是一个很小的方形块读卡器，通过与移动设备链接，并在移动设备中安装可以在 Android 和 iTunes App Store 免费下载的 Square up 应用程序，使移动终端变成一个类似移动 POS 机的刷卡终端。目前，其年支付处理金额已经达到了 50 亿美元。[①]

（四）其他模式

在以银行及信用卡组织等金融机构为主导的模式中，银行与信用卡组织进行合作，一方面向银行客户群体与广大消费者推广移动支付应用程序与设备，另一方面利用现有的签约商户网络，并以升级后的 VisaNet 与 Banknet 等支付处理系统和此前已经部署的支付终端机（Point of Sale，POS）等支付基础设施为依

---

① 德勤 . 2012—2015 年中国移动支付产业趋势与展望 . http：// www. deloitte. com/view/zh_ CN/cn/ind/gfsi/adb506c8aaaf8310VgnVCM3000001c56f00aRCRD. html.

托，向市场提供移动支付服务。Visa 推出的 V. me 移动钱包就是其中一个例子。

面对移动支付市场的迅速发展，独立于金融机构与 MNO 之外的支付服务提供商也纷纷发展以自身为主导的移动支付模式。在这种模式下，作为第三方的服务提供商在银行、MNO、商户和最终用户之间起到了桥梁与媒介作用，整合了各方资源，并在不同参与者之间划分责任、分配利益。大型跨国线上交易平台 PayPal 就是该行业中的代表性企业。早在 2008 年 PayPal 就推出一款适用于 iPhone、安卓手机及黑莓手机的移动支付应用软件 PayPal Mobile，2011 年 8 月又收购了移动支付服务提供商 Zong，开拓了电子内容购买与移动支付的新业务。2013 年 1 月，PayPal 还推出了名为 PayPal Here 的移动支付受理外接设备，直接与在移动支付受理领域取得巨大成功的 Square 相竞争。

此外，一些大型的零售企业也建立起独立、封闭，并且与现有的 POS 技术相兼容的移动支付系统。2012 年 8 月，包括沃尔玛（Wal – Mart Stores Inc.）、塔吉特（Target Corp.）、百思买（Best Buy）和 7 – ELEVEN 在内的十几家零售业巨头就宣布组建名为商家客户交易（Merchant Customer Exchange，MCX）的移动支付网络，向谷歌、ISIS、Square、PayPal 等市场参与者此前推出的移动支付方案发起挑战。在 MCX 网络下，消费者不仅可以利用手机在零售店内进行支付，还可享受电子优惠券等服务。

虽然行业生态系统尚未最终形成，并且经历了严重的全球金融危机，但移动支付行业仍旧展现出惊人的爆发力。据权威市场研究机构 Gartner 2012 年年中发布的一份报告显示，2009 年全球移动支付额尚停留在 255 亿美元左右，2013 年年末达到 2 354 亿美元，2016 年预计将飙升至 6 170 亿美元。IE Market Research 研究显示，2016 年全球移动支付用户将达到 10 亿人，移动支付额将达到 9 985 亿美元。Juniper Research 则认为，到 2017 年全球移动支付总额将超过 1. 3 万亿美元。[①]

目前，移动支付市场在亚太地区发展最快，非洲也展现出惊人的市场增长，而西欧、北美等发达地区的发展相对滞后。Gartner 数据显示，2012 年全球移动支付用户总数约为 2.12 亿人，其中亚太地区用户人数超过了 8 500 万人，非洲用户人数也达到近 5 800 万人，西欧和北美用户人数分别为 2 270 多万人与 3 270 多万人。到 2016 年，全球移动支付用户人数预计将达到近 4.48 亿人，亚太、非洲、西欧、北美用户人数预计将分别达到 1. 63 亿人、1. 01 亿人、5 151 万人、

---

① 德勤 . 2012—2015 年中国移动支付产业趋势与展望 . http：//www. deloitte. com/view/zh_ CN/cn/ind/gfsi/adb506c8aaaf8310VgnVCM3000001c56f00aRCRD. html.

9 065 万人左右。受市场接受度较低、市场参与者之间缺乏合作以及普及成本较高等因素制约，美国国内移动支付市场的发展目前仍较为缓慢。2012 年，美国移动支付总额仅在 200 亿美元左右，并且主要集中在移动支付受理和远程移动付款方面。由于先期以 NFC 技术为基础的 EMV 卡在美国市场中的推广并不顺利，因此基于 NFC 技术的移动无接触支付也遭遇阻碍。但美国支付行业本身十分发达，支付基础设施也十分完善，为移动支付发展奠定了坚实基础。另外，美国普通手机和具备 NFC 功能的智能手机普及率较高，预计到 2014 年美国的智能手机渗透率将达到 70% 以上。因此，美国移动支付市场蕴含着巨大潜力。管理与技术咨询公司 Carlisle &Gallagher Consulting 2012 年针对美国消费者开展的一次市场调查显示，60% ~80% 的受访者表示愿意使用谷歌、PayPal 或苹果等知名大型品牌提供的移动钱包功能。市场研究公司 Forrester 也曾预测，到 2017 年美国移动支付总额将达到 900 亿美元。

三、我国移动支付产业的发展概况

中国移动支付市场发展潜力巨大，但中国移动支付产业仍处于发展的初级阶段，移动支付的使用率较低，应用场景还不丰富。各参与方虽然积极布局，但是大多数移动支付业务与产品仍处在试商用阶段，且没有形成健全的移动支付生态系统。综观中国移动支付产业，金融机构、运营商、第三方支付和第三方可信服务管理平台的商业模式虽各有不同，但整体上产业链企业是趋向于合作共赢。

（一）我国移动支付市场潜力巨大

从潜在规模、基础设施、市场需求、政策制定以及参与方积极性等方面考量，我国的移动支付市场存在很大的发展潜力和增长空间。

1. 用户基础雄厚

移动支付最主要的基础就是商家和用户。我国拥有世界上规模最大的手机用户群体，根据工业和信息化部的数据，截至 2012 年 3 月，全国移动电话用户数量已经达到了 10.19 亿户。其规模是北美手机用户的 3 倍，超过整个欧洲的用户。同时，我国 3G 发展迅速，3G 用户数已经达到 1.52 亿户，"十二五"期间我国 3G 用户的发展目标是要超过 4.5 亿户，届时 3G 用户占比还将进一步提高。3G 用户占比提高会进一步推动中国手机网民数量的增长。根据中国互联网信息中心（CNNIC）报告，2012 年年末，我国手机网民规模为 4.2 亿人，较 2011 年年末增加约 6 440 万人，网民中使用手机上网的人群占比由 2011 年的 69.3% 提升至 74.5%（见图 12 - 2）。手机用户规模代表了移动支付潜在的用户规模，而手机网民数量则一定程度上代表了手机用户对于新技术和移动互联网生活的接受程度。从这两个方面来衡量，中国移动支付市场的潜在市场容量巨大，拥有更广阔的提升空间。

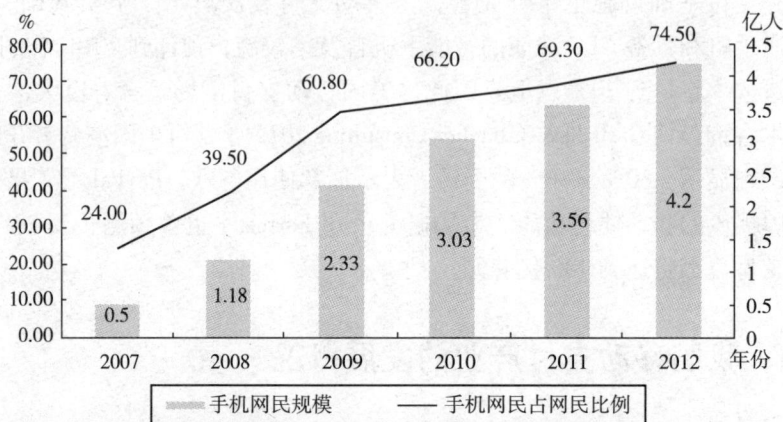

资料来源：CNNIC，招商证券研究部。

图 12 - 2　我国手机网民规模及手机网民占网民的比例

手机网民的增长和支付企业在手机支付领域的布局与发力，带动手机支付用户快速增长。2012 年年末，国内手机支付用户达到 5 531 万人，用户年增长 81%。相比 2011 年，手机支付用户在手机网民中占比提升了 4.6 个百分点，手机网上银行用户占比提升 4.7 个百分点，这两类移动应用的用户规模增速均超过了 80%。

2. 基础设施的改善推进产业升级

3G 和 WiFi 的快速发展推动我国无线带宽条件的改善，而电信资费的不断下降则降低了用户成本。随着 3G 牌照发放和各地推进"无线城市"建设，中国的移动带宽不断增加。移动带宽的增加将极大地改善用户在使用移动支付尤其是远程支付时的体验，移动支付便利性得到进一步提高。2009 年 1 月 3G 牌照发放后，三大运营商积极推进 3G 网络建设。根据工业和信息化部的数据，截至 2011 年 11 月末，3G 基站规模基数达到 79.2 万个，3G 网络已覆盖所有城市和县城以及部分乡镇；3G 用户达到 11 873 万人，比年初新增 7 168 万用户。在移动电话净增用户中，3G 用户所占比重从年初的 43.7% 上升到 72.5%。另一方面，运营商开始大力推动 WLAN 的部署，WiFi 家庭渗透率不断提高。2011 年，中国电信在光网计划中指出，其 WLAN 热点规模在 2012 年年末将达 100 万个。中国移动也宣称，计划在 2013 年前部署 100 万个 WiFi 热点。

根据美国市场研究公司 Strategy Analytics 于 2012 年 4 月发布的数据，中国 WiFi 家庭普及率已经达到了 21.8%，预计到 2016 年中国将拥有 1.1 亿 WiFi 家庭用户。无线带宽提高的同时，电信资费也不断下降，用户使用电信服务的成本得到了降低。据悉，过去数年，中国每年的电信资费下降幅度约为 9%。根据工业和信息化部的数据显示，2011 年 1 月至 11 月，电信综合价格水平又下降 5.1%。智能终端的普及，将极大地促进移动支付的推广。智能手机的大量使用是促使移动支付广泛应用的重要原因。

3. 移动电子商务蓬勃发展，刺激移动支付需求快速增长

中国的电子商务保持了多年的高速增长。据 IDC 数据显示，2011 年中国网民在线购物交易额达到 7 849.3 亿元，比 2010 年增长了 66%。电子商务的发展很大程度上培育了用户使用电子支付的习惯，也促成了支付宝等第三方支付公司的快速发展。同时，中国移动电子商务也在快速崛起，越来越多的消费者选择通过移动终端购买商品。国内的大型电子商务网站，淘宝、天猫、京东、苏宁易购和亚马逊等推出手机客户端，客户端内已经整合了移动支付解决方案，比如第三方支付、银行、银联和运营商提供的移动支付手机客户端应用。从商家层面，航空公司、酒店等企业的手机客户端都集成了远程支付，并通过不同程度的优惠激励用户使用。例如，国航为了激励客户使用客户端的软件，每个使用客户端购买全价机票的客户可以获赠手机话费；某快捷酒店为了激励客户使用手机订房间，每个使用客户端订房间并支付的客户可以获得多倍奖励积分。

4. 政府陆续出台政策推动产业发展

在由工业和信息化部牵头，包括国家发展改革委等九部委联合起草的电子商务"十二五"规划中，将电子支付行业作为电子商务服务业的先导和核心。另外，移动支付也是新一代信息技术规划中有关物联网的重要应用组成部分。中国人民银行主导的《支付清算组织管理办法》对电子支付服务提供商实行"牌照制"，规范了市场，有利于市场的长期稳定发展。同时，信息化建设已经成为衡量地方政府工作的指标之一，"无线城市"、"数字城市"已经成为地方政府信息化建设的重点。在很多城市与运营商的框架合作协议之中，基本包含了与移动支付相关的具体协议。"无线城市"会极大地改善移动带宽，提升移动支付的用户体验。

（二）我国移动支付的发展尚处于初级阶段

虽然选择移动支付的用户不断增加，但是从移动支付产业链参与各方的发展程度、移动支付标准的确立等方面来看，当前的移动支付产业依然处在发展的初期，并未有主导产业发展的强势企业凸显，也没有较为稳定的竞争格局。产业链的各方依然在不断地推出创新产品，争取用户和市场份额。

国内的移动支付最初从远程支付开始，随后才是近距离移动支付的兴起。2013年以前，移动支付技术标准未统一：从2009年开始，中国银联主推国际通用的13.56MHz移动支付标准，而中国移动则主推自主研发的2.4GHz技术标准。由于技术标准是主导产业发展话语权的重要竞争力，标准之争成为掣肘国内移动支付发展的主要因素之一。

两种标准之争不仅关系到目前金融机构支付终端的适用性，还关系到手机设备的适用性，不同的标准对应不同的硬件成本。中国银联主推的13.56MHz技术标准适用于大多数银行金融机构布点的POS机等终端，不需要对现有的支付终端作过多的更新即可广泛推广，而中国移动主推的技术标准却没有相应的金融基础设施支持；另一方面，13.56MHz标准辐射范围较近，中国银联技术需要定制手机才能应用，而对于中国移动的标准，用户只需要更换一个特制的带有射频的支付SIM卡，更有利于移动支付的推广。

标准的缺失导致产业各方难以形成合力，无法扩大推广规模，不管是手机生产商或是第三方支付商。直至2012年下半年，中国银联总裁表示，移动支付标准已经基本确定为银联标准。未来标准的确立将有利于产业链上下游加快产品研发，推动移动支付的广泛应用。

就目前中国移动支付产业的发展状况来看，远程支付领域相对发展成熟。远程支付市场推出了面向大众的成熟产品，如手机支付宝等，移动电子商务成交量、移动支付金额都在攀升。但是，在近场支付领域的发展就显得相对缓慢，仍以金融机构、运营商和行业企业的城市商业试点的推进为主。其中，中国联通与中国电信在多个省市试点NFC移动支付，仍未大规模商用；中国移动在部分省市所开展的区域性试点中，其中比较成功的案例如深圳手机通。而类Square模式的创新支付企业钱方支付、盒子支付等也是刚刚推出产品，发展时间尚短。

（三）我国移动支付市场的三大参与主体

在目前的国内移动支付市场上，从商业模式看主要有三类参与主体，分别为运营商（包括中国移动、中国联通、中国电信）、银联和银行等金融机构（包括银联、四大国有银行以及部分股份制银行）、第三方支付企业（支付宝、财付通、快钱、钱袋宝等）。

不管何种商业模式，移动支付盈利模式仍然主要来源于向用户收取服务费用、向商户收取结算清算手续费以及向客户提供各种增值服务所收取的费用。作为新的产业和服务，发展初期重点在于市场拓展，需要有一定的时间来过渡到盈利。

1. 银联和银行等金融机构

中国银联作为之前唯一与中国移动相抗衡进行移动支付标准之争的主体，其在移动支付领域的品牌、影响力、商家资源优势是其他同业竞争者无法企及的。2010 年，中国银联与商业银行、运营商、硬件生产商等 70 多家企业成立银联移动支付产业联盟，于 2011 年获得移动支付牌照，移动支付业务开始提速。2011 年交易金额达 23 亿元，用户数增加至近 300 万户。

移动支付主要涉及的就是资金在不同账户之间的转移，因此，银行必然期待增加移动支付产业链的话语权，扩大业务增长点。开展移动支付业务，银行的受益主要在：（1）增加刷卡、清算、结算手续费收入，改善业务收入结构；（2）带来低成本的活期存款沉淀，缓解存款业务压力；（3）帮助银行冲开网点不足的束缚，延展传统业务开展的物理范围；（4）扩大品牌影响力，开发其他派生业务，把握移动支付产业链的其他商机。

正是基于开展移动支付业务的各种好处，银行纷纷提早布局。从 2010 年浦发银行与中国移动合作以来，有四大国有银行及交通银行、招商银行、中信银行、民生银行、广发银行等相继推出移动支付产品，加强与产业链其他各方的合作。未来银行在移动支付领域的成功拓展，新的移动支付产业链将带来银行整体价值的重估。

表 12 - 2　　　2012 年以来上市银行进军移动支付领域事件部分统计

银行	合作伙伴	移动支付领域的合作事项	时间
农业银行	中国银联、中国电信	推出基于金融 IC 卡 PBOC2.0 标准的手机现场支付的产品"掌尚钱包"	2012.05
浦发银行	中国移动	推出四款战略合作产品：中国移动浦发银行联名卡及演进产品（NFC 技术的手机）、手机汇款、全网客户话费代缴和生活缴费	2012.06
民生银行		推出手机银行业务，提供账户查询、跨行转账、投资理财、手机银行跨行资金归集功能等服务	2012.07
中信银行	中国移动、中国银联	成为中国银联与中国移动"空中发卡"项目首批合作银行	2012.12

银行	合作伙伴	移动支付领域的合作事项	时间
招商银行	中国联通	推出名为"联通招行手机钱包"的信用卡手机支付产品,实现 3G 手机支付	2012.12
广发银行		率先推出以 SD 卡为支付载体的手机支付 SD – mall 模式	2013.01
中信银行		用户通过手机摇动即可完成转账汇款的提交、确认和完成等操作	2013.01
招商银行	中国移动	双方基于 NFC – SWP 模式开展合作	2013.02
中信银行	万事达	在中国大陆和海外拓展二维码及虚拟支付领域的业务合作	2013.04
中国银行	中国电信	双方签署移动支付战略合作协议	2013.06
招商银行	中国联通	推出了"联通招行手机钱包"业务,实现小额近场支付	2013.06
招商银行		推出了全新概念的首家"微信银行"	2013.07
中信银行	苏宁云商	正式对外推出"异度支付"结算类品牌,二维码支付作为其重点产品	2013.07
光大银行	中国银联	基于 NFC 通讯协议的移动支付业务成功完成了联调,下一步将商用推广	2013.07
光大银行	中国联通	双方将在手机支付、手机钱包、手机应用等移动金融领域开展重要合作	2013.08
广发银行	中国联通	签署移动支付合作协议,推出基于 SWP – SIM 卡技术的手机支付卡	2013.08
中信银行	中国联通	签署手机钱包业务全面合作协议,拓展基于 NFC 技术的手机近场支付	2013.08
浦发银行	中国移动	推出我国第一张具有自主知识产权、基于 SIM 卡的 NFC 手机支付银行卡	2013.08
中国银行	中国移动、中国银联	NFC(近场支付)手机支付产品正式投入商用并在上海地区推广	2013.08

资料来源:各银行网站、招商证券研究部。

2. 第三方移动支付企业

从 2011 年 5 月开始,中央银行相继发放支付业务许可证七批次共 250 张,逐步向第三方支付企业开放传统金融领域支付结算业务,形成了包括支付企业、传统银行、电商巨头、电信运营商在内的业态竞争格局。对于在线支付领域发展成熟的第三方支付企业,其发展移动支付的业务优势在于其众多的在线支付客户基础,便于其逐渐向移动支付业务迁移,快速打开移动支付业务的发展局面。

（1）支付宝

作为第三方支付企业，支付宝在远程在线支付领域已经做得非常成熟，而在移动支付领域，支付宝也布局已久。从 2008 年支付宝推出手机支付业务以配合手机版淘宝开始，到 2009 年正式推进其移动支付业务，推出智能手机的客户端，支付宝在手机支付交易规模和客户基础方面都取得了快速发展。2011 年，支付宝手机支付交易规模达到近 100 亿元。2012 年移动支付受理环境改善，支付宝在 11 月 11 日当天成功交易 1.058 亿笔，其中移动支付近 900 万笔，占总交易笔数的 8.5%，较 2011 年明显提升。

支付宝在线支付的注册用户是其拓展移动支付市场的核心竞争力。目前支付宝已拥有 8 亿多的注册用户，其向移动支付领域的低成本迁移是其他移动支付企业难以企及的竞争优势。目前支付宝的移动用户已超过 4 000 万户，随着用户体验的进一步提升，未来仍有非常大的增长空间。

2012 年年末，支付宝展示了"超级收款"刷卡器，硬件及技术原理与 Square 类似。支付宝插在手机耳机孔的刷卡终端与 App 配合使用，刷卡时获取银行卡卡号，然后向与支付宝绑定的手机号发送校验信息，输入校验码后即可通过银行卡直接向支付宝划款。对于支付宝、淘宝会员，超级收款最快可做到：输入对方账户绑定的手机号码即可轻松收款。

（2）类 Square 产品

目前，除了支付宝，国内提出移动支付战略或相关解决方案的公司还包括快钱、钱方、钱袋宝、盒子支付、拉卡拉、汇付天下、易宝支付等企业。其中部分产品与 Square 的服务类似，有相似的刷卡终端和相同的技术原理。由于产品的同质性，未来移动支付市场的竞争将较为激烈，而客户的体验感受、商家和用户的刷卡成本等成为移动支付企业获取市场的关键。当然，政策的鼓励、受理环境的改善是移动支付加快推广的先行条件。

3. 通讯运营商

当前来看，通讯运营商（中国移动、中国联通、中国电信）在移动支付产业链主要通过提供通讯服务来收取通讯费用，但从中国移动与中国银联的移动支付标准长期之争来看，通讯运营商意图占据产业链的主导权，掌握更多的利益分配话语权。虽然通讯运营商有广泛的网络和大量的客户基础，但是在金融领域的运营和经验的不足使得其依然需要通过与金融机构的合作来共享利益和收益，或共同拓展业务，或成立第三方支付企业。而金融机构本身也有这个需求。

由于移动支付标准甫定，移动支付的基础受理环境有待改善，移动支付尚未大规模投入商用，同时产业链的利益分配格局正处于竞争重构之中，整体来看国内的移动支付行业发展尚处于孕育发展阶段。尽管过去两年国内移动支付业务交易规模相较于线下支付和线上支付规模尚小，但是增长呈加速趋势，发展潜力巨大。2012年国内处理移动支付业务21亿笔，金额1 812亿元，增速达120%以上。随着2013年金融机构和第三方支付企业对移动支付投入的加快，移动支付应用将大幅拓展，预计2013年的移动支付交易规模仍将保持较快的增长，未来几年移动支付交易规模的爆发空间值得期待，而产业链各方也将分享移动支付发展带来的好处。

四、对于中小商业银行的启示

移动支付兴起，最直接的就是货币使用量将逐步减少。移动支付的便捷体验，将有越来越多的用户选择移动支付替代现金支付。移动支付主要是资金在不同账户之间的转移。从基础货币的统计口径来看，现金需求的下降，将带来基础货币增长的放缓；而资金在不同账户（居民、企业）之间的转移本身并不影响 M_2 总量，但是移动支付便捷性和由此推动的支付频度增加将提升货币的流通速度，加快 M_2 增长。

中小银行借移动支付突破物理网点的束缚，降低经营成本，带来新的盈利增长点。移动支付减少了银行的柜面交易，提升了电子替代率，降低了银行拓展业务所需的员工费用、固定场所等成本支出。这点从美国经验可以看出，移动支付是最低成本的传输渠道。另一方面，银行通过提供移动支付过程中刷卡、资金结算等方面的服务，收取相关的手续费，带来低成本的结算资金沉淀，提供新的业务增长点。特别是当前刷卡手续费的降低，将提振商家采用移动支付的积极性。短期来看，这一业务或难以对银行的盈利带来实质的影响，但是，长期来看，必将改变金融体系现有的生态，新的产业链的兴起将为银行业务转型带来新的商机。

中小银行推广移动支付成本可控。在发展新型支付方面，对于线上支付，银行已有网银等端口，对新增成本要求较低；对于线下的近场支付，需要铺设终端，带来一定的固定成本。但单个刷卡终端成本不高，对银行的整体成本支出影响较小。而线下的移动支付多通过手机银行实现，对新增设备成本要求较低，目前大多数银行已开发手机银行软件，实现手机支付。

移动支付是银行在互联网金融时代大有可为的领域。从风光无限的线下支付到话语权遗失的线上支付，银行在互联网金融时代失去了发展先机，但是从移动支付发展所需的基础来看，移动支付的兴起成为银行在互联网金融继续发力的新蓝海。银行拥有规模巨大的零售客户和对公客户资源，能够提供多种综合金融服务从而提高客户的金融增加值体验，增强客户黏性，同时银行还以强大的信用实力和风控能力赢得消费者的信任。随着科技的创新和金融服务产品的增加，我们认为移动支付并不仅依赖于电商平台的消费而存在，银行作为综合金融服务提供商，在移动支付领域更有大有可为的空间。

第十三章　中小商业银行的应对策略：大资管

　　从影子银行到"8 号文"，从"非标"到理财资管计划，从余额宝到百发，从"钱荒"到 NCD 发行和存款保险的呼之欲出，2013 年目不暇接的新名词说明一个事实：中国的银行业正在利率市场化改革和科技浪潮（移动互联网、大数据、云计算、互联网金融）的双重冲击下加速变化。而中国经济面临着重大转型，伴随利率市场化和财富积累，以银行存款与理财为主导，证券、债券、商品期货、保险等多种资产共同迎来了我国的泛资产管理时代。

　　本章将从资产负债端的变化分析银行所经历的冲击及其应对调整，探讨未来银行转型与发展模式。在应对互联网金融浪潮时，中小商业银行也可向广义的资产管理公司转型，资产负债端业务将从传统的存贷业务为重，转变为以资金募集和资产配置能力为重，并在保持流动性的前提下获取盈利。以资产创设和转移为代表的投行业务也将加速发展，用户黏性和在流动性管理前提下的投资能力将是未来商业银行竞争的重点。

一、银行资产管理

（一）资产管理的含义

　　狭义的资产主要指货币资产，并且以货币资金为主，是资本市场流通过程中的常见形态。广义的资产指任何公司、机构和个人拥有的任何具有商业或交换价值的资源，例如企业资产是指企业拥有或控制的能以货币计量的经济资源，包括各种财产、债权和其他权利。[①]

　　传统银行资产管理指银行处理信贷资金营运中各种经济关系、建立完善的运转机制所涉及的基本原则、标准、组织方式和管理方法的总和，又称银行贷款管理、银行资金运用管理。它包括银行资产结构的调整、贷款种类的设置、

---

① 燕群．"大资管"背景下基于资产的企业融资创新展望［J］．新金融，2013（8）：38－41．

贷款原则的确定、贷款及投资方法的选择、贷款利率的制定、资产的评估、资产风险的处置、本金和利息的回收、贷款和投资等计划的编制执行，等等。

现代商业银行资产管理业务是商业银行发售理财产品筹集资金并按照产品约定进行投资运作、组合管理、信息披露、损益分配并提供其他理财咨询、受托投资、全权委托资产管理等相关服务的新兴业务，是商业银行综合化经营的重要内容。资产管理服务包括核心业务和衍生业务。核心业务仅指对客户资金的投资运作；衍生业务包括市场研究、产品销售、资金托管及投资人服务等。银行可通过提供各类资产管理服务获取广泛的利润来源，尤其在销售渠道、托管及账户管理方面具有较为突出的竞争优势。资产管理机构的核心价值体现在通过对客户资金的"专业化运作、集中化管理、多元化投资"，从而实现"提高收益、降低成本、分散风险"的目标。考评资产管理业务有投资回报和资产规模两个关键绩效指标，改善资产管理业务的绩效主要通过提升创新能力、投资能力及销售能力三条主要途径。

发展资产管理业务并提高其收入占比是商业银行应对利率市场化挑战、实现盈利可持续增长的要求，资产管理业务已逐渐成为现代商业银行的核心业务之一，是推动传统商业银行经营转型的重要抓手，也是金融市场改革、发展和演变的要求。

在目前宏观调控政策下，资产管理业务对于银行经营转型及利润创收具有重要作用。发展资产管理业务有利于增加商业银行中间业务收入，改变目前存贷利差收入占比偏重局面，形成多元化的盈利增长格局。同时，代客理财非保本浮动收益型理财产品的投资资产不计入银行风险资产，不占用银行资本，是推动传统商业银行调整业务结构、优化资本使用、提升抵御周期性风险和增强经营稳健性的重要依托，有利于形成资本节约型的业务发展模式。[①]

（二）大资管时代来临

伴随着我国利率市场化改革的不断推进，商业银行的获利空间已经被压缩，从而将会使商业银行陷入既要保证资本充足率又要资本收益率的两难境地。在此背景下，金融机构面临确保经营业绩稳定增长的压力，需要在经营模式上有所突破，实现新的业绩增长。因此，其必须大力发展商业银行中间业务，然而要实现中间业务可持续发展，关键是通过发展其理财资产管理业务，开展以金融理财为导向的资产管理业务就成为各金融机构努力寻求的突破点。

---

① 曹宇. 银行资产管理业务对接产业基金的研究 [D]. 上海：上海交通大学，2013.

近年来，在"加强监管，放松管制"的金融改革思路下，监管部门因金融发展的需求，逐步开启了"利率市场化"改革，使我国规模庞大的储蓄存款逐步由银行转向金融理财市场，实现了我国金融理财市场的井喷式发展。2012 年基金资产管理规模达 3.6 万亿元，券商资产管理规模达 1.3 万亿元，信托资产管理规模达 7.47 万亿元。① 根据波士顿咨询公司公布的《2012 年中国财富报告》，2012 年中国拥有约 73 万亿元个人可投资资产，174 万户高净值居民家庭。伴随着居民家庭财富的增加，居民的理财需求也逐步发生改变。投资者特别是高净值的投资者风险的承受能力得到逐步加强，表现为不再满足低利率的储蓄存款，而愿意承担中等风险及以上的高风险，这将有利于商业银行开展"不保本不保收益"的理财资产管理业务。

2012 年 8 月至 2013 年 10 月，证监会、保监会、银监会分别发布了一系列放松和拓宽证券公司、保险公司、商业银行资产管理业务的文件。

证监会于 2012 年 10 月 18 日正式公布了修订的《证券公司客户资产管理业务管理办法》、《证券公司集合资产管理业务实施细则》以及《证券公司定向资产管理业务实施细则》，进一步放宽了资产管理的投资范围和运作方式。这一规定使得证券公司资产管理业务与信托公司信托业务基本重合。此外，2012 年 9 月 26 日证监会公布了修订的《基金管理公司特定客户资产管理业务试点办法》，10 月 31 日出台了《证券投资基金管理公司子公司管理暂行规定》。这两个规范性文件在基金管理公司可以针对单一客户和多个客户设立资产管理计划的基础上，进一步允许基金管理公司设立子公司专门开展专项资产管理计划。可见，基金管理公司也将全面进入资产管理业务，与信托公司的金融理财业务发生正面的竞争。之后，证监会于 2012 年 7 月 31 日颁布了《期货公司资产管理业务试点办法》，首次允许期货公司开展资产管理业务。②

保监会于 2012 年 12 月 12 日颁布了《关于保险资产管理公司有关事项的通知》，2013 年 2 月 4 日公布了《关于保险资产管理公司开展资产管理产品业务试点有关问题的通知》，允许保险公司进入资产管理市场，开展具有资产管理性质的保险业务。

2013 年 9 月，中国银行业监督管理委员会推出了实质性的措施去促进商业银行理财业务向理财资产管理业务转型。这意味着商业银行理财业务将会呈现出新的特点：不再保本保收益、去通道化，从而使商业银行理财业务真正反映

---

① 胡伟. 大资管时代金融理财监管的困境与出路 [J]. 现代经济探讨, 2013 (6)：34 - 38.
② 胡伟. 大资管时代金融理财监管的困境与出路 [J]. 现代经济探讨, 2013 (6)：34 - 38.

理财的本质。随着工商银行超高净值客户"多享优势"系列产品——理财管理计划 A 款的问世，我国商业银行领域第一款资产管理计划试点落地。工商银行的资产管理计划由工商银行作为管理机构发起设立，是按照与客户约定的方式和投资范围等对客户委托的资金进行投资、运作、管理的特殊目的载体。受批复稍晚的农业银行也发布"进取"系列理财管理计划并明确该计划是开放式非保本浮动收益型理财产品，不设预期收益率，实行市值评估，按净值结算，投资范围主要为银行间市场和交易所市场流通的债权、金融衍生产品、理财直接融资工具等标准化金融投资工具。不难看出，商业银行资产管理产品与之前的银行理财相比，突出独立投资和运作，投资领域扩展至理财直接融资工具等标准化金融投资工具。① 同时由于金融业的对外开放，诸如渣打银行、花旗银行等外资银行业开始逐步进入中国。因此，对中资银行来说，外资银行凭借综合化的理财产品、丰富的投资理财经验和专业的金融人才团队，使其在理财业务上具有明显的优势。至此，国内外各家金融机构将会在中国资产管理行业百家争鸣，以迅速拓宽自己的市场。

监管部门的"资管新政"放宽了证券公司、基金公司和银行资产管理的投资范围和运作方式，同时给期货公司与保险公司颁发了开展资产管理业务的牌照。随着证券公司、基金公司、保险公司、期货公司的陆续入场，证券、保险、信托、银行四大金融行业在资产管理市场上实现了真正的混业经营，这标志着我国金融理财市场"大资管时代"的来临。②

（三）我国商业银行理财产品的特点③

1. 资产池运作模式普遍化

银行理财资产池是商业银行在传统的资产负债表外开设一个"新的资产负债表"，这部分资产负债表的负债为银行理财产品购买人提供的资金，资产为利用这些资金所投资的基础资产，这些基础资产主要包括银行存款、债券、回购、信托受益权、券商定向资管计划（票据、信贷资产收益权），银行以自身风险评估的优势筛选投资项目，以集合运作、分散投资、滚动发售、期限错配等运作形式发行产品，实现客户理财投资回报及银行管理收益的最大化。

理财资产池这个新兴模式越来越得到市场的认可，也被各银行广泛采用，

---

① 康枫，罗雅方. 商业银行资产管理业务发展方兴未艾［J］. 金融博览，2014（1）：52－53.
② 胡伟. 大资管时代金融理财监管的困境与出路［J］. 现代经济探讨，2013（6）：34－38.
③ 周荣芳，王欣欣. 2010 年中国金融理财产品市场年报［M］. 北京：中国经济出版社，2011.

已经成为银行理财产品的主流创设模式。

2. 期限结构短期化

由于银行理财资产池的出现，使得商业银行有动力将长期资产拆分成短期产品去发行理财产品，这么做对于商业银行来说，可以获得期限错配的收益。对投资人来说，也有同样的需求，因为我国目前通货膨胀率较高，且名义利率极低，股票市场已跌至底部，投资人希望保持现有投资品的流动性，以随时准备投资高收益的其他投资品，理财产品短期化现象越来越明显，特别是现金类的产品（当天赎回）越来越受到大众的青睐。

3. 信托类理财产品高位下调

随着券商资管、基金专户参与资管业务，以信托受益权作为理财资产池主打资产的时代将开始发生变化，从 2012 年来看，券商资管收费与信托相比要低很多，越来越多的银行接受券商资管计划作为理财资产池基础资产（资管计划的核心部分仍然是银行认可的资产）。

但目前银行理财产品与服务同质化严重，理财产品的风险管理滞后。因此，如何将银行资管业务对接到产业基金上，如何扩大资管业务的资产来源途径及提高资管业务效率，以及如何进行后期管理控制风险，是这个模式的重点。

二、银行面对的冲击及相应调整

（一）负债端的冲击与机遇

1. 金融产品的丰富致使存款分流严重

近几年一方面是银行员工感受到存款竞争愈发激烈，另一方面是以银行理财产品为代表的金融产品爆发式增长。截至 2013 年 11 月，中国银行理财产品的规模达到 9.9 万亿元、信托行业资产的规模突破 10 万亿元、货币市场基金规模达到 8 832 亿元。参考发达国家利率市场化的历史，在利率市场化和金融脱媒大趋势下，未来几年银行负债端在低成本资金来源上遭受的冲击还将持续，最直接的表现是存款增长放缓和活期存款占比下降。

在这一背景下，快速发展理财产品是银行留住客户资金的必然选择。可以说理财产品的出现很好地完善了中国金融产品的收益率投资图谱，特别是在 3.5%~7% 这一预期收益率阶段的相对空缺（存款一般 3.5% 以下，信托 7%~10%，股票市场等其他投资渠道 10% 以上）。未来中小银行应加强资产管理能力，在产品设计上逐步向开放式银行理财产品转化，在投资标的上，债权直接融资工具试点业务和相应的资产管理计划将使得银行理财产品或金融产品的投资领域进一步拓宽，随着投资者逐渐认同，理财产品数量和规模仍会快速上升。因此在可预见的未来，银行负债端竞争重点将从简单的拉存款向资金募集转型，产品创设水平和资金募集能力将成为核心竞争力。

随着利率市场化深化和市场化改革的推进，未来在各个收益率层面的金融产品将进一步丰富，投资谱系也将更加细分，也意味着金融机构在资产管理领域的巨大发展机遇。

2. 互联网技术带来金融渠道变革

科技发展是进步之源，互联网快速发展无疑将对传统的银行金融机构渠道产生巨大冲击，互联网技术将所有金融资讯、产品和服务更迅速也更加平等地呈现在客户面前，加速了"金融民主化"的进程。当金融产品和服务的可获得性门槛越来越低，被普通大众的接受度越来越高时，银行在负债端的资金募集就无法忽视"余额宝"、"百度百发"等来自跨界领域的竞争。以余额宝为例，客户将支付宝余额转入余额宝，则自动购买货币基金，同时客户可随时使用余额宝内的资金进行消费支付或转账，相当于基金可 T + 0 日实时赎回。在 2013 年 6 月中旬上线后，余额宝每月以惊人的速度增长。截至 2013 年年末，余额宝规模已上升至 1 853 亿元，成为国内第一大的货币型基金。

余额宝其实是将金融产品收益性和货币支付便捷性相结合的创新。虽然目前来看这还不构成对传统银行负债的实质冲击，但未来当越来越多金融产品都具备支付功能之时，银行对理财产品的设计和营销能力将愈发重要，如何在成本控制的情况下针对不同客户提供私人定制服务以增加客户黏性或成为未来金融机构重点探讨的话题。更进一步，未来中小银行在负债端的竞争是否也像众多科技企业布局移动互联网一样，以强化用户体验和增强黏性为重点，抢夺用户进入广义互联网金融的"入口"。

3. 变化中的机遇

目前市场的注意力都放在银行受到的冲击，但却忽略了银行正在发生的变化与应对。一方面负债端银行理财产品在迅速壮大，而银行强大的客户基础和渠道网络保证了金融产品的资金募集能力。只要在理财产品创新上设计出更加开放、与资金支付相关的功能，理财的吸引力会不断增加。另一方面银行也正在充分利用互联网技术带来的便利，积极筹备互联网金融平台，由于账户结算功能更是一个天然资金平台，银行建立起强大网络金融平台连接负债与资产端有极大的优势。

（1）平安银行的"平安盈"

平安盈是平安银行与金融机构（包括但不限于保险公司、银行、基金公司、证券公司等）合作，在互联网上通过财富 e 为投资者提供的系列金融产品服务，于 2013 年 12 月正式开始推向市场。目前平安盈提供南方现金增利基金、平安大华日增利货币基金的快速转入及转出。从平安盈与余额宝的对比来看，两种产品有着非常高的相似度，均是基于互联网理财的高收益，但平安盈 1 分钱起购更体现出草根理财的广泛性。平安盈的客户通过两步即可完成理财操作：①将资金从平安银行的借记卡转入财富 e 账户；②将资金从财富 e 账户转入平安盈（南方）或者平安盈（大华）。所有操作均在网上完成，简捷便利，安全性高。平安盈内的资金转入转出均无须手续费，且赎回资金实时到账，可直接用于购买基金或理财产品，还可以实时提现，真正做到 T + 0。另外，平安盈（南方）和平安盈（大华）的单日转出累计限额分别为 100 万元、20 万元（含），远高于余额宝实时提现的限额，客户可在保证流动性的前提下享受高出活期存款收益多倍的超额收益。

对于平安银行的金卡客户，每月可以享受前 20 笔跨行转账免费和前 20 笔全球任何地方取款免费的优惠，投资者只需要将财富 e 账户绑定平安银行的金卡借记卡，即可在保证收益和流动性的同时享受更多的免费金融服务，体验到更多的金融便利服务。

（2）交通银行的"快溢通"

2013 年 7 月，交通银行与交银施罗德等 5 家基金合作推出"快溢通"货币基金理财产品。该业务实现了持卡人日常消费（信用卡）、流动资金管理（借记卡活期存款）和理财增值（货币基金购买）三者的无缝对接。交通银行的客户在开通此项业务后可实现自动余额理财、自动申购赎回货币基金、自动还信用卡等功能。客户可以刷信用卡消费，用自己账户里的余额申购易方达货币市场基金来获得远高于银行活期的收益，还款日前再由系统自动赎回货币基金还信用卡，即"用银行的钱消费、留自己的钱增值"，实现"一钱两用"，同时获得远高于活期存款利率的收益水平。

因此，只要银行以财富管理方向转变负债端的经营思维，大量资金继续留存银行体系是可以预期的，这也将产生打破目前行业内负债格局的机会。

（二）资产端的跨界布局与轻资本转型

1. 跨界资产配置

贷款重要性降低是大势所趋：一方面利率市场化和金融脱媒加速，直融比例已经明显提高，大企业甚至中小企业都可能通过债券市场直接融资；另一方面监管的日趋严格使得资本稀缺性凸显，贷款之外的低资本业务必将受到青睐。因此，负债端从单一的存款向资金募集转变，资产端必然从贷款向资产配置转变，银行变身为广义的资产管理公司，其经营管理能力将体现在如何将募集到的资金合理和高效地配置在贷款、债券、同业和表外等跨界资产上，同时保持灵活的流动性，管控好风险。简而言之，贷款之外的资产业务不再仅仅是为了满足银行流动性需求，而是体现出流动性与盈利性并重。

基于资产的融资产品主要是嵌套了流动资产资金化的载体。各商业银行在基于资产的间接融资产品创新探索过程中明确了各自的特色，归纳为基于供应链金融的融资产品、基于有价单据的融资产品、基于行业特色的融资产品、基于信用与权益的融资产品四种（见表 13－1）。

表 13－1　　　　　　　　　　商业银行基于资产的企业融资产品

产品类型	代表银行	产品特点	创新特色
基于供应链金融	中国银行	分别基于保单、订单、仓单、货物、应收账款等资产设计产品，提供融资服务	对赊销交易应收账款、分散型应收账款组合等，设计融易达等四种产品
	交通银行	从供应链全链条入手，分终端、供应商、经销商提供应收账款买断系统，并针对供应链核心企业提供应收账款池融资	三种无追索权应收账款买断方式：银行直接买断、再保理共同买方完全买断、再保理共同买方风险部买断
基于有价单据	建设银行	着重商业承兑汇票贴现融资，包括买方付息商业汇票贴现、委托代理贴现等	"自由贴"——承兑银行为非中行授信，或超出授信额度的银票贴现
	工商银行	提供四种票据融资服务：委托代理贴现、赎回式贴现、买断贴现和回购贴现	为不让渡应收账款债权情况下的企业客户提供发票融资
基于行业特色	农业银行	提供回购担保融资，允许银行向买方提供信用支持购入产品，同时供应方承诺回购	推出森林资源资产抵押贷款、特色农产品抵押贷款等专项间接融资产品
	中信银行	推出针对跨国公司、同业、汽车、钢铁、船舶、电信等行业的供应链融资产品	票据库融资产品
基于信用与权益	招商银行	推出记账式债券质押担保融资业务，并推出他方代偿业务，发挥企业信用	药品提货权授信业务、商品提货权融资业务

资料来源：燕群．"大资管"背景下基于资产的企业融资创新展望［J］．新金融，2013（8）：38－41.

商业银行资产理财业务资产端和资金端都为企业基于资产融资提供了有效渠道。资产端支持信托产品及企业持有的货币市场工具、票据、债券、银行理财产品等资产入池融资；资金端涉及信托计划、货币市场工具、中短期信贷业务、债券类以及其他风险投资业务,而信托计划主要为企业项目融资,中短期信贷可作为企业贷款融资渠道,货币市场工具投资标的能为企业利用应收账款、存单、票据、逆回购等资产融资提供渠道。我国商业银行资产理财业务发展相对国外明显滞后,自花旗银行率先向我国引入银行资产理财业务以来,资产管理的理念不断受到各金融机构的重视。2007 年国家开发银行、工商银行等先后摸索了融资类银信合作模式,2009 年诞生了"资金池—资产池"理财业务,2010 年银行通过将债券、贷款、票据、信托融资计划、回购等多元化投资的集合性资产进行打包,并组合不同期限和风险的资产,形成了资产池模式,具备"滚动发售、集合运作、期限错配、分离定价"四大特点。①

2011 年 1 月末,银信合作资产池理财业务由表内转表外,至 2013 年 3 月银监会下发 8 号文,要求每个理财产品与所投资资产对应,做到每个产品单独管理、建账和核算。这将更加明确代客理财的理念,也更加凸显资产管理的特性。

2. 专业投行化和资本集约型增长

理财产品的崛起是银行负债利率市场化的必然结果,而"非标"资产的大量兴起、理财资管计划和债权直接融资工具的出现则是银行转变为资产管理公司的必由之路。未来银行资产扩张驱动的特征将会愈加明显,主动交易和创设资产的重要性也将愈发凸显。

(1) 从资金来源多样化看类投行化的资产交易与创设

银行负债端从存款向资金募集转变的过程中,面对不同期限、不同收益率要求的表内表外资金,资产端必须有相应的资产匹配(期限适当错配是正常的),以保证更好的盈利性和负债端竞争力。这意味着银行以资产管理的思路去发现各类金融资产投资机会,甚至一定程度上以投资银行自营部门一样以交易为目的驱动资产扩张和盈利提升。此外,当传统意义上的金融资产(债券、同业、股票)无法满足银行资产配置需求时,可以通过主动寻找和创设金融产品将实体经济的融资与资产配置需求结合。这方面银行有天然的优势,因为有大量企业客户和贷款项目沉淀,结构化融资和投行化的创建金融产品愈发流行,"非标"资产就是这样应需求而生。虽然短期来看这种做法加大了资产与负债的期限错配,而且国务院 107 号文及监管部门或将出台"9 号文"也将规范对于同业和自营资金配置"非标"资产的比例和流程,但是未来资产证券化、信贷转让平台及"非标"资产转让交易平台的建立将通过标准化程序提高资产端的流动性,处理好资金与资产对应关系,降低期限错配的风险。

---

① 燕群. "大资管"背景下基于资产的企业融资创新展望 [J]. 新金融,2013 (8): 38−41.

（2）从银行事业部改革看专业化与资本集约型增长

近几年来越来越多的银行加入事业部改革的行列，无论是以兴业银行为代表的金融业务条线矩阵式改革，还是以民生银行为代表的行业事业部改革，我们都看到，商业银行在通过组织结构改革提升专业化服务水平并更加贴近市场（见表13－2）。

表 13－2　　　　　　　　　近年来商业银行组织结构改革统计

机构	改革内容	启动时间
民生银行	推行事业部改革，从传统的"总行—分行—支行"三级经营三级管理模式转变为一级经营一级管理新模式	2007 年 7 月
兴业银行	启动企金条线改革：在保留总分行块的结构基础上，突出企金业务的条线管理，形成矩阵式架构	2011 年下半年
交通银行	推进"二次改革"，从组织架构、产品创新、集团一体化管理战略等方面推动交通银行创新。成立了金融机构业务部和投资银行两大一级部门，代客理财业务独立成为资产管理部	2011 年下半年
中信银行	实行大总行模式，推行强大总行的矩阵结构，形成"总行—城市行—支行"的三级管理架构，通过机构扁平化减少管理层级	2012 年 10 月
平安银行	启动事业部模式，并将总行一级部门数由原来的 79 个精简至 52 个，其中，增加 5 个行业事业部，新建或整合形成 9 个产品事业部，将管理部门压缩至 38 个	2013 年 5 月
浦发银行	取消公司及投资银行业务、个人银行业务、风险管理、资金业务四大业务总部，以推动结构扁平化，提高效率	2013 年 5 月
中信银行	新成立了机构客户部、集团客户部、财富管理与私人银行部、消费金融部、网络银行部和金融市场部，形成公司、零售、金融市场等前台三大业务板块结构	2013 年上半年
民生银行	事业部改革升级到 2.0 版，推动事业部逐步从传统的存贷款模式向专业化投行方向转型	2013 年 10 月
交通银行	酝酿事业部制转型拟多部门独立核算，计划将信用卡、金融市场、贵金属、离岸业务、票据中心、投行部、资产管理等数个部门进行事业部制改革	2013 年 12 月
浦发银行	将小微企业业务与个人经营性贷款业务整合，拟构建经营性金融、消费者金融和信用卡三位一体的业务布局	2014 年 1 月

资料来源：各银行官网。

以民生银行石材事业部一项"撮合"业务为例。民生通过在石材和地产领域广泛的客户基础，邀请全国 25 家大型房地产商集聚北京参加由银行主导的石材推介会。这 25 家大型房地产商年石材需求量价值可能达到 100 亿～200 亿元，以 10% 的中间业务收费计算，25 家房地产商对民生而言就意味着 10 亿～20 亿元的潜在中间业务收入。通过银行的商业撮合实现"三赢"，即通过具有信息及信用优势的银行介入，石材需求方可以低于市价获得质量更有保障的产品，石材供货商可以确保货款的回收，银行也可以从交易撮合中获取不菲的收益。正是由于事业部通过提升专业化整合资源，银行可以在不需要消耗资本的前提下赚取收益，获得资本集约型增长。可见，专业投行化，通过设计融资方案、创新金融产品来满足客户融资需求的同时实现节约资本消耗的轻资本型增长将会是未来银行资产端业务发力的方向。

三、全球及国内大资管状况

（一）全球资管市场

20 世纪 80 年代以来，世界各国逐步取消对银行业的限制是银行业务综合化得到进一步发展的重要原因。如今，银行的经营策略从"分业经营、分业管理"的专业化模式转向了"综合经营、综合管理"的全能化模式。从地区分布看，发达国家的资产管理机构主导全球市场；从机构类别看，银行集团是资管市场的重要参与者，在全球前 20 位资产管理机构中占有 9 席；从客户结构看，机构客户的资金约占 60% 的比例，其中又以养老金和保险资金为主。

从 20 世纪 80 年代开始，西方各国陆续允许所有金融机构均可参加证券交易；90 年代以来，银行表外业务得到很大发展，银行与保险的一体化程度进一步加深。1999 年年末，美国通过了《金融服务现代化法案》，该法案取消了银行、证券、保险业之间的界限，允许金融机构同时经营多种业务，以形成"金融百货公司"，即全能银行。全能银行是银行制度创新结果的一个重要组成部分。按照经营方式和组织结构的不同，从大的方面全能银行可以分为两种类型：内部综合型全能银行和金融控股型全能银行。它不仅经营银行业务，还经营证券、保险、信托、基金、租赁、金融衍生业务以及其他新兴金融业务，还可以持有非金融企业的股权。

20 世纪 80 年代以来，各国的全能银行发展进入了全盛时期，表现出了两个最突出的特点：一是国际化程度不断提高。一方面各银行业务内容向全球扩展，全球业务构架基本形成，分支机构遍布世界。以花旗银行为例，集团在拉丁美洲、欧洲、日本、亚太、中东都设有分支机构，不仅为顾客提供本地金融服务，还在法律许可的范围内提供全球性金融服务。另一方面，各银行的股权结构也日益国际化，不同国家银行间的相互渗透日益加强。二是经营管理网络化，随着 20 世纪 90 年代初网络的兴起，信息技术的运用和网络的拓展为全能银行的发展带来了深刻的变革。传统的商业银行和投资银行首先在各自的业务范围内发展网上信息共享和网络经营，随后全能银行结合了商业银行和投资银行的业务，形成集团网络，覆盖全部营销系统。

目前，欧洲传统财富管理中心在税收和保密方面的优势正面临挑战，而随着新兴市场富裕人群逐渐增加，新加坡、香港等亚洲财富管理中心正在逐步崛起。

国外商业银行从事资产理财业务以来，一直将"资金池—资产池"理财业务作为资产管理的运作方式，并在自营业务与资产管理业务之间建立了极为严格的防火墙制度，保证利益分配的公允性，同时设定较为严格的杠杆比例来隔离风险。对比我国资产池运营现状，存在短线长投影响资金流动性、独立核算制度不明造成风险与收益不匹配、大量信贷资产被掩盖而增加表内授信难度、预期收益率无法排除隐形担保导致银行声誉风险等几个方面的问题，在利率市场化和贷款证券化的背景下，资产理财业务顺势发展急需规范。

（二）国内资管市场

我国金融混业经营已经形成格局，目前主要包括商业银行控股模式、非银行金融机构控股模式、非金融性实体企业控股金融机构模式及非金融性电子商务公司的互联网金融模式四种。前两种模式有利于不同类型金融机构在同一控股集团下分享投资优势，共享客户资源，促进金融混业集团业务的多元化发展。第三种模式则加剧了金融脱媒，加强系统内自给性金融供给，分流了商业银行资产管理业务市场。而非金融性互联网公司开展金融业务给商业银行带来冲击的同时更激发了整个市场的创新活力，逼迫商业银行必须走更加灵活高效创新的道路。[①]

在业务多元化的混业格局下，商业银行探索多元化的业务合作模式，促进资产管理业务的规模化发展成为必然趋势。目前我国的资管呈现以下几个特点。

（1）发展快，潜力大。2012 年，国内资产管理规模达到 27.05 万亿元，较 2011 年增长了 53%。目前，居民投资仍以储蓄为主，未来资产管理业务具有较大发展空间。

（2）多元化渠道合作。目前我国资产管理市场主要有五类子行业，分别是

---

① 康枫，罗雅方. 商业银行资产管理业务发展方兴未艾［J］. 金融博览，2014（1）：52-53.

银行、信托公司、证券公司、基金管理公司及保险公司。目前我国商业银行在信托受益权转让渠道基础上衍生了多金融机构合作业务模式。工商银行发行的两款理财产品新增了证券公司资产管理计划或定向资产管理计划、基金公司特定客户资产管理计划和保险资产管理公司投资计划等，产品发行期限固定并属于组合投资类。建设银行推出首只挂牌交易的固定期限资产组合人民币理财产品，该产品突破了固定期限理财产品在银行柜台不能提前赎回的瓶颈，可以在交易所赎回，提升了理财产品的流动性。此外，针对我国资产管理现状，以银行作为出资方、券商作为管理人、信托充当发起人的三方监管模式在满足企业融资需求的同时有利于防控风险。

（3）商业银行加大综合化经营框架内跨领域、跨机构、跨市场的资产管理业务。银行具有客户和渠道优势，银行系子公司发展很快。在银行可开展资管业务后，银行凭借综合化布局，加强与其系统内金融机构的业务合作和客户共享，拓展集团整体的资产管理业务（见表13-3）。银行凭借客户及信誉优势，理财业务增长很快，并且银行系基金和信托公司依托母行渠道也实现了较快发展。据统计，70%的信托产品、56%的基金产品以及接近90%的证券公司产品都通过银行渠道销售。

表13-3 传统金融机构混业经营架构

金融机构	保险	基金	期货	投资公司	金融租赁	信托	证券	资产管理
工商银行	工银安盛人寿	工银瑞信			工银金融租赁		工银国际控股（香港）	
建设银行	建信人寿	建信基金		建行金融控股、建银国际（控股）等	建信金融租赁	建信信托		
中国银行	中银保险、中银集团保险（香港）等	中银基金	中银国际期货	中银香港、中银国际控股等	中银消费金融、中银航空租赁	中银集团信托	中银国际证券	中银国际资产管理
农业银行	农银人寿	农银汇理		农银国际投资咨询等	农银金融租赁		农银国际控股（香港）	
交通银行	交银康联人寿	交银施罗德		交银国际	交银金融租赁等	交银国际信托	交银国际证券（香港）	交银国际资产管理（香港）
招商集团	招商信诺人寿	招商基金、博时基金	招商期货	招银国际金融	招银金融租赁		招商证券	
光大集团	光大永明人寿	光大保德信	光大期货	光大资本控股	光大金融租赁	甘肃信托	光大证券	光大金控资产管理公司
中信集团	信诚人寿	信诚基金、华夏基金	中信新际期货	中信控股等	中信富通融资租赁	中信信托	中信证券	中信资产管理等
中国平安	平安人寿	平安大华基金	平安期货	平安创新资本等	平安国际融资租赁	平安信托	平安证券	平安资产管理等

资料来源：各银行官网。

（4）商业银行加大互联网技术创新，尤其加大移动设备的金融创新。商业银行通过加强客户个性化、差异化、模式化的服务，运用互联网技术对相应信息进行搜索处理，以更便捷的渠道捕获消费者，以更高效更快捷的产品锁定客户资金，为资产管理业务提供基础客户、营销信息和资金来源，最终为客户提供综合化、个性化的资产管理服务。

（5）监管新政放松管制，业务范围趋同。2012 年以来，各监管机构陆续出台一系列政策，深刻影响行业格局。这些政策大致可以分为两类：一类是放开资产管理牌照，各机构业务范围趋同，竞争将更加激烈；另一类是扩充和融合销售渠道，银行的渠道优势将有所下降。

（三）银行集团发展资管业务的主要经验

1. 国际大型银行高度重视资产管理业务

在资金脱媒的大背景下，资管业务成为国际同业重要的收入来源，对集团非利息收入的贡献尤其明显（见图 13 - 1）。2012 年，汇丰、JP 摩根及德意志银行的资管业务收入占比分别为 15.7%、14.3%、13.2%，成为银行新的利润增长点。同时，通过提供资产管理服务，可以完善产品链条，增加客户黏度，提高品牌知名度，提升银行声誉。

2. 对投研及运营环节加强集中，发挥规模效应

（1）投研活动逻辑集中。银行集团通常将投资管理相关的业务逻辑整合在一个部门，由它来统筹协调全球的市场分析研究、产品设计开发以及投资管理等活动。这种做法有利于实现投资管理的专业化，提高集团的整体投研水平和品牌形象。例如花旗银行设有花旗资本咨询业务模块，它是一个全球资产管理的平台，为个人高净值客户和机构客户提供一系列的投资管理服务，投资范围涵盖了所有类别的资产。

（2）构建集成的 IT 系统。为适应客户对于服务质量的苛刻要求，运营平台服务能力越来越重要。在运营体系上构建集成高效的 IT 系统是资产管理业务发展的重要保障。无论是对客户的营销与管理、资讯的获取、产品信息的传递以及交易的处理，都需要功能强大的 IT 系统支持。大型银行集团还可以发挥强大运营体系的优势，向第三方财富管理机构提供运营外包服务，赚取收入。

3. 促进产品与渠道部门的合作，发挥协同效应

集团部门之间的合作非常重要，但合作的方式和机制并不是单一的，银行

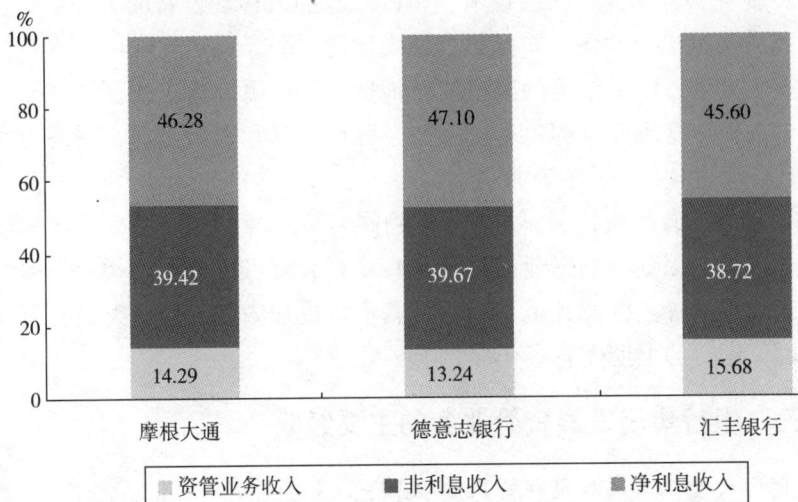

资料来源：各银行年报。

图 13 - 1　部分国外银行同业资管业务收入贡献比例①

需要结合自身的特点探索建立恰当的合作机制，并予以有效执行。

（1）产品部门和私人银行的合作。这种合作通常有两种模式：一种是产品导向模式，即将投资管理职能集中到产品部门，私人银行作为销售渠道。这种模式有利于提高产品开发效率，也使私人银行更专注于客户关系管理和营销。这种模式在美国较为流行。另一种是关系导向模式，私人银行部门与产品部门保持着一种相对独立的组织结构，私人银行也有投资管理团队。这种模式在欧洲更为流行，它通常要求高接触式服务，更注重财富的保护，而不是纯粹的投资运作。

（2）产品部门与零售及公司部门的合作。客户关系部门是标准化资产管理产品的重要销售渠道，促进二者的合作，关键在于建立适当的分润机制。通常有两种处理方法。一是双边记账，产品部门和客户关系部门都确认全部收入。这种模式的好处是易于执行，而且对各部门的激励作用相一致，减少了协调和管理成本，主要缺点是在一定程度上增加了管理信息系统的复杂性。二是内部计费。如果产品部门确认收入，则向客户关系部门支付代销费；如果客户关系部门确认收入，则向产品部门支付管理费。这与第三方合作安排相类似，激励产品部门提高产品竞争力，但确定合理费用水平的谈判往往较复杂。

四、对中小银行发展资产管理业务的启示

中小银行应当在符合监管政策的前提下，从集团利益最大化的高度，对资管业务进行统筹规划。从短期来看，鉴于内外部条件的约束，目前仍以相对独立的经营格局为宜，但在统筹管理、业务协调等方面须进一步完善。从长期来看，应根据监管政策及资管市场的发展变化，动态调整业务模式，实现更高层次的集约化经营。

银行信贷业务面临资本和负债双重约束，利差依赖盈利模式面临挑战，而资产管理业务属于"轻资本"的表外业务。从市场前景看，国内资管业务发展空间较大，银行具有长期开展多元化经营的优势，资管业务牌照基本齐全，进一步拓展业务的基础良好。

（一）构建新形势下中小银行资产战略管理体系

新形势下中小银行资产管理体系架构过程中，应以建立经济资本配置机制为目标，以集约化和多样化的方式为手段，以低风险和全面的成本控制为条件，强化资本覆盖风险以及资本回报约束的理念，不断完善经济资本管理方法，从而在科学衡量分支机构经营业绩的同时，引导资本合理流动和优化配置，促使以资本基础的财务绩效达到最优。

1. 加强资本总量和资本结构管理体系建设

资本监管目标规定了银行持有资本总量的下限，而银行业务资源和盈利能力决定了银行持有资本不能过多，持有过量的资本虽然满足了监管要求，但是由于投资机会的限制，资本回报率将随之下降，从而与股东价值最大化要求产生矛盾。中小银行必须加强资本总量的研究，在监管当局最低资本标准之上，根据发展战略，确定合理的资本总量区间和资本充足率目标区间。同时根据各类资本工具在资本结构中不同的特征，应结合资本总量、质量、成本、对股权集中度的影响等因素，加强资本结构研究，确定合理的资本筹集渠道和方式。

2. 以资本充足率为准绳，全面评价中小银行资产管理水平

资本充足率管理贯穿于商业银行设立、持续经营、市场退出的全过程。它对商业银行的影响是全方位的，并且随着银行业务范围逐步扩大，风险成因和表现复杂化，资本充足率在银行公司治理中的重要性还将进一步提升。[①] 中小银

---

① 查静，马志君. 商业银行资本管理：多重视角与发展趋势 [J]. 海南金融，2006（3）.

行应在完善公司治理和强化内部权力制衡监督的基础上，树立全面资产管理理念，优化资产评价机制，要根据全面资产管理的要求，把资产管理落实到业务的各个领域、各个环节。

3. 树立集约化的资本经营发展理念

中小银行必须进一步强化资本约束的经营发展理念，深化对资本充足率的深层次认识，将资本管理真正引入业务管理流程之中，引入事前的业务发展管理之中，引入风险调整收益的绩效管理当中。要树立资本管理并不是单纯为了满足监管要求的观念，其最根本的目的在于促使商业银行建立以资本约束为核心的业务增长模式和资源配置方式，强化风险控制，走资本节约的稳健经营和高质量发展之路，真正地将短期盈利水平与长期盈利能力、质量与规模、收益与风险等结合起来，始终坚持质量、效益、规模、结构的协调发展。

4. 建立低风险和低成本的资本约束机制

建立内部经济资本的配置政策，综合考虑风险、资本、收益的业绩评价系统，使仅仅停留在法人层面的资本管理逐级分解到每一个分支机构、产品、业务线。以最低资本成本作为准则，以加权风险资产为手段，以风险调整后的资本回报率为目标，真正体现风险和成本对发展的约束，并在合理平衡收益、可承受风险和资本回报基础上，为股东创造最大价值的经营目标。

（二）实施全行性经济资本管理

经济资本管理是一项全行性的管理革新工作，尤其要依靠具体业务部门实施。但是，一些业务部门对此认识相对不足，在自身业务工作中自觉运用经济资本管理不够。

1. 加强全员经济资本管理知识培训

对各部门的培训要在围绕如何控制风险资产增长，如何提高经济资本回报率的基础上，侧重点应有所不同。对前台部门应侧重于产品营销，贷款定价能力的培训；对财务会计部门应侧重于其他应收款、应收利息、其他资产等非信贷类资产挂账、处置合规性的培训；对信贷部门应侧重于贷款定价测算及贷款风险控制能力的培训；对资产风险管理部门应侧重于存量资产质量的改善对经济资本变化的影响，通过实施全员培训，使其在信贷拓展、贷款定价、成本核算、改善资产质量等方面自觉运用经济资本管理知识和工具。

2. 完善细化机制和措施

对经济资本管理中涉及其他部门业务，制定相应的管理办法和定量要求，指导各部门在日常工作中落实。如前台部门出台的客户经理营销奖励办法需加入经济资本回报率、经济增加值考核指标。对发放的每笔贷款发放前和发放后均应计算经济资本回报率，达不到回报率要求的应作相应的处理。又如，对财务会计部门下达固定资产、其他资产等指标时，还应下达相应的非信贷类经济资本计划，以督促其加快闲置资产的处置力度和其他资产正常摊销。①

（三）完善成本管理措施，积极探索成本控制手段

1. 全员动员，牢固树立节约意识

要让每一个员工把节俭当做一种习惯、一种意识，自觉地参与成本管理。成本控制对员工的要求是：具有控制成本的愿望和成本意识，养成节约成本的习惯，关心成本控制的结果，理解成本控制是一项集体努力过程，不是个人活动，必须在共同目标下同心协力才能够正确理解和使用成本控制信息，据此改进工作，降低成本。

2. 加强成本动因分析，逐步建立费用支出标准体系

要认真分析成本动因，找出引起成本发生的主要因素，力争考虑周全，要制定部分费用于均定额，区分行际间业务量集约化管理程度等成本动因情况，运用调节系数对于均定额的不合理因素进行修正。商业银行应对各区域的实际情况进行详细分析和测算，积累原始数据，准确确定各区域调节系数，以提高费用支出标准的合理性。

3. 不断完善和扩大集中采购，降低采购成本

把全面推行集中采购作为提高采购质量、节约采购成本的一项重要工作来抓。从采购程序、采购范围、采购方式三个方面进一步规范集中采购行为。采购程序上，逐步建立从业务部门提出需求、落实指标到集中采购委员会集中采购、集体决定的规范化集中采购程序。要扩大采购范围，将更多资本性支出项目和大宗费用开支纳入集中采购之内，以更好地起到控制费用、节约成本的效果。要创新采购流程和方式，提高采购的效益和效率，实际工作中还可以采取采购项目实行外聘专家参与采购谈判等途径，进一步提高项目采购的质量。

4. 健全管理制度，实行全面成本管理

目前商业银行的成本管理基本上局限于营业费用管理。实际上，商业银行的成本应包括在经营中发生的与业务经营活动有关的各项支出。因此我们要倡导全面成本管理，将成本管理拓展到资金成本、风险成本和资本成本管理上。

---

① 陆岷峰，葛虎. 新形势下商业银行资产管理战略转型研究［J］. 天津市财贸管理干部学院学报，2011（1）：11－14.

（四）建立资本规划程序

银行应当在动态考虑监管要求和资本成本的基础上，决定每一时期的资本水平和资本构成，定期作出资本计划。在明确现有资本水平的基础上，预期资本可能出现的变动。第一，进行经济资本计算和配置，银行首先计算不同业务部门和各类业务的风险，将经济资本在各类风险、各个业务部门和各类业务之间进行配置，并且对各类风险包括信用风险、市场风险和操作风险配置经济资本，计算银行需要的总体经济资本。第二，计算监管资本和保留资本缓冲，由于意外的资本筹资成本比较高，因此平时有必要保留超过最低资本要求一定水平的资本，以作为缓冲。银行需要在监管资本要求基础之上，保留一个适当的余地。在这一环节，银行计算最低资本要求，加上一定额度的资本缓冲，作为目标资本水平。第三，与同类银行进行比较。在对银行的经济资本和监管资本进行分析之后，银行的资本比例目标应该与其他可比较的银行资本比例之间进行比较。

参考文献

［1］ Arora Usha, Vashishat Bhavna. Service Quality in Retail Banking: An Indian Perspective ［J］. IUP Journal of Marketing Management, 2011, 10 （3）: 56 - 71.

［2］ Basel Committee on Banking Supervision. The Basel Ⅲ Capital Framework: a Decisive Breakthrough ［EB/OL］. Bank for International Settlements, November 2010. http: //www. BCBS. org/speeches/sp101125a. html.

［3］ Basel Committee on Banking Supervision. Principles for sound stress testing practices and supervision. January 2009. Available at: http: //www. BCBS. org/publ/bebs155. pdf.

［4］ Board of Governors of the Federal Reserve System. Use of Financial Services by the Unbanked and Underbanked and the Potential for Mobile Financial Services Adoption, Available at: http: //www. federalreserve. gov/pubs/bulletin/2012/articles/MobileFinancialServices/mobile - financial - services. html.

［5］ Dahlberg, Tomi, Niina Mallat, Jan Ondrus & Agnieszka Zmijewska. Past, Present and Future of Mobile Payments Research: A Literature Review. Electronic Commerce Research and Applications, Vol. 7, Issue 2 （July, 2008）: 165 - 181.

［6］ European Central Bank. E - Payments without Frontiers. Issues Paper for the ECB Conference on 10 November 2004. Available at: http: //www. ecb. int/events/conferences/html/epayments2004. en. html.

［7］ Gartner. Forecast: Mobile Payments, Worldwide, 2009 - 2016 ［R］. 2012 年5 月.

［8］ Johnson Christian, Rice Tara. Assessing a Decade of Interstate Bank Branching ［J］. Washington and Lee Law Review, 2008 （65）: 73 - 112.

［9］ Keeton Willianm, Harvey Jim, Willis Paul. The Role of Community Banks in the U. S. Economy ［J］. Economic Review, 2003 （2）: 15 - 43.

［10］ Kolari James E. Assessing the profitability and riskiness of small business lenders in the banking industry ［J］. Proceedings, Federal Reserve Bank of Chicago,

2003（5）：184－199.

［11］Marianne Crowe，Marc Rysman and Joanna Stavins 2010. Mobile Payments in the United States at Retail Point of Sale：Current Market and Future Prospects ［J］. Public Policy Discussion Paper No. 10－12.

［12］艾迪·凯德. 银行风险管理 ［M］. 北京：中国金融出版社，2004.

［13］艾瑞咨询. 互联网创新金融模式研究 ［R］. http：// www. iresearch. cn/.

［14］巴曙松. 巴塞尔资本协议 III 研究 ［M］. 北京：中国金融出版社，2011.

［15］巴曙松，谌鹏. 互动与融合：互联网金融时代的竞争新格局 ［J］. 中国农村金融，2012（24）：15－17.

［16］巴曙松，朱元倩，邢毓静. 金融危机中的巴塞尔资本协议——挑战与改进 ［M］. 北京：中国金融出版社，2010.

［17］巴曙松，等. 商业银行转型中内部控制体系的建构 ［J］. 农村金融研究，2010（8）：26－30.

［18］白文娟. 基于内部控制的我国商业银行操作风险管理研究 ［D］. 兰州：兰州理工大学，2009.

［19］曹宇. 银行资产管理业务对接产业基金的研究 ［D］. 上海：上海交通大学，2013.

［20］查静，马志君. 商业银行资本管理：多重视角与发展趋势 ［J］. 海南金融，2006（3）.

［21］陈海强. 互联网金融时代商业银行的创新发展 ［J］. 宁波大学学报：人文科学版，2014（1）：109－112.

［22］陈思，陈先语，邢潇丹. 商业银行内部控制失效的博弈分析与对策 ［J］. 知识经济，2011（24）：76－80.

［23］成俊. 银行操作风险控制及成本收益分析 ［M］. 北京：中国金融出版社，2007.

［24］程惠霞. 中小金融机构可持续发展与金融生态 ［M］. 北京：北京师范大学出版社，2009.

［25］程惠霞. 中小银行生存与发展研究 ［D］. 北京：清华大学公共管理学院，2003.

［26］褚晓丽. 新形势下中小银行的信用风险管理研究 ［J］. 商，2012（18）：123－124.

［27］崔俊波．我国中小银行信用风险内部评级研究［D］．吉林：吉林大学，2011．

［28］德勤．2012—2015 年中国移动支付产业趋势与展望．http：// www. deloitte. com/view/zh ＿ CN/cn/ind/gfsi/adb506c8aaaf8310VgnVCM3000001 c56f00aRCRD. html.

［29］窦郁宏，潘彦．直销银行构建，IT 先行［J］．银行家，2013（11）：79－81．

［30］费晨曦，窦郁宏．互联网金融的典范：ING Direct［J］．银行家，2013（11）：29－31．

［31］冯娟娟．互联网金融背景下商业银行竞争策略研究［J］．现代金融，2013（4）：14－16．

［32］冯伟涛，韩李枚．国外移动支付业务发展现状［J］．通信企业管理，2008（7）：63－65．

［33］凤凰网．1 号店签约邮储银行推供应链金融服务，产品 4 月下旬上线［N］．http：//tech. ifeng. com/internet/detail＿ 2014＿ 03/17/34854840＿ 0. shtml．

［34］凤凰网．85 家 P2P 公司倒闭，监管层闭门会议商讨监管对策［OL］． http：//finance. ifeng. com/a/20140309/11841336＿ 0. shtml．

［35］宫晓林．互联网金融模式及对传统银行业的影响［J］．南方金融，2013（5）：86－88．

［36］过大海．我国城市商业银行市场定位战略研究［D］．苏州：苏州大学，2007．

［37］海通证券．"阿里金融"们的野心——如何渗透"银行业"［R］．ht-tp：//www. htsec. com/htsec. html．

［38］韩刚．德国"直销银行"发展状况的分析及启示［J］．新金融，2010（12）：23－26．

［39］韩镇．中小银行风险管理研究［D］．天津：天津大学，2009．

［40］何婧，彭建刚，周鸿卫．美国放松银行地域管制与中小企业贷款［J］．财贸研究，2011（2）：92－98．

［41］何婧．中美中小银行比较研究［D］．长沙：湖南大学金融与统计学院，2012．

［42］和毅．互联网金融模式下的供应链融资发展思考［J］．金融理论与实践，2013（12）：75－77．

［43］胡伟．大资管时代金融理财监管的困境与出路［J］．现代经济探讨，

2013（6）：34-38.

［44］互联网金融中国峰会［EB/OL］. 2013-08-13. http://bank. hexun. com/2013/hlwjrzg/.

［45］黄海龙. 基于以电商平台为核心的互联网金融研究［J］. 上海金融，2013（8）：18-23.

［46］康枫，罗雅方. 商业银行资产管理业务发展方兴未艾［J］. 金融博览，2014（1）：52-53.

［47］李博，董亮. 互联网金融的模式与发展［J］. 中国金融，2013（10）：19-21.

［48］李海峰. 网络融资：互联网经济下的新金融［M］. 北京：中国金融出版社，2013.

［49］李吉平，陈民，唐克定. 西方国家的批发银行与批发银行业务［J］. 城市金融论坛，2006（1）.

［50］李君. 网络银行的中外比较、发展趋势及策略选择［J］. 金融论坛，2002（6）：47-51.

［51］李麟，钱峰. 移动金融：创建移动互联网时代新金融模式［M］. 北京：清华大学出版社，2013.

［52］李娜. 中小商业银行市场定位战略浅析［D］. 北京：首都经济贸易大学，2005.

［53］李耀东，李钧. 互联网金融：框架与实践［M］. 北京：电子工业出版社，2014.

［54］梁世栋，郭仝，李勇，方兆本. 信用风险模型比较分析［J］. 中国管理科学，2002（1）：17-22.

［55］梁世栋. 商业银行风险计量理论与实务［M］. 北京：中国金融出版社，2011.

［56］林毅夫，李永军. 中小金融机构发展与中小企业融资［J］. 经济研究，2001（1）：10-18.

［57］刘春航. 美国社区银行的经营模式及启示［J］. 中国金融，2012（14）：60-63.

［58］刘刚. 电子商务支付体系构建与应用研究［D］. 武汉：武汉大学，2011.

［59］刘明康. 商业银行资本充足率管理办法释义［M］. 北京：经济科学出版社，2004.

［60］刘兴赛．中国电子银行发展趋势及其面临的挑战［J］．新金融，2012（10）：26－30．

［61］陆岷峰，葛虎．新形势下商业银行资产管理战略转型研究［J］．天津市财贸管理干部学院学报，2011（1）：11－14．

［62］罗明雄，唐颖，刘勇．互联网金融［M］．北京：中国财政经济出版社，2013．

［63］马梅，朱晓明，周金黄，等．支付革命：互联网时代的第三方支付［M］．北京：中信出版社，2014．

［64］平安证券．互联网金融行业深度报告［R］．http：//stock.pingan.com/gupiao/jingpinyanbao/index.shtml.

［65］邱勋．余额宝对商业银行的影响和启示［J］．新金融，2013（9）：50－54．

［66］邱兆祥，赵丽．城市商业银行宜定位于社区银行［J］．金融理论与实践，2006（1）．

［67］曲绍强．我国商业银行操作风险管理——基于管理框架设计的视角［M］．北京：中国财政经济出版社，2009．

［68］芮晓武，刘烈宏．互联网金融蓝皮书：中国互联网金融发展报告（2013）［M］．北京：社会科学文献出版社，2014．

［69］四川银监局课题组．互联网金融对商业银行传统业务的影响研究［J］．西南金融，2013（12）：3－5．

［70］孙章伟．美国社区银行的最新发展和危机中的财务表现［J］．新金融，2009（8）．

［71］王佳颖，王觉民．商业银行电子商务平台发展研究［J］．金融纵横，2013（6）：86－91．

［72］王勇．关于建设银行电商业务发展的几点思考［J］．财经界，2013（15）：35．

［73］网络银行：何时问鼎中国金融市场［OL］．2006．www.eduxue.com.

［74］蔚赵春，凌鸿．商业银行大数据应用的理论、实践与影响［J］．上海金融，2013（9）：28－32．

［75］谢平，邹传伟．互联网金融模式研究［J］．金融研究，2012（12）：11－22．

［76］新浪网．厘清互联网金融的监管边界［OL］．http：//tech.sina.com.cn/i/2014－03－20/03509256345.shtml.

［77］徐昕，赵震翔．西方网络银行的发展模式及启示［J］．国际金融研究，2000（5）：70 - 73.

［78］闫真宇．关于当前互联网金融风险的若干思考［J］．浙江金融，2013（12）：40 - 42.

［79］燕群．"大资管"背景下基于资产的企业融资创新展望［J］．新金融，2013（8）：38 - 41.

［80］杨群华．我国互联网金融的特殊风险及防范研究［J］．金融科技时代，2013（7）：100 - 103.

［81］姚文平．互联网金融［M］．北京：中信出版社，2014.

［82］易观智库．2013 年第一季度中国移动支付市场交易规模达 639 亿［R］．2013 - 05 - 31. http：//data. eguan. cn/.

［83］易观智库．2012 年中国第三方支付年度盘点［R］．http：//www. enfodesk. com/SMinisite/newinfo/.

［84］易观智库．P2P 网贷行业发展现状分析［R］．http：//www. enfodesk. com/SMinisite/newinfo/.

［85］易观智库．2013 年第二季度中国第三方互联网支付市场格局稳定［R］．2013 - 08 - 09. http：//data. eguan. cn/.

［86］中国银行业协会．近八成银行家有意与电商合作［OL］．http：//money. 163. com/13/1225/07/9GU26AQ600253B0H. html.

［87］袁博，李永刚，张逸龙．互联网金融发展对中国商业银行的影响及对策分析［J］．金融理论与实践，2013（12）：66 - 70.

［88］张鹏．20 世纪 60 年代以来美国金融创新及其主要外部动因［D］．北京：中国社会科学院，2013.

［89］长江证券．一切为了销售——社区银行与直销银行的殊途同归［R］．http：//www. 95579. com/.

［90］招商证券．移动支付的逆袭？［R］．http：//www. newone. com. cn/.

［91］招商证券．银行：大资管时代——从资产负债表冲击看银行转型与重估［R］．http：//www. newone. com. cn/.

［92］赵世勇，香伶．美国社区银行的优势与绩效［J］．经济学动态，2010（6）：129 - 134.

［93］中国互联网信息中心（CNNIC）．第 31 次中国互联网络发展状况统计报告［R］．http：//news. xinhuanet. com/tech/2013 - 01/15/c_ 124233840. htm.

［94］中国人民银行．中国支付体系发展报告（2010） ［R］．http：//

www. pbc. gov. cn/publish/goutongjiaoliu/524/2011/20110720171556680476432/
20110720171556680476432_ . html.

［95］中国支付清算协会．中国支付清算行业运行报告（2013）［M］．北京：中国金融出版社，2013.

［96］钟伟．动荡未定——新巴塞尔协议Ⅲ和操作风险管理理论［M］．北京：中国经济出版社，2012.

［97］周荣芳，王欣欣．2010年中国金融理财产品市场年报［M］．北京：中国经济出版社，2011.

［98］周鲜华，孙广武，郭宝中．中小企业融资困难的原因和对策［J］．商业研究，2001（2）.

［99］卓尚进．互联网金融风生水起 将深度改变中国金融体系［N］．金融时报，2013 – 09 – 03.

［100］卓尚进．互联网金融门户快速崛起［N］．金融时报，2013 – 09 – 04.

致　谢

　　本书在写作过程中参阅了大量的文献资料，在此对这些资料的作者表示感谢。特别感谢中国社科院李扬副院长、渤海银行总行张庆修行长助理和北京分行吴思麒行长对我撰写该书的大力支持，给我提供了大量的宝贵意见和建议。